I0044116

Les achats industriels à l'étranger

Éditions d'Organisation
1, rue Thénard
75240 Paris Cedex 05

Consultez notre site :
www. editions-organisation.com

DANGER

LE PHOTOCOPILLAGE TUE LE LIVRE

Le code de la propriété intellectuelle du 1er juillet 1992 interdit en effet expressément la photocopie à usage collectif sans autorisation des ayants droit. Or, cette pratique s'est généralisée notamment dans l'enseignement, provoquant une baisse brutale des achats de livres, au point que la possibilité même pour les auteurs de créer des œuvres nouvelles et de les faire éditer correctement est aujourd'hui menacée.
En application de la loi du 11 mars 1957, il est interdit de reproduire intégralement ou partiellement le présent ouvrage, sur quelque support que ce soit, sans autorisation de l'Éditeur ou du Centre Français d'Exploitation du Droit de Copie, 20 rue des Grands-Augustins, 75006 Paris.

© Éditions d'Organisation, 2001
ISBN : 978-2-7081-2600-8

Christophe HORVAT

Les achats industriels à l'étranger

Éditions
d'Organisation

Remerciements

*Je remercie M. Alquier, J. Blachier, B. Chaillou, C. Chatagner,
R. Perrotin et M. Vito*

Sommaire

Première partie   *Pourquoi acheter à l'étranger*   1

Deuxième partie   *Dans quel pays acheter ?*   59

**Troisième
partie** *Comment sélectionner
un fournisseur étranger*   *139*

CHAPITRE 9   LA DÉMARCHE POUR SELECTIONNER UN FOURNISSEUR ÉTRANGER

Annexes 183

PRÉFACE

De nos jours, plus de la moitié des produits achetés proviennent des pays étrangers. Acheter à l'étranger est donc non seulement incontournable, mais constitue une composante majeure de la compétitivité de l'entreprise d'aujourd'hui. Organiser une fonction achats nécessite de disposer d'acteurs capables d'abord de consulter mondialement, puis de remettre en question une stratégie de type *make or buy* en y intégrant une dimension internationale, et enfin de proposer des solutions industrielles alternatives issues de cultures différentes. Malheureusement, les supports ou aides techniques aux acheteurs qui sillonnent le monde sont peu nombreux et ces acheteurs travaillent par habitude.

Christophe Horvat, riche d'une longue et solide expérience internationale dans le milieu industriel, ayant voyagé dans une vingtaine de pays sur les quatre continents pour chercher de nouveaux fournisseurs ou développer des partenariats, a réalisé un véritable « mode d'emploi » pour l'acheteur industriel. À la fois pédagogique et pratique, avec un parti pris résolument tourné vers l'action, ce livre est un véritable outil de travail pour tous les praticiens de l'achat international. Abondamment chiffré et documenté, il apporte des réponses concrètes, et un certain nombre de recettes des plus utiles, aux défis internationaux auxquels sont confrontés les acheteurs industriels.

Roger Perrotin[1]

1. Roger Perrotin est un expert de la fonction achats et l'auteur de cinq ouvrages sur les achats publiés aux Éditions d'Organisation : *Nouvelles stratégies d'achat*, *Le marketing achat*, *Mieux acheter avec la PNL*, *L'entretien d'achat* et *Acheter avec profit*.

INTRODUCTION

Réduire les coûts dans une économie de plus en plus compétitive et de plus en plus mondiale ; résister le mieux possible aux variations de prix notamment des matières premières et des composants électroniques, liées aux évolutions des marchés dans la triade mondiale formée par les États-Unis, l'Europe et l'Asie ; veiller activement à l'évolution de la géopolitique mondiale, avec les pays d'Europe de l'Est qui frappent à la porte de l'Union européenne, ou la Chine qui est le plus grand pays du monde et aujourd'hui l'un des plus dynamiques : tels sont les principaux défis auxquel l'acheteur a à répondre, le devenir de son entreprise est à ce prix.

Une recherche sur Internet des livres existant sur le thème des « achats industriels à l'étranger » ne liste aucun ouvrage en France ; et deux titres aux États-Unis, où l'on retrouve certains thèmes développés dans cet ouvrage tels les possibilités offertes par l'Europe de l'Est et l'intérêt d'éviter les intermédiaires *(voir page suivante)*.

Cet ouvrage pratique est fondé sur des expériences personnelles et des exemples concrets, non exhaustifs. Certaines familles technologiques comme le moulage, le découpage ou l'électronique sont largement abordées mais existent par ailleurs d'autres secteurs d'activité industriels, comme le bâtiment ou le textile, avec leurs spécificités et d'autres manières de faire.

Le premier livre date de 1992, « How to buy goods and services in foreign markets »[1] :
« A guide to the exciting, but sometimes risky, business of taking advantage of low-cost overseas suppliers in order to keep production costs down, with special emphasis on leveraging the impact of democratization in eastern Europe. Locate and evaluate foreign suppliers, negotiate purchases of foreign goods and services, and arrange for shipment and importation for maximum profitability and minimal risk. Global purchasing takes buyers through the entire process of shipping, customs, and methods of payment. »

1. **« Comment acheter des biens et des services à l'étranger » :**
   « Un guide sur l'activité excitante, mais parfois risquée, de prendre avantage de fournisseurs à bas coûts à l'étranger pour réduire les coûts de production, et qui met en avant l'effet de levier de la démocratisation en Europe de l'Est. Trouver et évaluer des fournisseurs étrangers, négocier des achats de biens et de services à l'étranger, organiser l'expédition et l'importation pour une profitabilité maximum et un risque minimum. L'achat global amène les acheteurs à gérer le process complet de l'expédition, aux douanes et jusqu'aux modes de paiement. »

Le deuxième ouvrage date de 1996, « A guide to international purchasing »[1] :
« Details the essential elements of international purchasing for purchasing professionals, covering negotiation issues such as culture, currency and contracts, as well as government issues such as customs, duties, and trade agreements. Shows how to deal directly with suppliers, use International procurement offices, and become comfortable dealing with other cultures. More and more companies, regardless of their size, are required to purchase materials outside the United States. Many buyers lack the skills or the confidence to be successful in international purchasing or to manage foreign suppliers and the supply chain that results. Too often, buyers are obliged to rely on expensive subsidiaries, representatives, and brokers rather than deal directly with international suppliers themselves. »

1. **« Un guide pour l'achat international » :**
   « Ce livre détaille les élèments essentiels de l'achat international pour les professionnels de l'achat, couvrant les difficultés de la négociation comme la culture, la monnaie et les contrats, de même que les difficultés administratives comme les frontières, les droits de douanes et les accords commerciaux ; et montre comment travailler directement avec les fournisseurs, utiliser les bureaux d'achats internationaux et devenir à l'aise dans les affaires avec d'autres cultures. De plus en plus d'entreprises, quelle que soit leur taille, sont amenées à acheter des produits hors des États-Unis. Beaucoup d'acheteurs manquent de compétences ou de confiance pour acheter avec succés à l'étranger ou pour gérer des fournisseurs étrangers et la chaine logistique qui en résulte. Trop souvent, les acheteurs sont obligés de compter sur des filiales, des représentants et des revendeurs coûteux plutôt que de travailler directement avec les fournisseurs étrangers eux-mêmes. »

© Éditions d'Organisation

Connaître un peu l'histoire et la culture des pays aide l'acheteur à essayer de faire les bons choix pour son entreprise et permet d'amorcer des relations personnelles avec les fournisseurs.

Ce guide s'adresse aux acheteurs professionnels, quelle que soit la taille de leur entreprise, qui veulent développer des achats à l'étranger, rechercher directement un fournisseur et qui auront à négocier en anglais dans un contexte interculturel. Acheter à l'étranger demande une stratégie, des méthodes et des compétences. Connaître un peu l'histoire et la culture des pays aide l'acheteur à essayer de faire les bons choix pour son entreprise et permet d'amorcer des relations personnelles avec les fournisseurs, d'entrouvrir des portes qui seront essentielles dans la réussite de ses projets à long terme.

© Éditions d'Organisation

LES ACHATS INDUSTRIELS À L'ÉTRANGER

Première partie

Pourquoi acheter à l'étranger

© Éditions d'Organisation

CHAPITRE 1

LA PROBLÉMATIQUE DES ACHATS

La fonction des achats a évolué pour être aujourd'hui au cœur de la stratégie de l'entreprise. Face à une concurrence mondiale de plus en plus vive, l'entreprise doit baisser ses prix de vente tout en contrôlant sa marge : en réduisant ses coûts de structure, après une décision *make or buy* et par l'externalisation d'activités internes, qui viennent augmenter le volume d'achats ; et en réduisant ses coûts d'achats, suivant quatre axes, augmenter la productivité des fournisseurs existants, développer les synergies par la standardisation, redesigner les produits, et développer les achats à l'étranger. L'acheteur international défie les écueils : parler anglais, vaincre les réticences internes, limiter le risque de copies, affronter des fournisseurs français inquiets et surtout trouver de bons fournisseurs à l'étranger, fiables et compétitifs. Pour atteindre un premier seuil de 10 % des achats à l'étranger, la démarche sera rude. Une stratégie de rupture s'imposera, qui bousculera les schémas établis et les habitudes d'achat.

1. LES ENJEUX DES ACHATS

1.1   La fonction achats, devenue fonction clé de l'entreprise

General Motors, en inté-
grant les meilleurs ache-
teurs dans ses services, a
ouvert une ère qui a promu
l'acheteur au top niveau de
l'entreprise.

Dans les années 1990, la fonction achats a connu une profession-
nalisation croissante, notamment sous l'impulsion de l'industrie
automobile où les achats représentent plus de 50 % du chiffre
d'affaires. Les constructeurs automobiles se sont en effet aperçu
les premiers que si les achats représentaient une part majeure de
leurs coûts, ils pouvaient y consacrer une part importante de leur
temps et de leurs ressources. General Motors, en intégrant les
meilleurs acheteurs dans ses services, a ouvert une ère qui a
promu l'acheteur au top niveau de l'entreprise : la part des achats
dans le chiffre d'affaires passant de 45 % en 1990 à 55 % en
2000, l'entreprise a optimisé ses sources d'approvisionnement en
les mondialisant, permettant des pourcentages d'économie à deux
chiffres visibles sur le résultat. Chez Valeo, le PDG nommé en
mars 2001 a été auparavant directeur des achats du groupe.

De nombreux secteurs
industriels ont suivi cette
tendance, ayant une part
des achats de production
qui pèse souvent plus de
50 % du chiffre d'affaires.

De nombreux secteurs industriels ont suivi cette tendance, ayant
eux aussi une part des achats de production qui pèse souvent plus
de 50 % du chiffre d'affaires, et soumis aussi depuis quelques
années à une compétition mondiale de plus en plus vive : l'électroménager, l'informatique, l'électronique, le matériel électrique
ou l'agroalimentaire. Dans la recherche de gains de productivité,
l'essentiel a été fait en termes de rendement et de main-d'œuvre.
L'impact des achats sur la création de valeur est devenu important.

De nombreux groupes ont créé une fonction de « directeur des
achats groupe » depuis un an ou deux, souvent avec trois objectifs : réduire les coûts, développer le partage de l'information
pour de meilleures synergies, et professionnaliser encore davantage la fonction achats dans l'entreprise.

Les achats sont devenus
une fonction clé de l'intégration et de la gestion des
ressources externes de
l'entreprise.

Les achats sont devenus une fonction clé de l'intégration et de la
gestion des ressources externes de l'entreprise ; l'acheteur est un
catalyseur et un aiguilleur qui doit résoudre avec les fournisseurs
et les services internes des problèmes de spécifications techniques, de délais et de qualité.

Dans l'entreprise, la fonction achats s'est inscrite dans une
dimension transversale, travaillant avec et faisant le lien entre les

équipes de développement, la logistique et la qualité. L'acheteur doit englober tous les aspects d'un produit ; réduire les coûts et garantir la qualité tout au long de la *supply chain*, en participant à la conception des produits, en choisissant le meilleur fournisseur dans le pays le plus adéquat, et en mettant en place les schémas logistiques ; communiquer en interne, faciliter la circulation des flux d'information, et être une force de proposition ; avoir une vision stratégique de son entreprise, une maîtrise des évolutions technologiques, une capacité à anticiper et à planifier. Les achats sont une des fonctions les plus complètes de l'entreprise. Et parce que l'acheteur a besoin de l'aide de tous les services de l'entreprise, lorsqu'il réussit à construire un projet d'achat à l'étranger générant un gain significatif, il est important qu'il associe à ce succès tous ses partenaires internes : ce projet, fédéré par les achats, est une performance de toute l'entreprise.

Au-delà du fonctionnement interne de l'entreprise, les achats offrent une ouverture et un regard sur l'ensemble du fonctionnement de l'industrie.

Pendant la décennie des années 1990, les effectifs de la fonction achats ont augmenté de + 20 %, contre la moitié pour la fonction commerciale par exemple. Le recrutement des acheteurs s'est élevé en niveau : en France, une cinquantaine de formations sont aujourd'hui dédiées aux achats, totalisant 1300 étudiants. Le recrutement s'est diversifié, l'éclectisme de profils nouveaux étant source de richesse : au M.A.I., Management en achat industriel de l'ESC Bordeaux par exemple, le recrutement est constitué à 30 % d'ingénieurs, 20 % de scientifiques, 36 % d'économistes et de commerciaux et 14 % de divers, droit ou histoire. La maturité de la fonction achats passe par un panachage des équipes d'acheteurs, qui permet des enrichissements croisés.

Un acheteur ingénieur, avec ses connaissances techniques, pourra s'intéresser davantage à la dimension technique des produits. Il pourra gérer des achats techniques sur plan, pour des pièces plastiques ou métalliques, en analysant les plans dessinés par la Recherche & Développement, en comprenant les propositions techniques des fournisseurs, les contraintes industrielles de fabrication, ou les latitudes techniques permettant de réduire les coûts. Les ingénieurs restent majoritaires dans le monde industriel.

Un acheteur généraliste, provenant d'une École de Commerce par exemple, qui peut parler plusieurs langues, avoir une bonne

---

Marginal notes (left column):

Au-delà du fonctionnement interne de l'entreprise, les achats offrent une ouverture et un regard sur l'ensemble du fonctionnement de l'industrie.

Au M.A.I. de l'ESC Bordeaux le recrutement est constitué à 30 % d'ingénieurs, 20 % de scientifiques, 36 % d'économistes et de commerciaux et 14 % de divers, droit ou histoire.

Un acheteur généraliste, provenant d'une École de Commerce par exemple, qui peut parler plusieurs langues, avoir une bonne culture géopolitique mondiale, une sensibilité aux différences interculturelles et le sens du *business*, peut être brillant pour gérer des achats à l'étranger.

culture géopolitique mondiale, une sensibilité aux différences interculturelles et le sens du *business*, peut être brillant pour gérer des achats à l'étranger ; ou pour gérer des achats standards sur catalogue, dont les prix sont moins fixés par la structure de coût des produits (*cost-breakdown*), mais davantage par des prix marché (*market based*), par exemple les matières premières ou les composants électroniques soumis à la volatilité des marchés mondiaux. Par rapport à un technicien, il s'attachera davantage à l'acte d'achat lui-même, la stratégie, le *sourcing* et la négociation.

Les trois évolutions majeures actuelles des achats sont l'externalisation des activités internes non stratégiques, activités qui viennent augmenter le volume géré par les achats ; l'intégration des achats dans le processus d'innovation en amont avec la Recherche & Développement ; et la mondialisation croissante du sourcing.

1.2   L'externalisation d'activités internes renforce le poids des achats

Le recentrage de l'entreprise sur l'organisation logistique, une technologie spécifique, ou tout avantage différenciateur par rapport à la concurrence et perceptible par le client.

Le *benchmarking*, en comparant chaque activité interne à ce qui se fait de mieux ailleurs, en termes de flexibilité de l'outil de production, de capacité à évoluer technologiquement, et de coût, favorise le recentrage de l'entreprise sur son métier, ses valeurs ajoutées : l'organisation logistique, une technologie spécifique, ou tout avantage différenciateur par rapport à la concurrence et perceptible par le client. Beaucoup d'entreprises ont ainsi externalisé des fabrications annexes à ce cœur de métier, souvent dans un premier temps en France ; par exemple en fermant un atelier de moulage ou de découpe et en vendant les presses, ou en transférant une activité d'assemblage en sous-traitance.

La décision *make or buy* (faire ou faire faire) ne dépend pas de l'acheteur.

La décision *make or buy* (faire ou faire faire) ne dépend pas de l'acheteur : c'est une décision de Direction Générale, dont l'impact social peut être important. Les achats gèrent en aval la conséquence de cette décision, et notamment un volume d'achat supérieur ; ils constituent un point de passage obligé du *make or buy*.

Même si la tendance à l'externalisation des activités internes est globalement forte depuis quelques années, la notion de cœur de métier et de valeur ajoutée peut varier beaucoup d'une entreprise à l'autre.

Même si la tendance à l'externalisation des activités internes est globalement forte depuis quelques années, la notion de cœur de métier et de valeur ajoutée peut varier beaucoup d'une entreprise à l'autre. Ainsi en Europe dans le domaine du matériel électrique Basse Tension, l'activité de découpage des pièces métalliques est complètement intégrée ou pas selon la stratégie des entreprises :

© Éditions d'Organisation

0 % d'intégration pour une entreprise française qui n'a aucune presse de découpe en interne et a choisi de sous-traiter la totalité de cette activité ; 50 % de découpage en interne pour une autre entreprise française, suivant la technicité et la spécificité de ses produits ; et près de 100 % d'intégration pour deux autres entreprises françaises, pour des raisons historiques et stratégiques, et pour trois sociétés allemandes, pour des raisons culturelles.

Aux États-Unis, General Electric, conglomérat comptant 340 000 personnes, est un exemple d'entreprise très intégrée et efficace dans ses résultats financiers, en laissant à chaque activité autonomie et responsabilité du résultat.

Le gain obtenu en externalisant une activité interne est souvent difficilement quantifiable, car chacun peut interpréter les chiffres à sa manière.

Le gain obtenu en externalisant une activité interne est souvent difficilement quantifiable, car chacun peut interpréter les chiffres à sa manière. Le taux horaire des employés concernés doit-il être calculé sur la base du coût de l'atelier, de l'usine, de la société ou du groupe ? Le coût « marginal » est-il vraiment un coût nul lorsque les personnes qui ne sont pas affectées entièrement à une tâche, en font d'autres en temps masqué ? Des presses déjà amorties doivent-elles être considérées pour un coût nul, ou pour leur valeur de remplacement dans le temps ?

Le choix que fait la Direction du taux horaire considéré en interne rend une activité compétitive ou pas par rapport à une fabrication externe.

Le choix que fait la Direction du taux horaire considéré en interne rend une activité compétitive ou pas par rapport à une fabrication externe. Ainsi Hewlett-Packard à Grenoble utilisait un taux horaire de production en interne si élevé que toute activité de fabrication était *de facto* non compétitive et donc supprimée du site. Une des dernières phases d'externalisation avait été la vente en 1994 du département d'assemblage électronique GSMC, *Grenoble Surface Mounting Center*, à SCI, un des leaders mondiaux de ce secteur d'activité.

L'acheteur n'est pas décideur concernant le taux interne choisi. Il peut seulement objectivement considérer pour taux interne les taux utilisés par ses fournisseurs pour des services comparables, et valables pour la plupart des activités industrielles utilisant ces techniques : par exemple environ 13 euros/heure (85 FF) pour une activité d'assemblage, 15 euros /heure (100 FF) pour de la sous-traitance électronique utilisant une vague à souder, 15 euros/heure (100 FF) sur une presse d'injection plastique de 80 tonnes, ou 60 euros/heure (400 FF) sur une presse de découpe de 80 tonnes. En réfutant la notion de production en « marginal », qui n'a pas de sens comptable chez un fournisseur puisqu'elle n'est pas viable à terme, ne dégage pas de marge, mais au contraire péna-lise d'autres activités annexes.

1.3   Acheter à l'étranger peut aider une stratégie commerciale ou industrielle

La délocalisation d'achats dans un pays peut avoir pour objectif la conquête de nouveaux marchés importants, comme la Chine, l'Inde ou le Brésil.

Les achats peuvent favoriser une stratégie commerciale. Achats et ventes peuvent être alors étroitement liés, le choix d'un pays d'achat étant dicté par la stratégie commerciale de l'entreprise. En effet, la délocalisation d'achats dans un pays peut avoir pour objectif la conquête de nouveaux marchés importants, comme la Chine, l'Inde ou le Brésil. Un certain contenu d'achats locaux peut être nécessaire pour vendre localement : les achats locaux doivent par exemple constituer 40 % ou 60 % du prix de revient d'un produit pour que ce produit puisse être vendu localement.

Electrolux s'était ainsi fixé l'objectif de doubler le montant de ses achats en Europe de l'Est et en Asie, où le groupe vendait bien plus qu'il n'achetait.

Pour vendre un produit aux États-Unis, il faut des câbles certifiés UL ou des vis cruciformes.

Par ailleurs, pour vendre un produit aux États-Unis, même si ce produit est assemblé en France, il faut acheter des câbles certifiés UL, certification américaine, ou des vis cruciformes, standard américain, que l'acheteur trouvera chez des fournisseurs du continent nord américain.

Les achats peuvent aussi préparer une stratégie industrielle d'implantation locale. Acheter à l'étranger permet de s'introduire dans un nouveau pays, pour le découvrir et apprendre à le connaître sous tous ses aspects : capacités techniques, coûts sala-riaux, contraintes sociales, légales, fiscales ou douanières. Une relation locale commerciale pendant un an ou deux favorise l'amorce de contacts industriels, qui pouvent déboucher un jour sur un rachat local, ou simplement une participation dans une société mixte (*joint-venture*).

1.4   La priorité de l'acheteur est de livrer les usines, quand il y a rupture

Idéalement pour une entre-prise, l'objectif logistique des achats serait de livrer sans délais, sans rupture et sans stock.

Idéalement pour une entreprise, l'objectif logistique des achats serait de livrer sans délais, sans rupture et sans stock. Le travail de l'acheteur consiste à tendre vers cet objectif idéal, en essayant de réduire les délais, de limiter les ruptures et de contrôler le niveau des stocks, qui assure le service client.

Les coûts de non-livraison ou de pertes de parts de marché peuvent être bien supérieurs à tous les gains d'achats possibles.

L'objectif premier des achats est souvent en principe de réduire les coûts d'achats. Mais dès que surviennent des problèmes importants de livraisons, dès qu'il y a des ruptures sur les marchés des matières premières, comme ce fut le cas pendant la fin de l'année 2000 où la capacité globale de production était limitée et insuffisante pour tous les besoins, ressurgit la réalité que la priorité de l'acheteur est de livrer les usines. Tous les acheteurs se focalisent alors d'abord sur ces problèmes de livraison. Et l'acheteur qui sait mettre davantage de pression que ses confrères sur les fournisseurs est le premier servi. Les autres risquent d'arrêter leurs usines ; et les coûts de non-livraison ou de pertes de parts de marché peuvent être alors bien supérieurs à tous les gains d'achats possibles.

Il n'y a pas de pire situation pour un acheteur. L'usine, dos au mur et pour se dépanner, est prête à tout : acheter des matières 30 % plus cher que quelques mois auparavant ; ou chercher et tester des sources alternatives exotiques, comme des métaux de Pologne, de Turquie ou de Grèce par exemple, pays avec lesquels l'entreprise ne travaille pas d'habitude parce que les métaux n'y sont pas toujours de composition homogène et par conséquent de qualité suffisante.

1.5   Réduire les coûts est une nécessité vitale pour l'entreprise

Réduire les coûts d'une entreprise peut passer par la réduction des coûts de structure, l'augmentation de la productivité des usines internes, l'optimisation du réseau commercial ou la réduction des coûts d'achat.

Réduire les coûts d'achat peut permettre une stratégie commerciale offensive, peut être une nécessité défensive, ou peut dégager une marge supplémentaire.

Réduire les coûts d'achat peut permettre une stratégie commerciale offensive, peut être une nécessité défensive, ou peut dégager une marge supplémentaire : dans tous les cas, le futur de l'entreprise est en jeu. Réduire les coûts donne en effet la possibilité de réduire les prix de vente en aval pour attaquer de nouveaux marchés ; ou de défendre ses marchés, quand l'entreprise est elle-même attaquée par des produits étrangers moins chers. Et si la marge de l'entreprise est déjà minimale et les coûts de structure minimums, réduire les coûts d'achat est alors une nécessité vitale pour sa survie. L'entreprise peut alors rester compétitive et présente sur le marché, et se battre à armes égales avec les concurrents étrangers. Enfin, si l'entreprise arrive à conserver ses prix de vente à peu près stables, réduire les coûts d'achat lui permet de dégager une marge supplémentaire, pour préparer l'avenir en investissant dans l'innovation technologique et de nouveaux produits.

La réduction des coûts d'achat consiste à réduire les coûts *rendus*, c'est-à-dire les coûts qui incluent dans le bilan final tous les surcoûts liés à un achat à l'étranger, logistiques ou financiers. Pour réduire les coûts logistiques, qui peuvent être importants, notamment pour les pièces plastiques volumineuses donc coûteuses à transporter, l'acheteur va chercher à acheter les pièces dans les pays où se trouvent les pôles d'assemblage. Lorsqu'on achète à l'étranger, pour éviter les ruptures et sécuriser les approvisionnements, il est souvent nécessaire de constituer un stock de trois mois roulant, ce qui immobilise de la trésorerie et a un coût financier d'au moins 2 % supplémentaires. Des termes de paiements réduits de 90 jours, ce qui reste courant en France, à 30 jours voire moins en Europe de l'Est ou en Chine notamment, peuvent également coûter 2 % de plus…

La stratégie d'achat peut être différente pour les produits destinés à l'industrie et ceux destinés au grand public. Dans le premier cas, les produits industriels sont souvent trop techniques pour être sous-traités en Chine continentale et à l'inverse craignent peu la concurrence chinoise, même si la qualité des usines vers Canton ou Shangaï, en constante progression, commence à changer cela ; l'acheteur peut alors acheter des constituants, pièces plastiques ou métalliques, en Europe de l'Est. Dans le second cas, les produits domestiques, souvent plus simples techniquement, peuvent être sous-traités complètement en Chine, et c'est là un formidable accélérateur de gains ; mais ces produits sont alors soumis à la concurrence chinoise.

Le défi de l'acheteur est en fait d'acheter mieux que les acheteurs des entreprises concurrentes, rivaux invisibles contre lesquels il se bat indirectement et qu'il croise rarement sur les champs de bataille. Acheter à l'étranger est d'ailleurs un bon moyen d'accélérer dans cette course, de prendre une avance importante, en ne se battant plus dans la même cour ; pour positionner avantageusement son entreprise sur le marché.

La réduction des coûts d'achat consiste à réduire les coûts *rendus*, c'est-à-dire les coûts qui incluent dans le bilan final tous les surcoûts liés à un achat à l'étranger, logistiques ou financiers.

Les produits domestiques peuvent être sous-traités complètement en Chine, et c'est là un formidable accélérateur de gains.

Le défi de l'acheteur est en fait d'acheter mieux que les acheteurs des entreprises concurrentes, rivaux invisibles contre lesquels il se bat indirectement et qu'il croise rarement sur les champs de bataille.

© Éditions d'Organisation

> *L'histoire des deux randonneurs et de l'ours illustre bien que si deux acheteurs sont concurrents, c'est surtout face au marché :*
> *Un Japonais et un Américain, lors d'une randonnée dans les Rocheuses, tombent nez à nez avec un grizzli. Alors que l'Américain s'apprête à prendre les jambes à son cou, le Japonais sort tranquillement ses chaussures de course de son sac et les chausse soigneusement.*
> - *« Mais tu ne pourras jamais courir plus vite que le grizzli », lui crie l'Américain.*
> - *« Je n'en n'ai pas l'intention ; il me faut seulement courir plus vite que toi », lui répond le Japonais.*

« il me faut seulement courir plus vite que toi. »

2. LES QUATRE AXES DE LA RÉDUCTION DES COÛTS D'ACHAT

2.1 Augmenter la productivité des fournisseurs existants

On peut distinguer les produits à rotation rapide qui changent tous les trois ou cinq ans ; et les produits à rotation lente qui peuvent imposer au fabricant une garantie pendant dix ans, ou qui peuvent rester vingt ans au catalogue.

Le premier axe, historique et classique, pour réduire les coûts d'achat consiste à travailler avec les fournisseurs existants pour améliorer les outils, les process et ainsi leur productivité. Améliorer la productivité est un chantier permanent, gage de progrès. On peut distinguer les produits à rotation rapide qui changent tous les trois ou cinq ans ; et les produits à rotation lente qui peuvent imposer au fabricant une garantie et une fabrication de pièces de rechange pendant dix ans, ou qui peuvent rester vingt ans au catalogue. Pour les produits à rotation rapide, comme les produits domestiques, le chantier repart régulièrement de zéro : avec des possibilités d'optimisation de design ou de changement de technologie pour alléger le contenu interne et réduire les coûts.

Alors que les produits à rotation lente, nombreux dans l'industrie, doivent avoir une fabrication maintenue pendant dix ou vingt ans : ceci sans qu'ils ne puissent être modifiés, parce que le client ne l'autorise pas, ce qui peut être par exemple le cas d'EDF, de la SNCF ou de la RATP ; avec des outillages vieillissants mais qu'on ne peut changer faute de volume justifiant un nouvel investissement ; ou avec une productivité qui a atteint au fil des années des limites structurelles lorsque l'acheteur a déjà investi dans de nouveaux outillages sur les grandes séries ; le fournisseur ayant de son côté une marge réduite, un prix stable depuis dix ans, et des coûts qui ont augmenté, notamment les salaires.

Réduire les coûts chez les fournisseurs existants peut parfois prendre une forme brutale, quand le donneur d'ordres impose, d'une manière unilatérale, une baisse générale et immédiate à tous ses fournisseurs. Une telle réaction est symptomatique de la difficulté et de la lenteur des gains générés par des programmes d'augmentation de la productivité comme ci-dessus, ou d'autres axes de réduction des coûts comme la standardisation et le *redesign* développés ci-après.

En 1995 en France, Valeo créa un précédent en essayant ainsi d'imposer unilatéralement une baisse de 5 % à tous ses « partenaires ». Début 2001 aux États-Unis, Chrysler a essayé de faire de même :

> *Extrait du « Hong-Kong Daily » du 31 Janvier 2001: « Chrysler bosses confident suppliers will reduce prices »*[1]
> *« Chrysler sent invoices after January 1, with 5 per cent cut included. Executives said they were confident that its suppliers would agree to cut prices to help pull the carmaker back to profitability. But suppliers said they still negotiating with Chrysler over its demand for an immediate 5 per cent price cut, with perhaps 70 per cent of 900 suppliers rejecting the move. The Original Equipment Suppliers Association said several suppliers stopped shipping goods to Chrysler. »*

1. **« La direction de Chrysler pense que les fournisseurs vont réduire leurs prix » :**
   « Chrysler a envoyé des factures après le 1er janvier avec 5 % de réduction des coûts inclus. La direction a dit être confiante que ses fournisseurs accepteraient de réduire les coûts pour aider le fabricant de voitures à revenir à la profitabilité. Mais les fournisseurs ont dit qu'ils négociaient encore avec Chrysler sur sa demande d'une réduction des coûts immédiate de 5 %, avec peut-être 70 % des 900 fournisseurs refusant de l'appliquer. L'Association des Fournisseurs a dit que plusieurs fournisseurs ont arrêté de livrer Chrysler ».

2.2 Développer les synergies par la standardisation

Le deuxième axe de la réduction des coûts d'achat consiste à développer les synergies possibles à l'intérieur d'un groupe en standardisant des fonctions communes ; comme l'a fait avec succès Volkswagen par exemple, déclinant des plate-formes communes sur des marques différentes intégrées au fil des rachats. Chaque nouvelle acquisition apporte de nouvelles sources d'achats, et renforce le poids, donc l'efficacité des achats. Car si les produits des sociétés d'un groupe sont complémentaires

En 1995 en France, Valeo créa un précédent en essayant d'imposer unilatéralement une baisse de 5 % à tous ses « partenaires ».

Développer les synergies possibles à l'intérieur d'un groupe en standardisant des fonctions communes.

© Éditions d'Organisation

mais différents, ils sont tous constitués à la base des mêmes familles de pièces plastiques, métalliques et électroniques. Des fournisseurs peuvent donc être communs dès l'origine ; et certaines matières, matières plastiques ou métaux, peuvent être proches. L'opportunité de développer des synergies existe. Dans ce cadre, la démarche passe par une bonne maîtrise des achats de chaque site, la définition d'un panel des fournisseurs majeurs du groupe, la consultation de chaque site chez ces fournisseurs majeurs, puis la mise en concurrence.

La capacité de synergie dans un groupe international est limitée quand les marketings locaux imposent les besoins locaux de leurs clients.

Mais il est aussi parfois difficile de fédérer des besoins. La capacité de synergie dans un groupe international est limitée quand les marketings locaux imposent les besoins locaux de leurs clients. Dans le Groupe RVI-Mack par exemple, ou chez Delphi, équipementier mondial de 220 000 personnes, presque tout diffère entre un véhicule américain et un véhicule européen : la technologie, que ce soit pour les moteurs ou les filtres de ventilation, et les fournisseurs. Les synergies sont limitées, et les achats communs rares. Pour autant, le travail aux achats, en coordination avec la Recherche & Développement, consiste alors à rapprocher les deux équipes transatlantiques, communiquer en anglais, apprendre à travailler en interculturel, et comparer ensemble les sources des deux continents.

2.3 Reconcevoir les produits existants pour en réduire les coûts

Le troisième axe consiste à « redesigner », c'est-à-dire reconcevoir un produit existant ou un sous-ensemble d'un produit, pour réaliser une même fonction moins cher ou en allégeant le cahier des charges avec la Recherche & Développement. Alléger le cahier des charges des produits existants peut être difficile quand le catalogue compte des milliers de produits, que les produits relativement simples n'ont pas de fonctions ou de sous-ensembles à optimiser, et que les homologations sont contraignantes par exemple dans l'environnement électrique industriel.

L'acheteur, comme le commercial, a un regard tourné hors de l'entreprise et doit rapporter de la « valeur » à son entreprise, des informations concernant les évolutions techniques vues chez les fournisseurs, notamment étrangers.

Pour autant, le *redesign* est un axe important, qui repose notamment sur le développement d'entrées de gammes capables de générer des volumes de vente importants. Pour cela, les acheteurs doivent être à l'écoute du marché, proposer des solutions plus économiques, de nouvelles matières, de nouveaux process. L'acheteur, comme le commercial, a un regard tourné hors de l'entreprise et doit rapporter de la « valeur » à son entreprise, des informations concernant les évolutions techniques vues chez les fournisseurs, notamment étrangers car ils peuvent utiliser des matières, des machines ou des process différents. L'acheteur doit enrichir son entreprise de sa compréhension de la structure des marchés fournisseurs (*market place intelligence*). Il doit identifier les fournisseurs qui pourront s'adapter aux évolutions technologiques et aux délocalisations géographiques. Il doit aider la Recherche & Développement à dépasser ses habitudes éventuelles et à concevoir différemment les produits à venir.

L'élément vraiment différenciateur à terme est la capacité à repenser les produits autrement.

Parce que la plupart des entreprises travaillent sur un *sourcing* différent, en changeant de pays ou de fournisseurs, parfois d'ailleurs dans un vivier commun et assez restreint, l'élément vraiment différenciateur à terme est la capacité à repenser les produits autrement. Et associer les fournisseurs en amont dans la chaîne de conception en *co-design* est source de « valeur ajoutée », de créativité, d'efficience et de solutions techniques pour améliorer la productivité. C'est aujourd'hui courant dans l'automobile, l'aéronautique ou l'informatique.

2.4   Développer les achats à l'étranger

Développer les achats à l'étranger est un axe majeur et complémentaire aux axes précédents.

Développer les achats à l'étranger est un axe majeur et complémentaire aux axes précédents pour réduire les coûts d'achat. L'évolution en est souvent récente. Historiquement, la plupart des entreprises industrielles vendent beaucoup plus qu'elles n'achètent à l'étranger. Chaque pays préfère vendre plutôt qu'acheter à l'étranger ; le rôle des C.C.I., Chambres de commerce et d'industrie, et des P.E.E., Postes d'expansion économique, à l'étranger ayant été plutôt d'aider les entreprises françaises à exporter, ceci pour contribuer à la bonne tenue de notre balance commerciale.

Les entreprises allemandes en oubliant cet axe important, par un *sourcing* trop longtemps nationaliste, ont pénalisé leur compétitivité sur la scène internationale.

Les entreprises allemandes par exemple, en oubliant cet axe important, par un *sourcing* trop longtemps nationaliste, ont pénalisé leur compétitivité sur la scène internationale, la France ayant rattrapé l'Allemagne en terme de dynamisme industriel aux yeux de beaucoup d'étrangers. C'est en effet une véritable révolution culturelle dans l'entreprise de démarrer une telle politique d'internationalisation des achats, lorque les pratiques consistent plutôt à acheter « local » ; et les Allemands ont attendu parfois d'être « dos au mur » pour affronter cette réalité d'un *sourcing* international rendu nécessaire par un marché mondialisé.

La délocalisation des achats est sous la responsabilité de l'acheteur ; son objectif est purement économique et le gain est facilement mesurable.

Et comparativement au *make or buy* dont la décision appartient à la Direction Générale et qui a un objectif pas uniquement économique au gain difficilement quantifiable, la délocalisation des achats est tout autre. Elle est sous la responsabilité de l'acheteur, même s'il a besoin de l'aide de tous les autres services de l'entreprise ; son objectif est purement économique, un coût rendu en France le plus bas possible quelque soit le pays d'achat ; et le gain est facilement mesurable, car c'est la différence entre deux prix d'achat, l'un en France et l'autre à l'étranger.

3. LES DÉFIS À RELEVER POUR ACHETER À L'INTERNATIONAL

3.1 Être capable de négocier en anglais

Du côté de l'acheteur aussi, c'est toute la « chaîne » en interne dans sa propre usine qui doit être capable de parler anglais pour gérer la relation avec le fournisseur étranger.

Les différents acteurs doivent avoir une bonne maîtrise de l'anglais, pour pouvoir se comprendre et gérer l'activité au quotidien. Un fournisseur étranger est sélectionné d'abord sur sa capacité à avoir plusieurs contacts dans l'usine parlant l'anglais : pour la gestion des commandes, en cas de problème qualité, ou pour le développement de nouveaux produits. L'acheteur doit être capable de négocier en anglais. Au-delà, c'est toute la « chaîne » en interne dans sa propre usine qui doit être capable de parler anglais pour gérer la relation avec le fournisseur étranger : le service approvisionnement, le service Assurance Qualité Fournisseurs, et la Recherche & Développement. C'est le problème dans beaucoup d'usines françaises qui sont sur des marchés traditionnels : les managers et responsables de ventes export parlent bien anglais, les acheteurs plus rarement, mais au-delà peu de personnes maîtrisent bien la langue. C'est compréhensible : ce n'est pas parce que le marché se mondialise que les employés en poste au sein des groupes se mettent spontanément à parler un anglais courant.

Un acheteur aura plutôt tendance à s'orienter d'abord vers les pays qui parlent sa langue.

C'est pourquoi un acheteur aura plutôt tendance à s'orienter d'abord vers les pays qui parlent sa langue, proximité due à l'histoire et qui a tissé des affinités culturelles. C'est plus simple pour lui, et pour son entreprise. Ainsi, un acheteur français cherche plus spontanément un fournisseur en Italie, au Portugal ou au Maroc, des pays où l'on parle souvent le français. Un acheteur allemand va plutôt orienter sa recherche vers la Pologne, la République tchèque, la Hongrie ou la Turquie, des pays où l'on parle l'allemand. Et un acheteur anglais préférera engager, lui, des contacts avec la Malaisie, ou Hong-Kong qui a été rattaché à la couronne anglaise. Quant à l'acheteur américain, il a peu de préférences et se concentre souvent sur le marché intérieur important des États-Unis, où il compte sur la présence de nombreux distributeurs étrangers.

L'acheteur français peut chercher à l'étranger une usine gérée par un fournisseur français : mais la limite peut être économique, car les prix peuvent alors être parfois « français ». Ce schéma, apparemment idéal car associant une fabrication à l'étranger sans problème linguistique, n'est ainsi pas toujours possible ou pérenne. Ces fournisseurs français délocalisés ont souvent suivi de gros donneurs d'ordres pour la fabrication de produits complets. Et ils justifient leur délocalisation moins par la production de pièces plastiques ou métalliques locales sur des presses automatisées, que par l'assemblage ensuite des produits, activité manuelle à plus forte valeur ajoutée.

Parmi les mouleurs d'Oyonnax, un groupe de 1500 personnes avec treize usines en France, a ainsi créé trois usines en Pologne notamment pour suivre Lexmark, a signé une *joint-venture* en Roumanie à Timisoara pour fabriquer des luminaires, et a un projet en Chine pour suivre Philips et la fabrication de téléphones portables. Un groupe de 500 personnes avec quatre usines en France, a créé une usine en Hongrie, en accompagnement de Schneider qui a un site d'assemblage vers Budapest. Un autre groupe de 500 personnes a créé une usine en Pologne, puis au Mexique à Torreon, pour suivre Thomson et la fabrication de télévisions. Un troisième groupe de 500 personnes a signé une *joint-venture* en 2000 en Slovaquie.

Parmi les découpeurs français, un groupe de Besançon a été un des premiers à délocaliser sa production, en Hongrie à Gödellö, pour suivre Schlumberger et Schneider : la remise à niveau de l'usine locale a nécessité deux ans, avec des difficultés pour trouver localement des métaux de bonne qualité, qui doivent être importés de France ou d'Allemagne, et des partenaires pour le traitement de surface des pièces ; puis ce groupe a signé une *joint-venture* au Brésil à Sao Polo. Un groupe savoyard s'est également implanté au Brésil, dans une structure commune avec deux fournisseurs français, de visserie et de décolletage.

Ces mouleurs et découpeurs français ont tous délocalisé une partie de leur production dans des pays dont nous reparlerons par la suite : l'Europe de l'Est notamment, avec la Pologne, la Hongrie, la Slovaquie ou la Roumanie ; la Chine ; et le Mexique pour le marché américain.

Ces mouleurs et découpeurs français ont tous délocalisé une partie de leur production dans des pays dont nous reparlerons par la suite : l'Europe de l'Est notamment, la Chine, et le Mexique pour le marché américain.

Enfin, nous parlons de l'anglais, parce que l'anglais est la langue internationale des affaires. Mais certains pays aiment mieux traiter en d'autres langues. Ainsi, les Mexicains préfèrent travailler en espagnol plutôt qu'en anglais, la langue des « gringos ». En Europe de l'Est, on parle plus l'allemand que l'anglais. Nous verrons en effet qu'une partie de la Pologne, la Hongrie, la République tchèque, la Slovaquie et la Slovénie ont fait partie jusqu'en 1918 des Empires prussien ou austro-hongrois, qui parlaient l'allemand : tous ces pays sont restés à forte influence germanique. Il est ainsi paradoxalement plus difficile de trouver un fournisseur où plusieurs personnes parlent bien anglais dans une usine à 1 000 km en Europe de l'Est... qu'à 10 000 km en Chine.

Les Mexicains préfèrent travailler en espagnol plutôt qu'en anglais, la langue des « gringos » ; en Europe de l'Est, on parle plus l'allemand que l'anglais.

Idéalement, un acheteur polyglotte pourrait donc parler l'anglais bien sûr ; l'allemand pour les pays de l'Est ou la Turquie ; et l'espagnol pour le Mexique et l'Amérique latine, sachant qu'au Brésil l'on parle le portugais mais que la moitié des Brésiliens comprennent l'espagnol.

3.2 Vaincre les réticences internes en associant tous les services au projet

La manière de réagir et le délai de réaction sont forcément différents avec un fournisseur français à 100 kilomètres et avec un fournisseur chinois à 10 000 kilomètres.

Le service approvisionnement, le service qualité ou la Recherche & Développement peuvent craindre les difficultés générées par une délocalisation d'achats à l'étranger : les délais seront plus longs, et la qualité peut être incertaine. Effectivement, plus le fournisseur est loin, plus les difficultés, inévitables avec tout fournisseur, seront difficiles à régler rapidement. La manière de réagir et le délai de réaction sont forcément différents avec un fournisseur français à 100 kilomètres, que l'acheteur peut visiter dans la journée ; et avec un fournisseur chinois à 10 000 kilomètres, qui peut vouloir cesser une activité brutalement si l'envie ou l'intérêt économique ne sont plus là, et sur lequel les moyens de pression sont nuls.

© Éditions d'Organisation

L'acheteur doit être pédagogue, communiquer sur la
nécessité stratégique pour
l'entreprise de délocaliser
les achats, et sur l'attention
qu'il porte aux besoins
propres de chaque service.

L'acheteur ne pourra pas réussir dans son projet d'achat à l'étranger sans l'aide de chacun de ses partenaires dans l'entreprise ; contrairement à un transfert d'outillage franco-français où il aura davantage de latitude, parce que l'impact pourra être relativement transparent pour le reste de l'usine. L'acheteur doit donc être pédagogue, communiquer sur la nécessité stratégique pour l'entreprise de délocaliser les achats, et sur l'attention qu'il porte aux besoins propres de chaque service. La réduction des coûts n'est pas *son* objectif, mais une nécessité vitale pour que *leur* entreprise reste compétitive. Il doit passer du temps avec eux, leur expliquer le projet, les associer en amont, recevoir le fournisseur étranger avec eux ; et surtout les associer au succès de chaque projet d'achat réussi à l'étranger.

Le service approvisionne-
ment ou logistique a
besoin de fournisseurs
réactifs, de proximité ; ceci
peut permettre de
compenser des disfonctionnements internes.

La Recherche & Développement a besoin de développer vite, et c'est plus facile avec les fournisseurs existants et proches, « qui parlent français et à qui il ne faut pas tout réexpliquer ». Le service approvisionnement ou logistique a besoin de fournisseurs réactifs, de proximité ; ceci peut permettre de compenser des disfonctionnements internes : une multiplicité des références de pièces à acheter faute de standardisation depuis des années, l'absence de prévisions commerciales, une politique de gestion des commandes ou de niveau de stock mal adaptée. Le service qualité doit faire des audits dans les usines des fournisseurs, et ne parle pas toujours bien anglais ; voire peut être amené à auditer une usine chinoise où les documents sont écrits en mandarin.

Chacun en France a trop
tendance à sous-estimer la
capacité technique des
pays étrangers ; ils ne font
pas forcément de la
« mauvaise qualité ».

Il ne faut jamais sous-
estimer un concurrent, ou
les concurrents de demain.

Surtout, chacun en France a trop tendance à sous-estimer la capacité technique des pays étrangers ; ils ne travaillent pas forcément « mal », ils ne font pas forcément de la « mauvaise qualité ». Des pays à bas salaires, avec des moyens simples, peu de formation et peu de machines, mais beaucoup de bonne volonté, peuvent faire de bonnes pièces. La Chine à cet égard peut parfois être vraiment surprenante. Il ne faut jamais sous-estimer un concurrent, ou les concurrents de demain. En fonderie par exemple, la France est aujourd'hui dépassée : des pays étrangers ont une technologie meilleure, et arrivent à fabriquer des pièces de dimensions supérieures à celles que les forgerons français sont capables de produire.

Par ailleurs, le directeur industriel peut parfois défendre un schéma intégré dans l'usine française, parce qu'il croit aux vertus de ce schéma qu'il a construit ; il pourra accepter de démarrer un

© Éditions d'Organisation

projet chez un fournisseur étranger comme une sous-traitance de capacité, pour l'aider à un manque de capacité de production interne, au risque qu'un produit acheté deux fois moins cher devienne une sous-traitance de fait pour l'essentiel du volume. Nous avons vu que la décision *make or buy* n'appartient pas aux achats, mais les achats participent de fait à l'externalisation d'activités internes chez des fournisseurs.

Un surcoût financier de 2 % dû à un stock de trois mois est largement compensé par un gain de 20 % sur les prix d'achat.

Le responsable financier, quant à lui, peut préférer légitimement deux semaines de stock et des livraisons en « juste à temps », plutôt qu'un stock de trois mois roulant, nécessaire quand on achète à l'étranger mais qui immobilise de la trésorerie : un surcoût financier de 2 % dû à un stock de trois mois est largement compensé par un gain de 20 % sur les prix d'achat. Par ailleurs, le « juste à temps » de la production française peut être soumis à des aléas, alors qu'un stock de trois mois de produits étrangers permet d'offrir un bon service client avec des produits disponibles et des livraisons immédiates.

3.3   Éviter le risque de copies en étant prudent

Les contrefaçons à l'étranger sont importantes, dans tous les domaines : par exemple en Russie, environ 40 000 personnes meurent chaque année après avoir consommé de l'alcool de contrebande, et la contrefaçon touche par ailleurs 50 % des ventes de café et 20 % de celles de shampooings.

Dans l'industrie, on considère que le seul moyen de ne pas avoir peur des copies est de savoir maintenir une avance technologique ; en fait, les entreprises évitent de transférer des séries récentes, pour ne pas risquer les contrefaçons.

Dans l'industrie, on considère souvent que le seul moyen de ne pas avoir peur des copies est de savoir maintenir une avance technologique ; en fait, les entreprises évitent de transférer des séries récentes, pour ne pas risquer les contrefaçons. Schneider par exemple ne fabrique en Chine que de vieilles séries de disjoncteurs ; et ces produits chinois restent d'ailleurs destinés au marché chinois. Radiall s'est implanté industriellement en 1997 à Shangaï, pour suivre ses donneurs d'ordres Thomson, Alcatel ou Motorola, mais n'y fabrique aussi que de vieux produits. La Chine continentale, en excluant Taïwan, pays technologique et de confiance, a un lourd passé de contrefaçon ; même si elle s'apprête, en intégrant l'OMC, à édicter une réglementation sur la protection de la propriété intellectuelle et commerciale plus en conformité avec les standards internationaux.

Pour une « saisie contre-façon », l'entreprise peut faire un prélèvement avec un huissier dans le magasin du distributeur français qui vend les copies étrangères.

Lorsqu'une entreprise est attaquée sur son marché par des copies de ses produits brevetés, elle doit réagir en respectant la procédure juridique. Pour une « saisie contrefaçon », suite à une commission d'un juge, l'entreprise peut faire un prélèvement avec un huissier dans le magasin du distributeur français qui vend les copies étrangères. Pour des produits brevetés en France, elle ne peut attaquer pour contrefaçon qu'en France.

Elle peut ensuite essayer de faire pression sur ces distributeurs pour essayer de remonter jusqu'aux fabricants étrangers ; et pourquoi pas, essayer ensuite de faire de ces concurrents sauvages des alliés, produisant pour elle légalement, au lieu d'interdire l'utilisation de moules qui peuvent être transférés dans une usine voisine.

Quand un acheteur consulte notamment en Chine, il doit éviter d'envoyer trop de consultations éparses.

Quand un acheteur consulte notamment en Chine, il doit éviter d'envoyer trop de consultations éparses, avec les plans et échantillons de produits de son entreprise, car le risque existe que ces produits soient copiés. Même si pour copier un produit, il suffit à tout fabricant chinois de l'acheter et de le démonter. Une bonne manière de protéger le contenu et le savoir-faire (*know-how*) d'un produit électronique est par exemple de recouvrir le circuit et les composants électroniques d'une colle épaisse et opaque qui se solidifie en séchant.

Un autre danger est la perte d'expertise chez le donneur d'ordres quand un fournisseur fabrique pour lui l'essentiel de sa production depuis des années.

Enfin, un autre danger est la perte d'expertise chez le donneur d'ordres quand un fournisseur fabrique pour lui l'essentiel de sa production depuis des années. Le donneur d'ordres, pour prévenir le maximum de problèmes ultérieurs, a pu être au départ tellement exigeant sur les contraintes techniques définies dans le cahier des charges, qu'il a permis au fournisseur d'évoluer techniquement à un niveau de maîtrise supérieur à terme au sien. C'est ce qui est arrivé par exemple pour les sèche-cheveux, fabriqués aujourd'hui pratiquement intégralement en Chine : les usines chinoises sous-traitantes maîtrisent les flux thermiques mieux que les usines françaises.

3.4   Faire comprendre à ses fournisseurs français la nécessité de délocaliser

Les relations se tendent avec les fournisseurs français. Ils acceptent mal de voir partir leurs outillages et productions grandes séries à l'étranger ; ils perdent du chiffre d'affaires et craignent

© Éditions d'Organisation

pour leur avenir. Or l'acheteur a toujours besoin d'eux, car tout n'est pas transférable à l'étranger, notamment les petites séries : celles-ci peuvent représenter l'essentiel des outillages et la moitié du chiffre d'affaires, les outillages peuvent être vieux, en mauvais état, et le fournisseur français en supportait les coûts parce qu'il avait, et tant qu'il avait, les grandes séries.

Le fournisseur français menace l'acheteur d'augmenter ses prix sur les petites séries qui resteraient seules en France ; le risque est réel, mais on craint toujours le pire.

Cette situation peut constituer un frein chez l'acheteur pour transférer des outillages à l'étranger, si le fournisseur français menace l'acheteur d'augmenter ses prix sur les petites séries qui resteraient seules en France ; le risque est réel, mais on craint toujours le pire. L'acheteur ne doit pas hésiter à transférer ses grandes séries à l'étranger. La stratégie, et le sens de l'histoire, est de tranférer les grandes séries à l'étranger pour réduire les coûts ; et de conserver en France les moyennes et petites séries, qui peuvent représenter la moitié du chiffre d'affaires, et pour lesquelles l'acheteur aura toujours besoin de partenaires locaux et réactifs.

Transférer une partie d'un portefeuille d'achats chez un fournisseur étranger bien moins cher, peut permettre des baisses sur le portefeuille restant en France par « effet de vague ».

Une stratégie peut consister à sélectionner un fournisseur en France capable de reprendre les petites et moyennes séries de plusieurs de ces confrères « au cas où », pour éventuellement concentrer chez lui un chiffre d'affaires global, qui peut d'ailleurs être supérieur *in fine* à ce qu'il avait initialement. En fait, un fournisseur français mis devant le fait accompli, préfère souvent conserver la moitié de son chiffre d'affaires restant avec les petites et moyennes séries plutôt que tout perdre. Et ayant bien compris le sérieux de la menace, et la crédibilité de l'acheteur dans sa démarche, il parlera moins de hausses de prix, et acceptera au contraire plus facilement des baisses. Ainsi, transférer une partie d'un portefeuille d'achats chez un fournisseur étranger bien moins cher, peut permettre des baisses sur le portefeuille restant en France par « effet de vague ».

« En benchmarkant ses fournisseurs français dans un panel international, l'acheteur leur évite de se scléroser, et de devenir plus tard des morts vivants. »

Confronter ses fournisseurs français à la concurrence étrangère n'est d'ailleurs pas que négatif pour eux. Cette pression peut les aider à prendre conscience de l'écart de coût avec les pays étrangers, à réagir et à progresser ; à prendre conscience qu'ils doivent développer une vraie valeur ajoutée en France. Chaque entreprise, et chaque employé de même, doit se remettre en cause régulièrement pour progresser, ce qui est toujours difficile. D'ailleurs, les syndicats professionnels en France se battent plus pour préserver des acquis, ou réclamer les 35 heures avec des hausses de salaires, que pour demander des formations pour les employés et des investissements constructifs et porteurs d'un avenir pour tous. « En benchmarkant ses fournisseurs français dans un panel international, l'acheteur leur évite de se scléroser, et de devenir plus tard des morts vivants », commente un responsable des achats dans l'automobile.

L'acheteur doit conserver une base solide de fournisseurs majeurs (*core suppliers*) en France, pour assurer « ses arrières » en cas de difficulté ; et pour offrir à la Recherche & Développement des capacités de codéveloppement et de rapidité de développement (*time to market)* nécessaires pour les nouveaux produits, avec des fournisseurs français notamment. L'acheteur ne doit jamais oublier ce besoin stratégique de son entreprise, lorsqu'il cherche à développer de nouveaux fournisseurs économiques à 2 000 ou à 10 000 km. L'entreprise a toujours besoin d'un panel de *core suppliers* locaux, motivés, qui doivent être régulièrement consultés, et envers lesquels l'entreprise s'engage à donner du business en priorité s'ils sont compétitifs, développant ainsi des relations d'affaires durables.

Ces partenaires français peuvent d'ailleurs contribuer à aider l'acheteur à développer ses achats dans des pays à bas coûts ; les deux notions ne sont pas forcément antinomiques, s'ils accompagnent cette démarche à l'international, créant leurs propres usines dans ces pays. Certains mouleurs d'Oyonnax ou découpeurs de Besançon, nous l'avons déjà dit, ont ainsi accompagné leurs donneurs d'ordres, Schlumberger parti en Hongrie, Thomson en Pologne et au Mexique, ou Philips en Chine.

Note de marge : L'acheteur doit conserver une base solide de fournisseurs majeurs en France, pour assurer « ses arrières » en cas de difficulté.

3.5   Il est difficile de trouver de bons fournisseurs à l'étranger

Nous verrons ultérieurement que la recherche de sources d'achat (*sourcing)* à l'étranger, de fournisseurs fiables et compétitifs, est difficile. Parce qu'une forte capacité technique et des prix bas sont souvent antinomiques.

Les pays étrangers à bas salaires ne sont pas souvent capables techniquement. Les technologies progressant constamment et rapidement, l'écart technologique reste important entre les pays occidentaux, l'Europe de l'Ouest ou les États-Unis, et les pays à bas salaires, l'Europe de l'Est ou la Chine. Ceux-ci sont souvent incapables de fabriquer des pièces techniques précises, sur des machines automatisées, avec des notions de productivité et donc des prix compétitifs. Il est par exemple difficile de trouver un fournisseur en

Note de marge : Les pays étrangers à bas salaires ne sont pas souvent capables techniquement.

Europe de l'Est pour des pièces métalliques découpées précises du niveau de ce que font les découpeurs français de Besançon.

À l'opposé, les pays étrangers capables techniquement ont vu leurs salaires augmenter à un niveau rédhibitoire. Entraînés par la mondialisation, qui là a du bon, ces pays ont vu leur salaires et leur niveau de vie s'élever. L'acheteur n'a plus intérêt à acheter aujourd'hui par exemple à Singapour, Hong-Kong ou Taiwan. Même des pays intermédiaires, comme la Slovénie en Europe de l'Est ou la Malaisie en Asie du Sud-Est, qui ont des salaires ouvriers de 760 euros (5 000 FF) par mois c'est-à-dire moitié moindre qu'en France, présentent peu d'intérêt en terme d'achat, quand il faut rajouter les surcoûts logistiques liés au transport, aux droits de douane et au stockage.

À l'opposé, les pays étrangers capables techniquement ont vu leurs salaires augmenter à un niveau rédhibitoire.

3.6   Atteindre un seuil minimum de 10 % d'achats à l'étranger

Le rythme de délocalisation des achats à l'étranger dépasse rarement 5 % par an du montant total des achats.

Le rythme de délocalisation des achats à l'étranger dépasse rarement 5 % par an du montant total des achats : parce qu'un portefeuille d'achat n'est pas uniquement constitué de pièces grandes séries et d'outils récents, qu'un fournisseur étranger technique et compétitif est difficile à trouver, et qu'une relation industrielle est longue à construire. Un nouveau partenaire à l'étranger n'est vraiment rentable parfois qu'un an après le premier contact. Et un schéma à l'étranger reste toujours fragile, de par la distance, la différence des cultures, les évolutions géopolitiques du pays choisi, un changement de stratégie de son entreprise ou de son fournisseur, ou une ligne de produit qui marche moins bien que prévue. Un grand groupe automobile européen réalisait ainsi en 2001 moins de 10 % de ses achats hors de l'Union européenne.

Les achats à l'étranger doivent atteindre le seuil de 10 % des achats d'une entreprise pour être crédibles.

Les achats à l'étranger doivent atteindre le seuil de 10 % des achats d'une entreprise pour être crédibles, pris en compte en interne dans l'entreprise et en externe vis-à-vis des fournisseurs. Partant de zéro, et sur le rythme cité ci-dessus de 5 % par an, il faut donc compter deux ans au moins pour atteindre ce seuil.

Au-delà des organisations en place et des objectifs velléitaires, ce sont les hommes qui font la différence et qui construisent les schémas gagnants de demain.

Cette démarche est difficile, au regard des points précédents, mais nécessaire pour améliorer la compétitivité de son entreprise, dans un marché de plus en plus mondial et compétitif. Et au-delà des organisations en place et des objectifs velléitaires, ce sont les hommes qui font la différence et qui construisent les schémas gagnants de demain : ceux qui perçoivent l'évolution du marché

© Éditions d'Organisation

et sont visionnaires, savent faire preuve d'audace et prendre des risques, stimuler une organisation et emporter l'adhésion des troupes.

« Ce que nous pouvons faire ou rêver de faire, commençons donc à le faire car l'audace est porteuse de puissance ; toutes sortes de choses se produiront qui sinon ne se seraient jamais produites. »

« De la décision jaillira un flot d'évènements qui déterminent en notre faveur quantité d'incidents, de rencontres et d'appuis matériels imprévus qu'on n'aurait pu imaginer ; ce que nous pouvons faire ou rêver de faire, commençons donc à le faire car l'audace est porteuse de puissance ; toutes sortes de choses se produiront qui sinon ne se seraient jamais produites », écrivit Goethe.

Fixer un objectif de réduction des coûts important aux achats permet de stimuler cette démarche vers l'international. Parce qu'il est difficile de réduire les coûts d'une manière importante en restant en France, sur la totalité d'un portefeuille incluant des produits vieux de dix ou vingt ans, plusieurs années de suite.

Un objectif chiffré peut sembler discutable, car il ne tient pas compte de facteurs extérieurs : la tendance globale du marché en hausse comme en 2000 ou en baisse comme en 2001 ; l'évolution des prix des métaux par exemple car l'acheteur ne contrôle pas les cours du LME, *London Metal Exchange* ; et l'aide effective apportée par la Recherche & Développement pour modifier des spécifications techniques à la demande des achats, ou qualifier de nouvelles matières plastiques, moins chères ou en double source par exemple, pour avoir davantage de latitude dans les négociations face aux grands producteurs mondiaux. Mais ainsi fera un sauteur en hauteur : se fixer l'objectif d'une hauteur à passer dans sa saison, une barre difficile mais pas irréalisable, si tous les facteurs extérieurs contribuent au succès, pas de blessure dans la saison et un vent favorable le jour du saut.

L'entreprise doit donner à chaque acheteur des billets d'avion et une autonomie en regard des objectifs et des résultats attendus : on ne peut pas faire des achats à l'international en restant en France.

L'entreprise doit donner à chaque acheteur des billets d'avion et une autonomie en regard des objectifs et des résultats attendus : on ne peut pas faire des achats à l'international en restant en France. Pour développer ses achats à l'étranger, l'acheteur doit prendre ses marques dans des pays nouveaux, visiter différents fournisseurs, auditer des usines, développer une certaine expertise et prendre confiance.

Dans les PME, ce n'est pas encore toujours le cas : parce que l'acheteur a une culture et une réputation d'homme sédentaire, qu'historiquement il a de fait parfois peu voyagé à l'étranger, et que surtout le directeur de l'usine peut avoir besoin de lui tous les

Plus l'acheteur fait de l'approvisionnement, moins il fait de l'achat.

jours pour régler des problèmes d'approvisionnement. Ce schéma archaïque répond a un besoin réel à court terme, mais est contre-productif à moyen terme : car plus l'acheteur fait de l'approvisionnement, moins il fait de l'achat ; c'est-à-dire moins il a de temps pour construire de nouveaux schémas d'achat et trouver de nouveaux fournisseurs dont l'entreprise aura besoin pour rester compétitive.

3.7   Remettre en cause les habitudes de l'entreprise

L'acheteur doit réussir à faire évoluer son entreprise vers une démarche de rupture (*breakthrough*), bousculant les schémas d'achat établis.

L'acheteur doit réussir à faire évoluer son entreprise vers une démarche de rupture (*breakthrough*), bousculant les schémas d'achat établis, communiquant et construisant autour de trois axes : un projet commun, avec un objectif chiffré pour chaque portefeuille d'achat, des mesures pour suivre l'avancement de chaque projet à l'étranger et des gains associés ; une dynamique d'équipe, fondée sur l'échange d'informations, même informelle au cours de réunions mensuelles ; et un développement personnel de chaque acteur, avec des formations, notamment en anglais, pour l'aider à évoluer vers un métier plus international, intéressant, valorisant et nécessaire à l'entreprise.

Acheter à l'étranger entraîne à revoir la pertinence des contraintes techniques imposées dans les cahiers des charges, la manière de gérer les fournisseurs sous Assurance Qualité, la qualité des prévisions transmises aux fournisseurs, ou la politique de stock.

Cette démarche nouvelle d'achat à l'international est source de remises en cause en interne. Cela peut être aussi pour la Direction un signe fort en interne de la nécessité de réduire les coûts des produits, l'occasion de se reposer des questions de fond. Acheter à l'étranger entraîne à revoir la pertinence des contraintes techniques imposées dans les cahiers des charges, la manière de gérer les fournisseurs sous Assurance Qualité, la qualité des prévisions transmises aux fournisseurs, ou la politique de stock.

L'acheteur doit aider à remettre en cause le cahier des charges techniques, pour l'alléger suivant des spécifications juste nécessaires au marché ; pour avoir un produit le plus compétitif possible sur le marché. Ainsi par exemple, les constructeurs d'ordinateurs de bureau ont-ils revu au début des années 1990 la tenue des alimentations en température, l'abaissant de 60 °C à 40 °C, et diminuant ainsi le coût de ces alimentations de 20 %. La qualité attendue d'un produit sur le marché n'est pas immuable et doit régulièrement être réétudiée, remise en cause. Seules les normes de sécurité pour un pays donné sont vraiment incontournables : par exemple les normes *UL* aux États-Unis ou *CSA* au Canada.

La fidélité de certains acheteurs à certains fournisseurs, qui peut être l'alibi de la facilité, doit être aussi remise en cause.

L'arrivée d'un nouvel acheteur n'est jamais une bonne nouvelle pour un fournisseur.

Enfin, la fidélité de certains acheteurs à certains fournisseurs, qui peut être l'alibi de la facilité, doit être aussi remise en cause ; il faut refuser la notion de « fournisseur historique et loyal », qui peut être contre-productive, et peut pénaliser la compétitivité de l'entreprise. Il faut savoir parfois permuter les acheteurs dans une équipe achat, pour remettre en cause les portefeuilles et les fournisseurs : l'arrivée d'un nouvel acheteur n'est jamais une bonne nouvelle pour un fournisseur, car cet acheteur voudra faire ses preuves et obtenir des résultats rapidement.

CHAPITRE 2

DIFFÉRENTS TYPES D'ACHATS

Les matières premières, matières plastiques, métaux ou pâte à papier, sont soumises à des évolutions de prix cycliques liées aux marchés mondiaux : elles ont subi une hausse brutale des cours en 2000, puis une baisse en 2001. Les pays d'achat sont différents selon les familles technologiques : les pièces plastiques, les pièces métalliques, les circuits imprimés, la sous-traitance d'assemblage ou la sous-traitance électronique... mais de fait, l'essentiel des matières plastiques, des métaux ou des composants électroniques proviennent depuis des années de pays étrangers, via des distributeurs français. Quant aux achats hors production, les services de proximité peuvent être eux aussi le résultat d'une stratégie d'achat et d'une négociation internationales.

1. LES MATIÈRES PREMIÈRES

Les matières premières
subissent l'actualité internationale capricieuse, des
évolutions de prix
mondiaux cyclothymiques
et ont des cours volatiles.

Les matières premières sont divisibles en quatre grandes familles :
les matières minérales combustibles, pétrole ou gaz ; minérales
sous forme de métaux ; agricoles industrielles, textiles, caoutchouc
ou bois ; et agricoles alimentaires, café, cacao ou sucre par
exemple. Les réserves minérales terrestres sont non renouvelables
et limitées, alors que l'explosion démographique et les besoins sont
exponentiels : la terre comptait 700 millions d'habitants en 1750,
1,2 milliard en 1850, 2,5 milliards en 1950, et 6 milliards en 2000.

Les matières premières subissent l'actualité internationale capricieuse, des évolutions de prix mondiaux cyclothymiques et ont
des cours volatiles.

Les cours ont été au plus
bas à l'été 1999 puis
explosèrent en 2000.

Des producteurs ont volontairement arrêté certaines
usines pour créer cette
pénurie et faire remonter
les cours, dans le but de
restaurer leurs marges.

Les cours ont été au plus bas à l'été 1999 puis explosèrent en 2000.
Ce fut le début d'une période pendant laquelle les prix de toutes les
matières utilisées dans l'industrie marquèrent une forte hausse : le
pétrole, impactant les matières plastiques comme le PVC ; les
métaux et la pâte à papier. La pénurie était réelle, beaucoup d'outils
industriels étant en sous-investissement depuis une dizaine
d'années à cause de marchés moroses, alors que la demande explo-
sait sur tous les continents : en Europe, aux États-Unis, qui
connaissait alors sa troisième année consécutive de forte croissance, et surtout en Asie, avec la Chine notamment, nouvel acteur
qui importait des matières d'Europe et déséquilibrait les marchés.
Mais cette pénurie fut aussi en partie provoquée. Des producteurs
ont volontairement arrêté certaines usines pour créer cette pénurie
et faire remonter les cours, dans le but de restaurer leurs marges :
cette stratégie de contrôle du marché typique de l'OPEP, s'est
étendue à tous les marchés des matières premières pour l'industrie.

2001 a marqué un retour-
nement du marché.

2001 a marqué un retournement du marché. Ce phénomène a été
amorcé aux États-Unis, qui représentent un tiers du commerce
mondial, influencent fortement les marchés et sont précurseurs de
nombreuses tendances économiques. La croissance avait été forte,
avec un rythme moyen de + 4,5 % pendant quatre ans. Les
secteurs les plus emblématiques de la croissance économique
fléchirent alors brutalement : la micro-informatique, les banques et
l'automobile où les ventes s'effondrèrent et le chômage technique
refit son apparition ; les télécommunications où les profits reculè-
rent ; le secteur Internet, littéralement sinistré avec un plongeon
des valeurs du Nasdaq de 40 % en un an.

© Éditions d'Organisation

1.1   Les matières plastiques

▉ L'ÉVOLUTION DU MARCHÉ SUR LES TROIS CONTINENTS

Évolution du prix du pétrole de 1994 à 2000, en US$/Baril

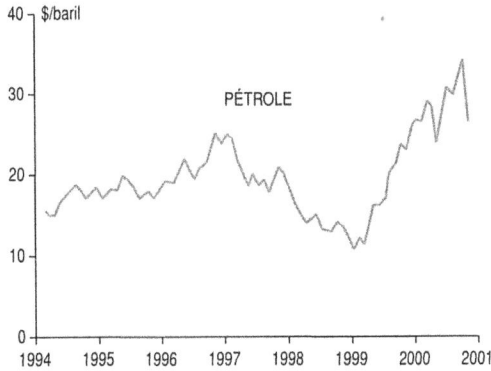

Augmentation en 2000 par rapport à 1999 : + 84 %

Évolution du prix du PVC de 1994 à 2000, base 100 en janvier 1990

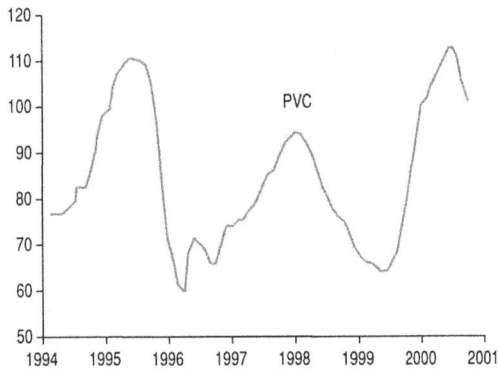

Augmentation en 2000 par rapport à 1999 : + 60 %

L'influence retrouvée des pays producteurs de pétrole emmenés par un trio : l'Arabie Saoudite, le Venezuela et le Mexique.

Le XXe siècle avait débuté par l'éclatement de la Standard Oil, l'empire pétrolier de l'Américain John Rockfeller, accusé de position dominante. Il s'est achevé par l'influence retrouvée des pays producteurs de pétrole emmenés par un trio : l'Arabie Saoudite, le Venezuela et le Mexique. Quant à l'Irak, qui possède 10 % des réserves mondiales de pétrole, sa production est toujours à ce jour bloquée par un embargo.

Le cours du pétrole Brent a triplé en un an, passant de 10 dollars le baril début 1999 à 35 dollars début 2000.

Le cours du pétrole Brent a triplé en un an, passant de 10 dollars le baril début 1999 à 35 dollars début 2000, puis est retombé à 25 dollars début 2001. L'OPEP, Organisation des pays exportateurs de pétrole, disait alors « vraiment vouloir que le prix du baril de pétrole se stabilise à ce niveau de 25 dollars ».

En 2000, les marchés les plus tendus concernant les matières plastiques furent le PVC, l'ABS et les polycarbonates.

En 2000, les marchés les plus tendus concernant les matières plastiques furent le PVC, l'ABS et les polycarbonates : ces derniers à cause notamment des lecteurs de DVD, marché grand public en forte croissance, ou des optiques de voitures pour l'automobile, le polycarbonate remplaçant de plus en plus le verre. Le marché en rupture entre alors en phase de spéculation ; certains distributeurs préférant même ne plus livrer et attendre que les prix montent pour écouler leurs stocks.

▨ LES INTERVENANTS DANS LA FABRICATION ET TRANSFORMATION DES MATIÈRES PLASTIQUES

Les *producteurs* fabriquent les matières de base. Les leaders mondiaux sont notamment le français Rhodia, les allemands BASF et Bayer, les américains General Electric et Dupont de Nemours. Ils fournissent différents types de matières, polyamides, polycarbonates, ABS ou polypropylènes, sous forme de granulés de base dans des citernes ou des sacs de 25 kilos. Les prix se négocient en tonnages annuels.

Les producteurs peuvent vendre un même polyamide PA66 3,00 euros/kg (20 FF) en Asie, 2,75 euros/kg (18 FF) au Brésil et 2,44 euros/kg (16 FF) en Europe.

Les productions de matières plastiques sont normalement destinées aux marchés continentaux respectifs : fabrication en Europe pour l'Europe, en Asie pour l'Asie, et en Amérique pour l'Amérique. Les prix marché sont différents : les producteurs peuvent vendre un même polyamide PA66 3,00 euros/kg (20 FF) en Asie, 2,75 euros/kg (18 FF) au Brésil et 2,44 euros/kg (16 FF) en Europe. Début 2001, en période de pénurie et à cause d'un dollar élevé qui favorisait les ventes des producteurs en Asie plutôt qu'en Europe, on a assisté à une fuite des matières européennes qui a déséquilibré le marché. Alors qu'inversement, l'Europe avait peu intérêt à importer des matières asiatiques, du Japon ou de Corée, surtout quand le dollar est cher.

L'Europe compte une cinquantaine de compounders notamment en Italie et en Allemagne.

Les *compounders* achètent ces matières de base aux producteurs, et les transforment : c'est-à-dire les refondent avec des charges, fibre ou talc, et des colorants selon la couleur, et font des mélanges adaptés exactement aux besoins de leurs clients. Les compounders ont des structures industrielles plus légères et souples que les producteurs et sont beaucoup plus nombreux; l'Europe compte une cinquantaine de compounders notamment en Italie et en Allemagne.

Si ses besoins de matières consommées indirectement sont importants, l'acheteur peut négocier le prix d'achat directement avec le fournisseur de matière.

Si un donneur d'ordres ne moule pas en interne, il n'achète pas directement les matières plastiques : les mouleurs qui font ses pièces achètent, stockent et utilisent ces matières. Mais si ses besoins de matières consommées indirectement sont importants, l'acheteur peut négocier le prix d'achat directement avec le fournisseur de matière. Un prix « façade », affiché facialement aux mouleurs, permet alors de ne pas divulguer sur le marché, aux entreprises concurrentes des deux parties, le prix réel des matières plastiques.

Les matières plastiques sont moins techniques pour les produits domestiques, sèche-cheveux ou triples prises, que pour les produits industriels, matériel électrique ou aéronautique, pour lesquels les normes peuvent être contraignantes. Aux États-Unis est ainsi exigée la *carte jaune UL*, qui définit le degré d'inflammabilité d'une matière pour un produit donné, et nécessite pour chaque nouvelle matière une homologation longue et coûteuse.

1.2 Les métaux

L'ÉVOLUTION DU MARCHÉ ET LES COURS DU LME, LA BOURSE DE LONDRES

Le LME, *London Metal Exchange*, sert de référence mondiale pour les cours d'achat des métaux.

Le LME, *London Metal Exchange*, sert de référence mondiale pour les cours d'achat des métaux, dont par exemple le cuivre ou l'aluminium ; les transactions sont faites en dollars, comme souvent dans le monde pour les matières premières.

Les cours du cuivre et des cuivreux, alliages à base de cuivre, fluctuent beaucoup : par exemple le CuZn36, alliage de Cuivre avec 36 % de Zinc, oscille entre 2,74 euros (18,00 FF) et 1,35 euro (8,85 FF) le kilo, soit une variation du simple au double.

Le cuivre, bon conducteur électrique et résistant à la corrosion, est beaucoup utilisé pour le matériel électrique.

Le cuivre, bon conducteur électrique et résistant à la corrosion, est beaucoup utilisé pour le matériel électrique et les automatismes industriels, l'équipement électrique dans les automobiles et les trains, les câbles des centraux téléphoniques, les ordinateurs, la robinetterie et les toitures. Les principaux producteurs de cuivre sont le Chili et le Pérou, les États-Unis et le Canada, l'ex-URSS, la Zambie et le Zaïre.

Évolution du prix du cuivre de 1994 à 2000, base 100 en janvier 1990

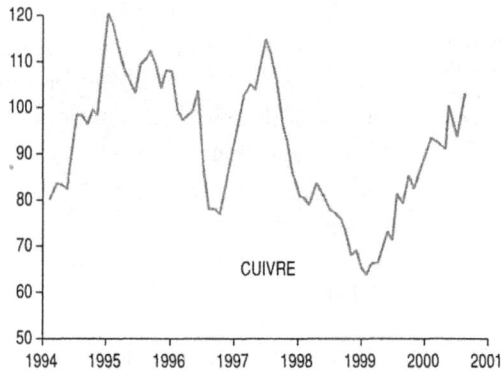

Augmentation en 2000 par rapport à 1999 : + 35 %

Évolution du prix de l'aluminium de 1994 à 2000, base 100 en janvier 1990

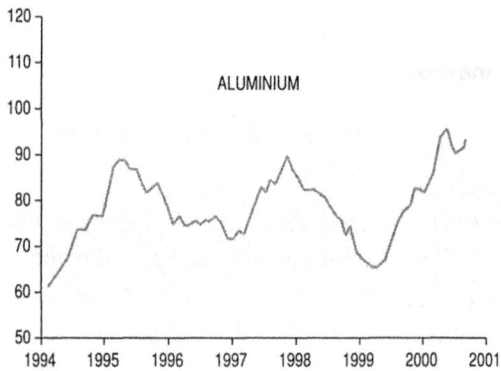

Augmentation en 2000 par rapport à 1999 : + 30 %

La robinetterie est forte consommatrice de barres en laiton.

L'Allemagne, l'Italie et la France consomment au total 400 000 tonnes de cuivreux par an. Le marché de la toiture en cuivre vert-gris est également réparti entre l'Allemagne, l'Autriche, la Suisse et l'Italie. La robinetterie est forte consommatrice de barres en laiton, notamment en Allemagne, puis en France et en Italie.

© Éditions d'Organisation

Dans les voitures, le poids du cuivre est passé de 7 kg il y a quelques années à 25 kg pour la nouvelle génération, voire 70 kg de cuivre dans une Peugeot 607 haut de gamme.

À ces marchés structurels, sont venus s'ajouter en 2000 d'autres éléments conjoncturels. Suite à la tempête de l'hiver, il a fallu reconstruire beaucoup de câbles pour les centraux téléphoniques, Alcatel étant un des plus gros consommateurs de cuivre au monde notamment pour le blindage de ces câbles. Il a fallu 400 000 tonnes d'un alliage de cuivre pour frapper la nouvelle monnaie européenne, l'Euro. Les automatismes industriels, l'électronique de puissance et les téléviseurs sont gourmands de transistors de puissance, dont le marché a doublé en 2000. Le téléphone mobile a explosé. Dans les voitures, le poids du cuivre est passé de 7 kg il y a quelques années à 25 kg pour la nouvelle génération, voire 70 kg de cuivre dans une Peugeot 607 haut de gamme équipée de la navigation par satellite. Face à de tels besoins, le marché déjà porteur s'accélère.

L'aluminium quant à lui, léger et doué d'une grande résistance, est par exemple plutôt utilisé dans l'aéronautique, le bâtiment, la menuiserie métallique et les boîtes de soda. Les principaux pays producteurs sont les États-Unis et le Canada, l'ex-URSS, l'Australie, l'Allemagne et la Norvège. Trois groupes dominent le marché : Alusuisse, Pechiney et Hoogovens.

La pénurie de la plupart des métaux constatée en 2000 est pourtant moins due aux mines productrices qu'au manque de capacité des usines de transformation en aval dans la filière.

La pénurie de la plupart des métaux constatée en 2000, volontaire ou créée par l'absence de synchronisation entre l'offre et la demande, est pourtant moins due aux mines productrices qu'au manque de capacité des usines de transformation en aval dans la filière. L'Asie achète où elle peut : en Chine, au Zaïre ou au Chili. Et quand la Chine achète 100 000 tonnes de métaux d'un coup en dehors de ses frontières, elle fait plonger le stock européen. Quant aux États-Unis, ils achètent essentiellement sur le continent américain, chez eux ou au Chili, et perturbent peu le marché européen. Mais le manque de capacité est bien dans les usines de transformation : chez les affineurs, les lamineurs, puis les refendeurs ; le client attendant en bout de chaîne ses bandes de métal pour pouvoir découper.

LES INTERVENANTS DANS LA TRANSFORMATION DES MÉTAUX

Les *affineurs* achètent les métaux extraits des mines puis les *lamineurs* produisent la matière de base.

Les *affineurs* achètent les métaux extraits des mines, et les affinent en enlevant les impuretés. Puis les *lamineurs* achètent ces métaux affinés, et produisent la matière de base : les ébauches, métaux en bandes enroulées sur de gros rouleaux de bois de diamètre de 1,50 mètre et pesant de une tonne à cinq tonnes, selon les largeurs de bande. Ce secteur a été longtemps en surcapacité de production et les lamineurs ont vu leurs marges « laminées » pendant des années. Ils n'ont pas investi dans de nouveaux laminoirs coûteux car c'est de l'industrie lourde. Le marché européen s'est fortement concentré, passant d'une vingtaine de lamineurs en 1994, à trois grands groupes allemands en 2001, qui servent 90 % du marché européen des cuivreux : KME-Trefimetaux, Diehl-Griset et LMI-Wieland. Ces groupes ont des velléités mondiales : Diehl a créé il y a déjà dix ans un centre de refondage en Chine à Shen-Zhen, pour livrer toute l'Asie, le Japon, la Corée et la Malaisie ; Wieland a créé début 2001 son premier centre de refondage en Chine à Shangaï.

> Les lamineurs ont vu leurs marges « laminées » pendant des années.

Début 2001, la demande était forte et les capacités de production limitées. Les lamineurs ont reconstitué une partie de leurs marges. Les délais de fabrication sont passés d'un mois à six mois, faisant suite à une période d'activité continue de deux ans, phénomène inconnu en France depuis dix ans.

> Début 2001, les délais de fabrication sont passés d'un mois à six mois.

Pour fixer des priorités de livraison entre ses clients, un de ces trois lamineurs attribue même des étoiles selon l'importance qu'il leur accorde. Un autre lamineur reconnaît servir « le plus offrant. » En cas de ruptures et d'allocations, les lamineurs ont tendance à servir l'automobile en priorité, parce que les volumes commandés sont plus importants et les prévisions de besoins plus stables que dans d'autres industries. Ainsi quand le PDG d'un groupe automobile s'est déplacé en personne, son groupe s'est vu attribué quatre étoiles et une capacité de production réservée pour l'année. À l'inverse, les petits découpeurs de Besançon n'ont parfois aucune étoile et sont servis en dernier.

> En cas de ruptures et d'allocations, les lamineurs ont tendance à servir l'automobile en priorité, parce que les volumes commandés sont plus importants et les prévisions de besoins plus stables.

Puis les *refendeurs* refendent les ébauches dans des centres de refendage ; pour livrer des bandes à la largeur souhaitée par leurs clients, les *découpeurs*, ou les donneurs d'ordres qui ont gardé une activité de découpage en interne.

Quand l'acheteur achète *in fine* une pièce découpée chez un découpeur, il est difficile pour lui de savoir exactement à quel prix le découpeur a vraiment acheté cette matière : parce que chaque découpeur achète des références de bandes de métaux très diverses, en épaisseur, largeur ou dureté, et qui peuvent être communes à plusieurs clients ; et parce que ce découpeur essaie d'optimiser au fil des mois ses tonnages d'achat, en fonction de ses stocks et de l'évolution des cours du LME. Le prix du métal

© Éditions d'Organisation

facturé par un découpeur inclut environ pour 50 % le cours du LME, 35 % la valeur ajoutée du lamineur, et 15 % sa marge pour commander et stocker la matière.

Le blocage des métaux consiste à bloquer des achats de tonnages de métaux au cours du jour du LME pour s'affranchir de la fluctuation quotidienne de ce cours.

Le blocage des métaux consiste à bloquer des achats de tonnages de métaux au cours du jour du LME pour s'affranchir de la fluctuation quotidienne de ce cours ; ou pour une entreprise qui ne découpe pas en interne, de demander à ses découpeurs de faire cela pour elle. L'avantage est d'éviter toute hausse du cours. Le risque est que le cours baisse, et que l'acheteur ne puisse alors plus profiter de cette baisse, puisqu'il a bloqué le prix de ses achats ; surtout si le concurrent lui n'a pas bloqué ses achats de métaux et profite de cette période pour revoir ses tarifs à la baisse, poussant tout le marché à la baisse.

C'est un risque boursier, un jeu à somme nulle sur un cycle de trois ans.

C'est un risque boursier, un jeu à somme nulle sur un cycle de trois ans. Mais l'acheteur qui prend la décision de bloquer un jour donné sur un cours donné, se fera quelques cheveux blancs de plus pendant cette période. Faire ou ne pas faire ce choix de bloquer les cours d'achat des métaux dépend de la culture interne de l'entreprise et de la Direction Générale, qui peut demander des prix lissés dans le temps pour pouvoir garantir des prix stables au catalogue. La couverture financière est autre chose : une assurance que paie l'entreprise pour se couvrir en partie de trop fortes variations des cours des matières ; comme elle peut le faire aussi par ailleurs pour se couvrir contre de trop fortes fluctuations des taux de change.

2. LES PIÈCES PLASTIQUES ET MÉTALLIQUES

2.1 Les pièces sur plan et outillages

Les achats de pièces spécifiques (custom) constituent la majeure partie des achats industriels.

Les achats de pièces spécifiques (*custom*), sur plans propres de l'entreprise donneuse d'ordres, plans dessinés par elle-même ou en sous-traitance, constituent la majeure partie des achats industriels pour l'automobile, le matériel électrique ou les produits électroménagers, et nécessitent des outillages spécifiques.

Les outillages comprennent notamment les moules et les outils de découpe.

La réalisation d'un moule nécessitant de 200 à 1 500 heures de main-d'œuvre, il est intéressant pour l'acheteur de rechercher un outilleur à l'étranger dans un pays à bas salaires.

Les moules sont fabriqués par des moulistes ou « outilleurs », puis sont utilisés par des mouleurs sur leurs presses d'injection pour mouler des pièces plastiques. La réalisation d'un moule nécessitant de 200 à 1 500 heures de main-d'œuvre, il est intéressant pour l'acheteur de rechercher un outilleur à l'étranger dans un pays à bas salaires. Une fois réalisés, ces moules sont relativement faciles à transférer, d'un mouleur français à un mouleur d'Europe de l'Est par exemple. Il y a peu de risques que l'outillage casse, il faut « simplement » que les paramètres d'injection de la presse soient bien maîtrisés, et que le moule ne soit pas trop vieux pour éviter des bavures sur les pièces et ainsi une reprise manuelle d'ébavurage. L'acheteur doit par contre reconstruire un nouveau schéma logistique et s'assurer de sa rentabilité, pour faire livrer ses matières plastiques qualifiées chez le mouleur à l'étranger, puis faire livrer les pièces moulées sur le lieu d'assemblage.

Transférer à l'étranger un outil de découpe est plus risqué que pour un moule, car l'outil est plus spécifique, plus fragile, et il est souvent difficile de trouver des sous-traitants locaux pour le traitement des pièces.

Les outils de découpe sont fabriqués par des outilleurs, puis sont utilisés par des découpeurs sur leurs presses pour découper des pièces métalliques. Transférer à l'étranger un outil de découpe est plus risqué que pour un moule, car l'outil est plus spécifique, plus fragile, les poinçons pouvant casser facilement et bloquer la fabrication pendant des semaines si le nouveau fournisseur n'a pas la compétence pour les refaire ; et il est souvent difficile de trouver des sous-traitants locaux pour le traitement de surface ou le traitement thermique des pièces découpées. L'acheteur a intérêt à dupliquer l'outil de découpe : lancer une commande chez le découpeur étranger pour développer un deuxième outil en parallèle, qui aura ainsi le temps d'être corrigé et opérationnel.

Des pays d'achat intéressants pour les moules ou outils de découpe sont le Portugal historiquement, et la République tchèque plus récemment, où les prix des outils peuvent être inférieurs de 50 % aux prix français.

Des pays d'achat intéressants pour les moules ou outils de découpe sont le Portugal historiquement, et la République tchèque plus récemment, où les prix des outils peuvent être inférieurs de 50 % aux prix français. Les Portugais parlent souvent français, alors que les Tchèques parlent davantage allemand. Cependant les salaires ouvriers mensuels bruts au Portugal sont le double, 760 euros (5 000 FF), de ceux de la République tchèque, 380 euros (2 500 FF). Dans ces deux pays, les outilleurs de bon niveau sont peu nombreux et très sollicités, d'où une augmentation des délais et des prix : l'acheteur doit négocier les prix, non pas à partir d'offres faites souvent en fonction des prix existant sur les marchés français ou allemands, mais sur la base du nombre d'heures nécessaires à la réalisation et sachant que les

© Éditions d'Organisation

salaires sont deux ou quatre fois inférieurs à ceux de la France. Ces pays ne sont pas toujours intéressants pour les petits moules simples à usinage rapide, car le gain absolu est faible, et un outilleur français est mieux équipé en tours et fraiseuses automatiques.

Beaucoup de sociétés françaises ont déjà commandé un moule au Portugal. Le phénomène est plus récent en République tchèque. Il faut faire attention à la qualité de l'acier ; les aciers d'Europe de l'Est soit-disant « équivalents » peuvent se révéler de piètre qualité et créer des micro-fissures à la trempe. L'acheteur a intérêt à spécifier dans le cahier des charges un acier de qualité supérieure, qui sera plus cher mais donnera satisfaction : un acier que l'outilleur tchèque pourra, par exemple, acheter en Allemagne chez Thyssen, ou en Autriche chez Böhler.

L'élément clé de la réussite d'un développement d'outil est le suivi rigoureux de l'outilleur ; l'absence de suivi local et la distance trop importante peuvent ainsi rendre aléatoire et trop risqué un achat de moules en Asie. Prendre plusieurs fois l'avion en quelques mois pour rencontrer un outilleur tchèque lors d'un développement est coûteux, en temps et en frais d'avion, mais peut être nécessaire.

Les circuits imprimés, les pièces décolletées ou les vis sont des composants relativement facilement transférables, car ils nécessitent peu d'outillages spécifiques. Pour les circuits imprimés, par exemple, il suffit de dupliquer les films et disquettes de perçage, ce qui ne coûte pas cher.

Pour les pièces plastiques ou métalliques, le fournisseur peut proposer de ne pas facturer les outillages, mais d'en amortir le coût sur un certain nombre de pièces : il vaut mieux refuser. L'acheteur doit préférer payer les outillages séparément des pièces parce qu'il paiera l'outillage de toute manière, que l'outillage étant sa propriété il pourra un jour le transférer s'il le souhaite, et que les pièces auront un prix qui correspondra à leur valeur réelle et minimale.

Les aciers d'Europe de l'Est soit-disant « équivalents » peuvent se révéler de piètre qualité et créer des micro-fissures à la trempe.

L'élément clé de la réussite d'un développement d'outil est le suivi rigoureux de l'outilleur.

Les circuits imprimés, les pièces décolletées ou les vis sont des composants relativement facilement transférables, car ils nécessitent peu d'outillages spécifiques.

L'acheteur doit préférer payer les outillages séparément des pièces.

2.2   Le moulage : le gain potentiel est relativement limité à l'étranger

Le prix d'une pièce plastique est constitué d'une part matière et d'une part valeur ajoutée ; ces deux parts pouvant parfois être relativement équilibrées.

Le prix d'une pièce plastique est constitué d'une part matière et d'une part valeur ajoutée ; ces deux parts pouvant être relativement équilibrées. La part valeur ajoutée est l'activité de transformation que vend le mouleur pour fabriquer les pièces sur ses presses d'injection. Cette prestation est facturée à l'acheteur sur la base : du taux horaire de la presse, qui est fonction de sa puissance, une presse de puissance supérieure coûtant plus cher à l'achat et consommant davantage d'électricité ; du temps de cycle nécessaire pour mouler, temps qui peut aller de dix à trente secondes par pièce suivant qu'il y a plus ou moins de matière à injecter et à refroidir ; et de la quantité de la série à produire, le temps de montage d'un moule étant plus ou moins bien amorti.

> *Le taux horaire moyen en France pour une presse d'injection plastique de 80 tonnes est de 15 euros/heure (100 FF)* ; *taux qui peut se décomposer ainsi :*
> * *5,33 euros (35 FF) pour l'amortissement de la presse : par exemple 120 Keuros (800 KFF) d'achat pour une presse de 80 tonnes, amortis sur 5 ans, et en comptant 5000 heures de moulage par an ;*
> * *6,10 euros (40 FF) pour la main-d'œuvre : c'est la moyenne des salaires directs et indirects chargés des personnes au prorata de cette activité, incluant les coûts de lancement par série liés au changement de moule ; ce n'est pas le salaire d'une personne, le smic chargé étant de 9,60 euros/h (63 FF) ;*
> * *3,81 euros (25 FF) pour les coûts de structure : bâtiment, électricité, produits de maintenance, taxe professionnelle, impôts et marge.*

Le taux horaire seul ne suffit pas pour comparer la compétitivité de différents mouleurs français ou étrangers.

Le taux horaire seul ne suffit pas pour comparer la compétitivité de différents mouleurs français ou étrangers, car il peut ou non inclure les opérations de coûts de lancement, d'emballage ou de contrôle : l'acheteur doit alors consulter sur des pièces et des séries précises.

2.3   Le découpage : les bons découpeurs sont difficiles à trouver à l'étranger

Comme pour le moulage, le prix d'une pièce métallique découpée est constitué d'une part matière et d'une part valeur ajoutée ; ces deux parts pouvant être relativement équilibrées. La part valeur ajoutée est l'activité que vend le découpeur pour fabriquer les pièces sur ses presses de découpe. Cette prestation est chiffrée et facturée à l'acheteur sur la base d'un taux horaire moyen. Cette

© Éditions d'Organisation

fois le taux est relativement indépendant de la puissance de la presse, ou du temps nécessaire pour découper une pièce, car ce temps est faible. Une cadence de presse de 200 coups par minute par exemple correspond à un temps alloué de 0,3 seconde par pièce, quand le temps de moulage d'une pièce plastique peut être de dix ou trente secondes : le calcul de la part de l'amortissement de la presse dans le coût de la pièce est très différent entre ces deux activités.

Le calcul de la part de l'amortissement de la presse dans le coût de la pièce est très différent.

> *Le taux horaire moyen en France pour une presse de découpe de 80 tonnes est de 60 euros/heure (400 FF) ; taux qui peut se décomposer ainsi :*
> - *15,24 euros (100 FF) pour l'amortissement de la presse et de l'environnement nécessaire ; les presses de découpe sont plus chères que les presses d'injection plastique par exemple, et il faut y rajouter des cabines d'isolement contre le bruit et des périphériques, dérouleur et amenage ;*
> - *15,24 euros (100 FF) pour la main-d'œuvre : salaires directs et indirects chargés, incluant les frais de lancement par série, l'entretien et l'affûtage régulier des poinçons, qui peuvent casser à grande vitesse ;*
> - *7,62 euros (50 FF) pour les coûts matériels de maintenance, et les coûts de structure : bâtiment, électricité, taxes, impôts et marge ;*
> - *et 22,86 euros (150 FF) liés au marché : c'est-à-dire sans raison structurelle de coût, mais lié à la capacité à vendre à un taux horaire élevé cette activité de découpe pointue techniquement qu'aucun pays étranger ne sait faire moins cher.*

La capacité à vendre à un taux horaire élevé cette activité de découpe pointue techniquement qu'aucun pays étranger ne sait faire moins cher.

En théorie, un taux de 38 euros/heure (250 FF) serait donc imaginable. C'est un taux que l'on peut d'ailleurs trouver chez quelques rares découpeurs à Besançon ou en Italie, qui ont de faibles coûts de structure. Et c'est un taux que l'on pourrait espérer trouver en Europe de l'Est, en Hongrie ou en République tchèque, si ces pays étaient capables techniquement de faire ces pièces, et à des prix compétitifs correspondant aux salaires locaux quatre fois inférieurs à ceux de la France ; mais les usines en Europe de l'Est qui n'ont pas été aidées par un investissement occidental en hommes et en machines ont trop de retard technologique.

La fabrication des vis en grandes séries est devenue essentiellement étrangère.

Quant à la fabrication des vis en grandes séries, elle est devenue essentiellement étrangère. En Europe, l'Allemagne est très compétitive pour les petites séries de vis en acier M3, dont la fabrication en grandes séries est automatisée ; de nombreux acheteurs français achètent ainsi des vis fabriquées par des petites sociétés allemandes. L'Italie et l'Espagne peuvent être aussi des pays proches et intéressants. En Asie, la Corée ou des usines taïwanaises en Chine peuvent offrir des prix de vis de – 40 % FOB, départ des ports de Pusan ou de Shangaï, mais avec des alternatives techniques, des aciers et des traitements de surface différents, que l'acheteur doit faire valider par ses services techniques.

3. LES COMPOSANTS ÉLECTRIQUES

3.1   Les composants électroniques, achetés chez quelques distributeurs mondiaux

Arrow et Avnet détiennent la moitié de la distribution mondiale.

Les composants passifs incluent notamment les résistances, les capacités et les potentiomètres ; les composants actifs comprennent par exemple les circuits intégrés, les transistors ou les régulateurs de tension. Ces composants sont fabriqués essentiellement en Asie : au Japon, en Corée, en Malaisie et en Chine plus récemment. Le marché mondial de ces composants est contrôlé en amont par quelques grandes marques de fabricants comme Siemens, Philips, Analog Device, Thomson, Motorola, HP ou Matsushita. Et en aval par quelques grands distributeurs mondiaux : Arrow et Avnet détiennent la moitié de la distribution mondiale.

Les prix des composants sont relativement proches entre les marchés européen, américain et asiatique.

Les prix des composants sont relativement proches entre les marchés européen, américain et asiatique ; même si les distributeurs mondiaux essaient de maintenir une politique de prix locale, segmentée, et hermétique par pays. Les composants, essentiellement fabriqués en Asie, ne sont pas moins chers en Asie qu'en Europe par exemple, surtout quand le dollar est élevé. En Europe, les prix sont un peu supérieurs en Allemagne, où le marché est pourtant important mais les acheteurs peut-être parfois trop « fidèles » avec leurs fournisseurs et se révèlent donc des négociateurs moins exigeants pour leur entreprise.

3.2   Les circuits imprimés, une technologie facilement délocalisable

L'Asie est le pôle mondial pour l'assemblage des ordinateurs, et pour la fabrication des circuits imprimés : Taïwan, la Malaisie, et depuis quelques années surtout, la Chine, assurent l'essentiel de la fabrication mondiale des circuits imprimés.

4. LA SOUS-TRAITANCE

4.1 La sous-traitance d'assemblage, activité délocalisable par excellence

L'Europe de l'Est et le Maghreb sont des pôles d'assemblage des entreprises françaises, comme Renault ou Valeo.

Seules les lignes de production complètement automatisées ou les petites séries ont vocation à rester en Europe de l'Ouest.

Seules les lignes de production complètement automatisées pour les très grandes séries, ou les petites séries, ont vocation à rester en Europe de l'Ouest. Ainsi Siemens a délocalisé début 2001 en République tchèque une ligne d'assemblage manuel de relais ; mais a pu conserver en Autriche une ligne automatisée.

4.2 La sous-traitance électronique demande un peu plus de technicité

La sous-traitance électronique consiste en la pose de composants électroniques sur un circuit imprimé, automatiquement par une machine SMT, ou manuellement pour les petites séries ou pour les composants trop gros ; puis à les souder, par soudure à la vague ou manuellement avec un fer à souder. Comme pour les circuits imprimés, cette activité est partie en Asie pour les très grandes séries, les ordinateurs ou les téléphones portables.

SCI et Solectron sont les deux leaders mondiaux de la fabrication de cartes électroniques.

SCI et Solectron sont les deux leaders mondiaux de la fabrication de cartes électroniques ; ces sociétés s'étant développées sur tous les continents en rachetant les activités vendues par de grands groupes informatiques ou de télécommunications. C'est un bon exemple d'externalisation systématique d'une activité par des entreprises jugeant que la rentabilité de cette activité est liée à sa taille, les prix d'achat des composants électroniques chez les distributeurs étant essentiellement liés au volume d'achat global. SCI et Solectron globalisent leurs achats de composants électroniques dans des centrales d'achats continentales ou mondiales, et peuvent ensuite négocier directement avec les grands distributeurs mondiaux, voire directement avec les fabricants de composants.

Le groupe SCI compte plus d'une vingtaine d'usines dans le monde, dont le site racheté en 1994 à Hewlett-Packard à Grenoble. Solectron de son côté a notamment racheté en 1992 l'usine d'IBM à Bordeaux, puis l'usine de Nortel en Bretagne, l'usine de Hewlett-Packard à Stuttgart, l'usine de Philips en

Écosse et l'usine d'Ericsson en Suède ; seul le site roumain du groupe a été fondé par Solectron.

5. LES ACHATS HORS PRODUCTION

5.1   Les services de proximité peuvent résulter d'achats internationaux

Les achats hors production peuvent se regrouper en trois familles :

- les achats d'investissement : Bâtiments et terrains, Machines et outillages, Matériel informatique, Matériel bureautique ;
- les achats de services opérationnels, permettant de gérer un site (*facility management*) : Transport et Logistique, Intérim, Nettoyage, Gardiennage et sécurité, Maintenance, Restauration collective, Télécommunications pour les voie et données, Voyages, Location d'un parc de véhicules ;
- les achats de prestations intellectuelles : Recherche & Développement, Développement informatique, Audit et Conseil, Formation, Communication, Assurances.

Les achats de services représentent en moyenne 12 % du chiffre d'affaire d'une entreprise industrielle.

Les achats de services, services opérationnels et prestations intellectuelles, représentent en moyenne 12 % du chiffre d'affaires d'une entreprise industrielle.

Les achats hors production sont essentiellement des achats de proximité mais ne sont pas forcément des achats nationaux.

Les achats hors production sont essentiellement des achats de proximité mais ne sont pas forcément des achats nationaux : une démarche d'achat internationale peut aboutir à un service de proximité, un distributeur de matériel informatique ou une agence d'interim proche. Un groupe international, avec différentes implantations dans le monde, peut lancer une consultation mondiale, puis signer un contrat avec un partenaire mondial ; pour un déploiement ensuite national, assuré par des filiales locales.

Ainsi les groupes ABB, Hewlett-Packard ou Rhône-Poulenc ont signé des « accords cadre » mondiaux pour l'intérim, avec des partenaires comme Adecco et Manpower, les deux leaders français et mondiaux ; ces accords ont été ensuite déclinés localement dans chaque pays du groupe, suivant les niveaux tarifaires locaux

© Éditions d'Organisation

et la législation sociale correspondante. Quant au groupe Aventis, il gère au niveau national ses achats de communication ; au niveau européen le transport ou la location de son parc de véhicules ; et au niveau mondial les télécommunications, les voyages et les assurances.

> *Quelques noms de leaders sur le marché français des achats de services :*
> - *Transport et Logistique : Panalpina, Danzas, Schenker, ABX*
> - *Intérim : Adecco a 20 % du marché français, Manpower 20 %, Vediorbis 17 % et Synergie 5 %*
> - *Nettoyage : Abilis, Onet*
> - *Gardiennage et sécurité : Securitas, Securifrance, Groupe quatre*
> - *Télécommunications : France Telecom, SFR, Cegetel*
> - *Voyages : Havas, Carlson-Wagon lit, BTI, WSTT-Selectour*
> - *Location d'un parc de véhicules : Hertz, Avis*
> - *Audit et Conseil : Ernst & Young, Cegos*
> - *Communication, incluant les agences de communication : Boz, Arsenal Targis ; l'achat d'espaces publicitaires dans la presse : RPCA, Conseil Media Santé ; le Marketing direct : International Marketing & Promotion, Téléperformances Paris ; les séminaires et congrès : Destination, Albine Conseil ; les imprimeurs : Litorama, Frotscher ...*

Intérim : Adecco a 20 % du marché français, Manpower 20 %, Vediorbis 17 % et Synergie 5 %.

5.2   L'exemple des laboratoires pharmaceutiques, moins sous pression

Dans l'industrie pharmaceutique, les dépenses de Communication pèsent en moyenne 35 % du chiffre d'affaires, et les dépenses de Recherche & Développement 17 %.

Tous les secteurs d'activité n'ont pas la même pression du marché. Les laboratoires pharmaceutiques offrent une vision intéressante, parce que différente, d'un marché industriel où la part des achats généraux représente plus de la moitié des achats ; et où la pression du marché moins forte sur l'entreprise engendre une pression moins forte sur les achats pour en réduire les coûts. Dans l'industrie pharmaceutique, le coefficient entre le prix de revient usine et le prix de vente aux grossistes est de 3,5, ce qui est plus élevé que dans beaucoup d'autres secteurs industriels ; les dépenses de Communication pèsent en moyenne 35 % du chiffre d'affaires, et les dépenses de Recherche & Développement 17 %.

L'objectif premier des achats est de maitriser et de sécuriser la chaîne de production des molécules.

L'exigence est axée sur la qualité de la production. L'objectif premier des achats est de maitriser et de sécuriser la chaîne de production des molécules, processus de fabrication long et complexe, chez des partenaires capables de produire les molécules en grand volume : en Allemagne, le pays de la chimie, aux États-Unis qui ont profité de brevets allemands en 1918 comme

© Éditions d'Organisation

remboursement des dommages de guerre, au Japon, ou en Inde, qui a des usines pharmaceutiques agréées *FDA*, le plus élevé des standards qualité pour la pharmacie.

Les achats sont davantage orientés vers l'utilisation d'Internet parce que les achats généraux y ont une place prépondérante.

La fonction des achats, moins vitale et stratégique que dans d'autres secteurs industriels, doit gagner là en reconnaissance par rapport à des clients internes exigeants et de haut niveau, comme les chercheurs. Les achats sont davantage orientés vers l'utilisation d'Internet parce que les achats généraux y ont une place prépondérante. Et les achats peuvent y être également très internationaux, dans un environnement très interculturel après de multiples fusions notamment entre la France, l'Allemagne et les États-Unis. Pendant la décennie des années 1990, la concentration fut forte, comme dans beaucoup d'autres secteurs industriels : les dix premiers laboratoires pharmaceutiques passèrent de 26 % à 46 % de parts de marché dans le monde.

« L'objectif n'est pas de réduire le montant des achats, mais avec le même budget, d'essayer d'acheter davantage de valeur ajoutée ou de prestations. »

Le directeur des achats de Merck-Lipha France raconte ainsi que « l'objectif fixé par sa Direction n'est pas de réduire le montant des achats, mais avec le même budget, d'essayer d'acheter davantage de valeur ajoutée ou de prestations : des voitures mieux équipées pour les visiteurs médicaux qui roulent beaucoup et représentent le laboratoire, des systèmes d'information plus efficients avec des tableaux des bord et des alertes pouvant être gérés par moins de personnes, des facturations simplifiées et directement pré-formatées sur disquette pour SAP et qui nécessiteront moins de temps pour être traitées par la comptabilité ».

« Tout ce qui ne relève pas des salaires entre dans le périmètre de la fonction achats. »

Pour autant, même si le cycle de vie des produits pharmaceutiques, et donc le temps de retournement de conjoncture éventuel, sont longs, l'avenir se construit en permanence. Le confort actuel relatif des laboratoires est le résultat des découvertes passées. Les achats doivent préparer l'avenir, et commencer à préparer l'organisation à plus de rigueur économique, par des comparatifs internes et des convergences de contrats d'achat, le périmètre des achats augmentant au fil des années. Le président de Sanofi-Synthelabo estime que « tout ce qui ne relève pas des salaires entre dans le périmètre de la fonction achats » : au-delà des ressources internes, les achats recouvrent toutes les « ressources externes ».

© Éditions d'Organisation

CHAPITRE 3

QUO VADIS EUROPA ?
L'EUROPE FACE À LA MONDIALISATION

La mondialisation des échanges industriels est une réalité incontournable, favorisée par l'OMC et la réduction des droits de douane, accélérée par la mondialisation des marchés, de l'information et Internet : elle peut aider au développement de pays émergents dans le monde, ou donner libre cours au modèle libéral américain. La balance commerciale de la France est globalement équilibrée : la France, quatrième exportateur mondial, vend donc autant qu'elle achète à l'étranger. L'Europe, d'une manière générale, doit se battre par l'innovation technologique ; et l'Union européenne est dans ce domaine en retard par rapport aux États-Unis et au Japon.

1. LA MONDIALISATION

1.1   L'OMC a pour objectif de réduire les droits de douane

De tout temps, les pays ont entretenu des relations commerciales pour obtenir les produits qui leur manquaient.

De tout temps, les pays ont entretenu des relations commerciales pour obtenir les produits qui leur manquaient. Dès l'Empire romain au IIe siècle av. J-C., le blé venait d'Afrique du nord et d'Égypte, l'Espagne fournissait l'huile d'olive et les métaux, la Gaule fabriquait le vin, les armes et les poteries ; les produits de luxe venaient d'Orient. Le port de Rome recevait toutes ces marchandises, la Méditerranée était le théâtre d'un trafic intense pour l'époque. Plus tard au Moyen-Age, Venise offrait de même des relations importantes d'échanges de marchandises, notamment de luxe : le sucre, le tabac et le café des îles, l'or du Brésil, la soie de Chine, et le poivre de l'Inde.

L'Europe a dominé le monde jusqu'au début du XXe siècle, contrôlant des Empires, exploitant, profitant des richesses, et diffusant ses langues sur tous les continents.

Les pays les plus commerçants ont souvent été les plus riches : l'Italie au XVIe siècle, la Hollande au XVIIe siècle, puis l'Angleterre au XIXe siècle. Londres était alors la plaque tournante du commerce mondial, et la compagnie d'assurances Lloyd's assurait le monde entier. L'Europe a ainsi dominé le monde jusqu'au début du XXe siècle, contrôlant des Empires, exploitant, profitant des richesses, et diffusant ses langues sur tous les continents ; l'Europe reproche aujourd'hui aux États-Unis une hégémonie qu'elle a elle-même autrefois imposée au monde.

Puis au cours du XXe siècle, l'Europe se déchira au cours des deux guerres mondiales, s'appauvrit et perdit cette suprématie.

Les États-Unis avec 280 millions d'habitants, et l'Europe des quinze avec 300 millions d'habitants, pésent chacun 30 % du PIB mondial.

Puis au cours du XXe siècle, l'Europe se déchira au cours des deux guerres mondiales, s'appauvrit et perdit cette suprématie. La fin de la Première Guerre déboucha sur une longue période de crise, les économies des pays belligérants en Europe en sortirent ruinés, la guerre ayant été financée par la « planche à billets » et donc l'inflation. À la fin de la deuxième guerre mondiale, les pays d'Europe se retrouvèrent de nouveau ruinés ; et les États-Unis, qui avaient approvisionné les alliés, commencèrent à remplacer sur tous les continents les Européens en tant que pourvoyeurs de marchandises. Enfin la guerre froide mit la moitié est de l'Europe pendant quarante ans en hibernation industrielle. Pendant ce temps, des hommes et des capitaux partis d'Europe permirent aux États-Unis d'atteindre une puissance comparable. Aujourd'hui, les États-Unis avec 280 millions d'habitants, et l'Europe des quinze avec 300 millions d'habitants, pésent chacun 30 % du PIB mondial.

© Éditions d'Organisation

En 1947, fut signé le GATT, *General Agreement on Tariffs and Trade*, qui commença à favoriser les échanges dans le monde par leur normalisation ; la première phase de négociation (*round*) eut lieu en 1949 à Annecy.

Puis ont été créées des zones de libre-échange sur les trois continents :

- 1949, en Europe de l'Est : le CAEM, Conseil d'Assistance Économique Mutuelle.
- 1957, en Europe de l'Ouest : la CEE, Communauté Économique Européenne ; l'Union européenne compte aujourd'hui quinze membres.
- 1959, en Europe également : l'AELE, Association Européenne de Libre-Échange, dont font encore partie, par exemple, la Suisse, la Norvège et l'Islande.
- 1960, en Amérique latine : le MERCOSUR à l'est avec le Brésil, l'Argentine, le Paraguay et l'Uruguay ; « le groupe des trois » au nord avec le Mexique, le Vénézuela et la Colombie ; le Pacte andin sur la côte ouest de la Cordillère des Andes avec la Colombie, l'Équateur, le Pérou et le Chili.

L'Indonésie, avec 200 millions d'habitants, regroupe 40 % de la population de l'Asie du Sud-Est.

- 1967, en Asie : l'ASEAN, Association des Nations de l'Asie du Sud-Est, qui regroupe aujourd'hui les dix États indépendants de la région ; notamment l'Indonésie, qui avec 200 millions d'habitants regroupe 40 % de la population de l'Asie du Sud-Est, les Philippines, la Malaisie et la Thaïlande.

Le Sommet des Amériques a consacré la création d'une vaste zone de libre-échange en 2005 sur l'ensemble du continent américain, de l'Alaska à la Terre de feu.

- 1994, en Amérique du nord : l'ALENA, Accord de Libre-Échange Nord-Américain, regroupant les États-Unis, le Canada et le Mexique. Le récent Sommet des Amériques, protégé par un mur et un haut grillage des échauffourées des manifestants antimondialisation, a consacré au-delà la création d'une vaste zone de libre-échange en 2005 sur l'ensemble du continent américain, de l'Alaska à la Terre de feu.

Ces zones de libre-échange ont pour objectif de développer les échanges économiques locaux, au niveau de chaque continent ; mais également de protéger ces zones vis-à-vis de l'extérieur par des droits de douane rédhibitoires.

En 1995, a été créée l'OMC, Organisation mondiale du commerce, après huit ans de négociations.

En 1995, a été créée l'OMC, Organisation mondiale du commerce, après huit ans de négociations. L'OMC, qui regroupe aujourd'hui 140 pays, est une organisation relativement légère, qui ne compte que 540 permanents : son budget de 82 M euros

(540 MFF) est inférieur à celui de Greenpeace par exemple qui s'élève à 130 M euros (850 MFF), et n'atteint même pas le montant des frais de voyage des fonctionnaires du FMI.

Le premier objectif de l'OMC est de réduire les droits de douane, d'abaisser les barrières douanières, pour libérer les échanges industriels dans le monde.

Son rôle est de gérer le commerce international des marchandises, avec la volonté de relever les niveaux de vie et de revenus dans le monde, d'accroître la production et le commerce, et d'utiliser de façon optimale les ressources mondiales. Le premier objectif de l'OMC est de réduire les droits de douane, d'abaisser les barrières douanières, pour libérer les échanges industriels dans le monde ; pour les produits, ce qui est en bonne voie, et pour les services, objectif à venir.

LA CHUTE DES DROITS DE DOUANE moyens dans les pays industrialisés, en % :

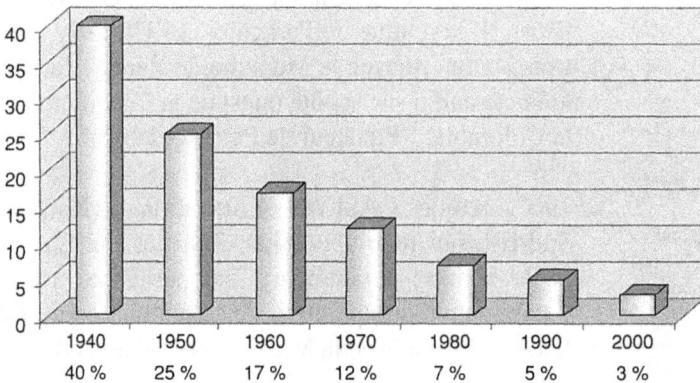

	1940	1950	1960	1970	1980	1990	2000
	40 %	25 %	17 %	12 %	7 %	5 %	3 %

L'EXPLOSION DU COMMERCE MONDIAL, exportations mondiales à partir d'une base 100 en 1950 :

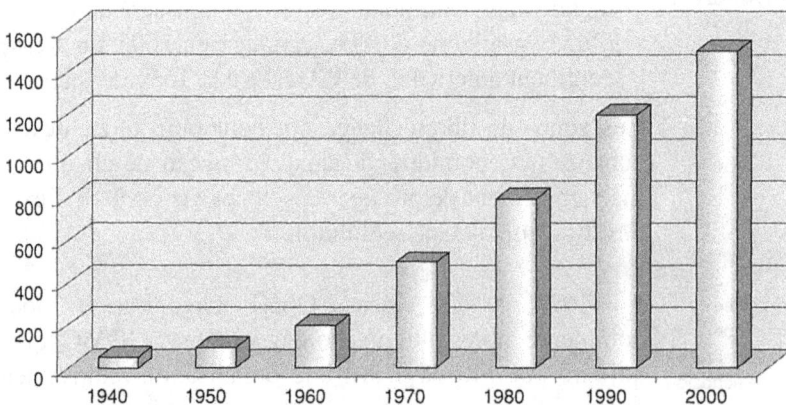

(graphique : 1940, 1950, 1960, 1970, 1980, 1990, 2000)

© Éditions d'Organisation

Le refus de la mondialisation, c'est le refus du changement, le nationalisme, le cloisonnement, la nostalgie d'un passé qui déjà disparaît ; mais la mondialisation ne doit pas être l'anarchie au profit des plus forts.

Le directeur général de l'OMC explique que « le lancement d'un nouveau cycle de négociations est le meilleur moyen d'aider le plus grand nombre et de soutenir les pays les plus pauvres en facilitant leur accès au marché ; une attention particulière est portée aux 49 PMA, Pays les moins avancés, notamment par la coopération technique et des séminaires de formation ».

Le refus de la mondialisation, c'est le refus du changement, le nationalisme, le cloisonnement, la nostalgie d'un passé qui déjà disparaît ; mais la mondialisation ne doit pas être l'anarchie au profit des plus forts. De telles autorités de régulation, ONU, FMI, OMC pour le commerce, OMS pour la santé, OMPI pour la propriété intellectuelle, dont les orientations sont enrichies par le débat apporté par les ONG et la société civile, sont nécessaires pour le gouvernement de la planète-Terre ; dans un esprit communautaire, un mondialisme contrôlé évitant les écueils des nationalismes dangereux et d'un libéralisme sauvage inhumain.

« Ne pas rejeter la mondialisation mais en avoir une vision plus généreuse, plus complète, au-delà des seules limites économiques, soumise à des valeurs d'autres sphères, morale et politique »

Le CNUCED, Conférence des Nations Unies pour le commerce et le développement, par la voix de son secrétaire général, brésilien et humaniste, dit « ne pas rejeter la mondialisation mais en avoir une vision plus généreuse, plus complète, au-delà des seules limites économiques, soumise à des valeurs d'autres sphères, morale et politique » ; l'organisation veut aider les pays pauvres à défendre leurs propres idées dans les forums internationaux. L'OMS, Organisation mondiale de la santé, se rapproche de l'industrie pharmaceutique pour un meilleur accès des pays d'Afrique aux médicaments. Ainsi l'accord signé en mai 2001 concernant le traitement de la maladie du sommeil, maladie transmise par la mouche tsé-tsé qui frappe environ 500 000 Africains par an et est toujours mortelle si elle n'est pas traitée : le laboratoire Aventis-Pharma s'est engagé à donner 25 millions de dollars sur cinq ans pour le projet, fournissant gratuitement les médicaments qui permettent de guérir la maladie et qui seront distribués par l'organisation humanitaire MSF, Médecins sans frontières.

En 2001, est prévue l'entrée de la Chine dans l'OMC. Ceci est l'aboutissement de dix ans de réformes économiques, avec une ouverture sans précédents aux investissements extérieurs, et une augmentation du PIB de 8 % par an en moyenne sur la décennie des années 1990. La Chine, ancien chantre de l'autarcie maoïste, au sein de laquelle les entreprises d'État se sont enlisées dans les pesanteurs sociales et bureaucratiques, prône maintenant l'ouver-

Jiang Zemin : « il a été prouvé, en Chine et ailleurs, que toute tentative de développer une économie nationale sans l'ouvrir au monde est vouée à l'échec ».

ture économique au monde par la voix de son président Jiang Zemin : « il a été prouvé, en Chine et ailleurs, que toute tentative de développer une économie nationale sans l'ouvrir au monde est vouée à l'échec ». La Chine ne représente que 3 % du PIB mondial, soit le dixième rang mondial, mais l'Empire du Milieu progresse, attirant le quart des investissements directs étrangers faits dans le monde et les deux tiers de ceux réalisés en Asie, développant ainsi ses compétences.

La « réduction » de la planète va encore s'accélérer sous l'effet de l'augmentation de la population, des échanges et de la technologie.

La mondialisation des échanges économiques n'est pas une nouveauté ; mais elle s'est accélérée au cours des années 1990 avec le développement des transports et de la communication par Internet. Et la « réduction » de la planète va encore s'accélérer sous l'effet de l'augmentation de la population, des échanges et de la technologie. Pour autant, il est utopique de penser que la mondialisation économique et de l'information vont forcément favoriser la mondialisation sociale et politique, démocratique ; le monde a de tout temps été gouverné d'abord par les intérêts économiques, personnels ou des États. La fracture Nord-Sud ne s'est pas réduite ces dernières années sur un plan économique, et devient en plus « numérique » : Manhattan possède autant de lignes téléphoniques que l'Afrique tout entière.

La mondialisation peut laisser incertain de son bilan, mais la situation du monde actuel est sûrement meilleure qu'il y a cinquante ans.

La mondialisation peut laisser incertain de son bilan, mais la situation du monde actuel est sûrement meilleure qu'il y a cinquante ans ; elle peut être un risque ou une opportunité pour l'avenir : entre le développement économique et social des pays émergents dans le monde, ou le développement d'un modèle libéral américain qui creuse le fossé entre le Nord et le Sud.

1.2 L'ouverture des frontières peut aider au développement des pays émergents...

Le credo de l'OMC est que le développement du commerce mondial est une condition nécessaire au développement social des PMA, suivant l'idée que « quand la mer monte, tous les bateaux montent ».

Le credo de l'OMC est que le développement du commerce mondial, qui passe par la réduction des droits de douane et l'abaissement des barrières protectionnistes des pays riches, est une condition nécessaire au développement social des 49 PMA, Pays les moins avancés de la planète, suivant l'idée que « quand la mer monte, tous les bateaux montent ». Les inégalités sociales s'accroissent en effet plus vite en période de récession qu'en période de croissance : la scolarisation a progressé ainsi en Pologne, dont le PIB a augmenté de 30 % en dix ans ; alors qu'elle a diminué fortement en Bulgarie, dont le PIB a diminué de 30 % en dix ans. Pour les pays d'Europe de l'Est, l'ouverture commerciale avec la suppression des droits de douane a été le principal soutien à la transition qu'a apporté l'Europe de l'Ouest. En 2000, la croissance des PMA a atteint 5 %, bénéficiant du dynamisme de l'économie mondiale ; mais cette croissance aurait été encore plus importante si les pays riches levaient leurs protectionnismes, droits de douane et subventions artificielles.

L'Union européenne a fait un geste, en décidant d'ouvrir ses frontières aux importations en provenance des PMA ; en particulier les produits agricoles en provenance d'Afrique. Ces PMA bénéficient déjà du Système de préférences généralisées qui leur donne un accès libre au marché des Quinze pour leurs exportations de produits manufacturés. Le dispositif est aujourd'hui élargi à toute la gamme des produits agricoles : céréales, fruits ou légumes ; sauf pour les bananes, le riz et le sucre, dont les droits de douane ne seront complétement éliminés qu'en 2009. La France a maintenu des réserves, mais n'a pas réussi à bloquer l'accord. Et deux mois plus tard, la conférence de l'ONU sur l'aide aux PMA a été décevante : les partenaires de l'Europe, les États-Unis et le Japon notamment, refusèrent d'ouvrir leurs marchés aux pays pauvres en annulant leurs droits de douanes, et de consacrer 0,7 % de leur PNB à l'aide au développement.

Par ailleurs, les échanges commerciaux permettent aux peuples de mieux se connaître et de se comprendre, les rapprochent, diminuent les antagonismes nationalistes et les risques de conflits. Depuis que des zones de libre-échange ont été créées en Europe, en Asie ou en Amérique latine, il n'y a plus de guerres dans ces régions entre États ; ce qui n'est pas le cas en Afrique.

Ces zones de libre-échange économique ont peu de vrai projet politique commun. En Europe, un tel projet politique est déjà faible et pourrait être encore affaibli par l'élargissement de l'Union européenne de 15 à 27 pays ; incluant notamment dix pays d'Europe de l'Est, les sept pays du PECO, pays d'Europe Centrale et Orientale, et les trois pays baltes. On peut voir le verre à demi-vide, l'économique sans la politique. Mais que des peuples héritiers de guerres épouvantables décident de mettre en commun leurs projets, de fonder au-dessus des nationalismes une monnaie unique, l'euro, pour faire ensemble ce que chacun ne pouvait plus faire seul et pour affronter les grandes compétitions qui s'annoncent entre les continents est déjà un premier pas, garant de stabilité aujourd'hui et précurseur d'une ambition européenne future.

L'Union européenne a fait un geste, en décidant d'ouvrir ses frontières aux produits agricoles en provenance d'Afrique.

Depuis que des zones de libre-échange ont été créées en Europe, en Asie ou en Amérique latine, il n'y a plus de guerres dans ces régions entre États ; ce qui n'est pas le cas en Afrique.

Que des peuples héritiers de guerres épouvantables décident de mettre en commun leurs projets est déjà un premier pas.

© Éditions d'Organisation

1.3   ... mais favorise aussi le modèle libéral américain

Le modèle libéral améri-
cain, qui se diffuse sur la
planète selon le simple
credo « Dieu, le droit, le
progrès économique et les
affaires », est critiquable et
critiqué ; mais le monde
manque de modèle alter-
natif.

Le modèle libéral américain, qui se diffuse sur la planète selon le simple credo « Dieu, le droit, le progrès économique et les affaires », est critiquable et critiqué ; mais le monde, après la faillite du communisme collectiviste et des pays prônant l'autarcie, manque de modèle alternatif. D'autant que l'Europe est languissante ; et qu'en Asie le Japon stagne, pendant que les « dragons » asiatiques connaissent un certain ralentissement économique après vingt ans d'expansion forte et continue.

La bourse est devenue l'étalon du dynamisme de l'économie mondiale et le moteur de l'industrie. Les groupes industriels multinationaux devenus supra-nationaux, au-delà des nations et échappant au pouvoir des politiques nationales, sont soumis à une compétition mondiale de plus en plus forte.

Peut-on concevoir une
entreprise mariant un libéralisme efficace et un
humanisme nécessaire ?
Faut-il sonner le tocsin
devant l'arrivée du libéralisme triomphant ?

Le progrès social apparaît alors comme un obstacle au progès économique, dans un processus de spirale sociale descendante. L'intensification de la concurrence internationale, la prédominance des idées libérales, la libéralisation des échanges internationaux, et l'emprise croissante des firmes multinationales, mettent en concurrence les systèmes sociaux et fiscaux des différents pays du monde ; ignorant les valeurs de justice sociale, de solidarité et d'équité, de respect de la dignité humaine et de primat de l'homme sur l'économie. Les firmes multinationales déploient leurs activités au niveau de la planète, alors que le droit social reste circoncis aux frontières de chaque État. La concurrence des États pour attirer ces firmes fait de plus en plus apparaître la régression sociale comme un instrument de politique économique au service de la compétitivité : la protection sociale deviendrait un poids qu'il faut alléger, le salaire minimum une cause de chômage, et le droit au travail une rigidité qu'il faudrait réduire. Peut-on alors concevoir une entreprise mariant un libéralisme efficace et un humanisme nécessaire ? Faut-il sonner le tocsin devant l'arrivée du libéralisme triomphant ?

La mondialisation est
devenue une réalité irréversible, avec laquelle il faut
compter : mondialisation
de l'information et de la
culture ou des échanges
industriels.

La mondialisation est devenue une réalité irréversible, avec laquelle il faut compter : mondialisation de l'information et de la culture, grâce aux progrès technologiques de communication ; ou des échanges industriels, par la déréglementation et la baisse des droits de douane. Le choix n'est plus à faire, le débat sur la mondialisation ne relève plus d'un affrontement entre les « pour » et les « contre ». Au fil des rendez-vous contestaires, le Sommet

Le FMI a intitulé son rapport 2000 « L'économie mondiale au service de tous ».

de la terre à Rio en 1992, la réunion de l'OMC à Seattle en 1999, le Sommet de l'Union européenne à Nice fin 2000, puis la rencontre à Porto Alegre début 2001 au Brésil de nouveau, la réflexion et le discours des « anti-mondialisation » se sont construits, et évoluent du stade de la contestation à celui de la proposition. De son côté, le FMI a intitulé son rapport 2000 « L'économie mondiale au service de tous » ; et le Forum de Davos début 2001 réfléchissait sur le thème « une mondialisation à visage humain ».

La mondialisation qui se met en place ne peut pas être pire que la colonisation qui a sévi pendant des siècles, et pas pire que le communisme.

La mondialisation qui se met en place ne peut de toute façon pas être pire que la colonisation qui a sévi pendant des siècles, quand l'Europe était la puissance dominante du monde et exploitait ses colonies ; et pas pire que le communisme, qui pendant des décennies a enfermé des pays sur eux-mêmes, confisquant l'information et l'espoir. Et dans cette ouverture du monde, Internet est un formidable espace de liberté et d'opportunités : en Roumanie, à Singapour, au Vietnam ou en Chine, les jeunes générations se passionnent pour cette fenêtre qui ouvre sur le monde, et qui ouvre sur l'économie du monde.

1.4   L'Europe de l'Est et la Chine s'ouvrent au libéralisme

L'Europe de l'Est et la Chine, les deux régions d'achat cibles proposées dans cet ouvrage, sont deux économies en transition entre communisme et libéralisme.

L'Europe de l'Est et la Chine, les deux régions d'achat cibles proposées dans cet ouvrage, sont deux économies en transition entre communisme et libéralisme. Il est surprenant comme le hasard a voulu que les deux prix Nobel de littérature 1999 et 2000 viennent de ces deux régions du monde : tous deux ne regrettent pas le communisme, mais questionnent le libéralisme brutal.

L'Allemagne de l'Est eut l'impression d'être déconsidérée, colonisée, achetée.

L'Allemand de l'Est Günter Grass fut prix Nobel de littérature 1999. Il raconte dans son livre *Toute une histoire* la chute du mur de Berlin en 1989 entre la porte de Brandebourg et le Reichtag, la difficulté de la réunification allemande à l'Est après quarante ans de communisme, l'effondrement des « socialismes réels » et le « triomphe » mondial du capitalisme libéral, la privatisation par la Treuhand de ce qui avait été « Propriété du Peuple » et les suppressions d'emplois par centaines de milliers ; l'arrogance symbolisée sur les routes par les Mercedes occidentales face aux Trabants de l'Est. L'Allemagne de l'Est, qui a la fierté de son passé prussien, eut l'impression d'être déconsidérée, colonisée, achetée.

Puis le Chinois Gao Xingjian fut prix Nobel de littérature 2000. Victime de la Révolution culturelle et ayant dû détruire tous les livres qu'il avait écrits précédemment, interdit de publication dans son pays, dissident et réfugié politique en France où il habite aujourd'hui au dix-huitième étage d'une tour anonyme dans une cité de Seine-Saint-Denis, il fait, bien sûr, l'éloge de la liberté individuelle, mais critique « l'économie de marché qui envahit tout, un marché aveugle et sans limites ». Début 2001, pour sa visite en Chine, Gao Xingjian passa trois jours à Hong-Kong où aucun officiel du gouvernement chinois ne voulut le rencontrer ; puis deux semaines à Taïwan, où il fut reçu par le Président Chen Shui-bian.

Le Chinois Gao Xingjian, prix Nobel de littérature 2000, critique « l'économie de marché qui envahit tout, un marché aveugle et sans limites ».

1.5   Chacun de nous est un acteur de l'économie de marché

Historiquement, le prix de vente d'un produit a d'abord été défini à partir de son prix de revient.

Historiquement, le prix de vente d'un produit a d'abord été défini à partir de son prix de revient. En Angleterre au XIXe siècle, la valeur d'un objet et son prix représentaient la quantité de travail nécessaire à sa fabrication : les économistes classiques défendaient ainsi la théorie de la valeur-travail. Un jour, un certain William Stanley Jevons, professeur de philosophie et passionné d'économie, s'émut de constater que la valeur d'une bouteille de vin déposée dans sa cave augmentait avec le nombre des années. Le prix de la bouteille de vin ne représentait plus alors le travail nécessaire à sa fabrication, mais le plaisir qu'il procure à son acheteur, la satisfaction ou la nécessité qu'il éprouve à acquérir un bien limité sur le marché. Son livre, paru en 1871 pour développer cette idée, n'eut aucun succès ; mais la notion d'économie de marché était née. En économie de marché, le prix de vente d'un produit est dicté non plus par le coût du travail et des matières nécessaires à sa fabrication, mais par la loi du marché, de l'offre et de la demande.

En économie de marché, le prix de vente d'un produit est dicté non plus par le coût du travail et des matières nécessaires à sa fabrication, mais par la loi de l'offre et de la demande.

Chacun de nous, consommateur, refuse les risques associés à une logique économique qui tire toujours les prix vers le bas, mais est gagnant en achetant toujours moins cher.

Chacun de nous, consommateur, refuse les risques liés au productivisme, associés à une logique économique qui tire les prix toujours vers le bas, mais est gagnant en achetant toujours moins cher. La plupart des consommateurs achètent moins cher en grande surface leur viande, avant que n'éclatent un jour les affaires du bœuf aux hormones, ou de la vache folle, monstrueuse création de « docteurs Folamour » ; ou leur essence, quand des pétroliers vétustes sillonnent les mers. Sur 50 000 bateaux navigant dans le monde, 10 000 seraient en dessous des normes de sécurité, pouvant provoquer naufrages et marées noires. Personne ne se préoccupe des pavillons de complaisance, des bateaux coulés et des équipages abandonnés ; il ne faudrait pas que le monde maritime, mondial et libéralisé, préfigure le monde industriel de demain.

P-36, monstre *high-tech* trainé autour du monde, sorte de Titanic, la plus grande plate-forme pétrolière jamais conçue.

Ainsi l'histoire de la plate-forme pétrolière P-36, monstre *high-tech* trainé autour du monde, dans une logique plus économique que sécuritaire : sorte de Titanic, la plus grande plate-forme pétrolière jamais conçue, d'une surface comparable à celle de la pelouse du stade Maracana et haute de 120 mètres ; une fois terminée en 1998, elle est restée pendant six mois à l'abandon, prise dans les glaces du Canada, puis a été déclarée apte au service à Singapour, avant de couler à pic en mars 2001 en dix minutes au large du Brésil, déversant en mer 1,5 million de litres de carburant.

Le consommateur achète à son avantage, souvent quel que soit le pays d'origine, pauvre ou peu démocratique, si la qualité est satisfaisante.

Le consommateur préfère souvent acheter une triple prise dans une grande surface plutôt que dans sa petite quincaillerie de quartier, commerce de proximité convivial mais plus cher ; puis dans la grande surface, acheter une triple prise *made in China* à 1,52 euro (10 FF) plutôt qu'un produit français à 2,60 euros (17 FF). Il achète à son avantage, souvent quel que soit le pays d'origine, pauvre ou peu démocratique, si la qualité est satisfaisante. De même, les agences de voyages proposent des vacances, et les hôtels sont remplis de touristes sans états d'âme, dans des pays également pauvres ou peu démocratiques, mais dépaysants et moins chers qu'en France : au sud de la Méditerranée, dans la mer des Caraïbes ou dans l'océan indien.

L'acheteur est soumis à cette même logique d'une économie de marché qui offre des possibilités d'acheter moins cher ; sauf que ce n'est pas pour son bénéfice ou pour son plaisir, mais pour l'avenir de son entreprise. Cela ne l'affranchit pas, au contraire, de se poser des questions de morale et d'éthique.

2. UNE BALANCE COMMERCIALE ÉQUILIBRÉE

2.1 La France, quatrième exportateur mondial

L'opinion publique s'émeut, et les anti-mondialisation manifestent contre « les importations qui suppriment des emplois en France ». Dès qu'un industriel délocalise une usine au Sri Lanka, les syndicats parlent de la mort de notre industrie ; mais ces mêmes syndi-

Aucun pays comme la France ne peste autant contre la mondialisation, mais aucun n'en profite plus.

cats décernent leurs prix d'honneur aux ouvriers de l'aéronautique quand ce même Sri Lanka nous achète des Airbus. Acheter des tee-shirts à la Chine populaire nous arrache le cœur, mais racheter les services publics de Sydney ou de Buenos Aires nous semble normal. Aucun pays comme la France ne peste autant contre la mondialisation, mais aucun n'en profite plus. Alcatel, Alstom, Axa, Lafarge, Thomson Multimedia, Vivendi Universal, par exemple, sont des groupes français devenus numéros un planétaires sur leur marché ; même si d'autres sociétés françaises sont, elles, passées sous contrôle de groupes étrangers comme Salomon ou Majorette. Renault développe ses filiales en Turquie, en Slovénie, en Roumanie avec Dacia, ou au Japon avec Nissan. Schneider et Legrand ont des usines en Pologne, en Hongrie et en Chine.

La France est le quatrième exportateur mondial ; les Français exportent même plus par tête d'habitant que les Américains, les Japonais et les Allemands.

La France vend sur les cinq continents des satellites, des avions, des trains, des automobiles, des parfums, des jeux vidéo, des usines clés en main, du champagne ou des médicaments. La France, qui a le quatrième PIB mondial, est le quatrième exportateur mondial, derrière les États-Unis, le Japon et l'Allemagne ; et les Français exportent même plus par tête d'habitant que les Américains, les Japonais et les Allemands.

« La plasturgie a-t-elle un avenir en France ? »,
titrait « Plastiques flash journal » du 11 janvier 2001 :

« On aurait pu penser que les branches clientes de la plasturgie étaient intéressées à ce que perdure un tissu diversifié de fournisseurs performants, capables d'investir pour progresser : on sait maintenant qu'il n'en est rien. Nul frisson éthique ne retient les donneurs d'ordres quand leurs partenaires plasturgistes sont en danger. Faut-il considérer que les activités manufacturières en général n'ont plus d'avenir en France, qu'il convient de délocaliser la plasturgie en Slovaquie, au Maroc, en Turquie, plus loin encore ?
Les problèmes sont classiques : intransigeance des donneurs d'ordres, marges insuffisantes, difficultés à répercuter les coûts d'études et d'outillages. Il y a quelques années les baisses de prix des matières donnaient aux transformateurs un peu d'air pour faire face aux exigences de gains de productivité, mais aujourd'hui les acheteurs continuent à exiger mécaniquement des baisses qui ne correspondent plus à aucune possibilité matérielle de réduction de coût. Et le système est programmé pour continuer dans cette voie.
L'automobile a été pour une grande partie de la profession plasturgiste une école sévère mais efficace, qui a fait faire des progrès en termes de gestion, d'organisation, de rendement et de qualité. Mais il est un moment où les baisses de prix butent sur des limites arithmétiques : à moins de transférer ses fabrications chez de petits mouleurs dont on va impitoyablement rogner les marges ; ou à l'étranger. »

La balance commerciale de la France a été positive en 1999, et équilibrée en 2000, pénalisée à cause de la hausse des cours du pétrole : la France vend donc globalement autant qu'elle achète à l'étranger. Par secteurs d'activité, cette balance commerciale est par exemple : positive pour le découpage, activité technique ; négative pour la sous-traitance d'assemblage, la sous-traitance électronique et les circuits imprimés, activités fortement délocalisées en Asie pour les grandes séries ; et équilibrée pour l'injection plastique, activité moins technique mais les pièces plastiques volumineuses étant coûteuses à transporter loin.

2.2   L'innovation technologique, nerf de la guerre commerciale

Optimiser les systèmes de production, qui doivent être toujours plus automatiques, flexibles et productifs.

Face à une concurrence de plus en plus vive, et dans un périmètre géographique de plus en plus large, l'Europe doit se battre par l'innovation technologique, sur la conception des produits et pour optimiser les systèmes de production, qui doivent être toujours plus automatiques, flexibles et productifs.

Remarquons cependant que si l'innovation technologique est prépondérante pour certains secteurs d'activité, à haute technicité, comme le découpage, à l'inverse, plus l'activité nécessitera de la main-d'œuvre, plus il sera difficile de la conserver en Europe. Par ailleurs, l'innovation technologique et un marché du travail basé sur des qualifications et des compétences élevées, ne permettront pas d'employer tous les salariés de l'industrie européenne.

Le nombre de chercheurs pour mille habitants n'est que de 5 en Europe, contre 7,5 aux États-Unis et 9 au Japon.

Enfin, faut-il encore que l'Europe soit réellement à la pointe de l'innovation, pour préparer les batailles industrielles de demain. La France est devant les États-Unis et le Japon concernant la recherche fondamentale, effectuée par les universités et autres établissements d'enseignement supérieur, ou les laboratoires publics. Mais la France est en retard concernant les dépenses de Recherche & Développement effectuées par les entreprises. De 1995 à 2000, les dépenses pour l'innovation technologique n'ont représenté que 1,8 % du PIB dans l'UE, contre 2,6 % aux États-Unis et 3,0 % au Japon ; et le nombre de chercheurs pour mille habitants n'est que de 5 en Europe, contre 7,5 aux États-Unis et 9 au Japon. Un groupe informatique français se plaignait ainsi dans la presse que « les pouvoirs publics, tant à l'échelle française qu'européenne, se sont désengagés, ne soutenant plus la Recherche & Développement, alors qu'aux États-Unis près de la moitié de celle-ci est financée sur contrats publics par les agences Fédérales ; et n'utilisent plus le levier des marchés publics pour favoriser l'innovation, alors que les marchés publics américains jouent un rôle moteur dans cette dynamique économique ».

De moindres investissements productifs et des retards technologiques sur le Vieux Continent.

Les 21 points de retard de croissance accumulés de 1991 à 2000 par l'Europe face aux États-Unis ont eu pour conséquence de moindres investissements productifs et des retards technologiques sur le Vieux Continent.

Au-delà de la technologie, dans des environnements mouvants, les entreprises doivent également remettre en cause leurs organisations en permanence, pour rester mobiles, en alerte, à l'écoute de leurs clients et près des marchés. La culture américaine du « mouvement permanent » permet à l'entreprise d'éviter ainsi de s'assoupir.

La décennie 1990 a poussé les entreprises à se concentrer, à rationaliser et à réaliser des économies d'échelle ; la croissance et la productivité par l'innovation offrent un tout autre défi.

La décennie 1990 a poussé les entreprises à se concentrer, à rationaliser et à réaliser des économies d'échelle ; la croissance et la productivité par l'innovation offrent un tout autre défi.

Début 2001, le colloque de Zermatt rassemblait des dirigeants à la recherche d'inspiration. La quête de l'innovation est devenue une préoccupation concrète pour les entreprises, tous secteurs d'activité confondus : mondialisation des marchés, concentration des concurrents, développement d'Internet… les sociétés cherchent des solutions.

« Innover, ce n'est pas seulement créer de nouveaux produits, car soyons lucides, sur de nombreux produits, nous vendons quasiment la même chose que nos concurrents. »

« Innover, ce n'est pas seulement créer de nouveaux produits, car soyons lucides, sur de nombreux produits, nous vendons quasiment la même chose que nos concurrents ; il s'agit d'être innovant dans la façon d'acheter, de vendre ou d'imaginer des partenariats, et plus on est gros, plus c'est difficile » expliquait Pharmacia & Upjohn. « La créativité, c'est effectivement dur à appréhender quand on se dit que cela concerne 20 000 personnes ; il faut plutôt former de petites équipes multifonctionnelles qui s'occupent d'un projet innovant de A à Z, de la conception à l'obtention d'une activité rentable, puis essayer de faire prendre la greffe dans les structures traditionnelles », complétait une dirigeante d'American Express. Le groupe Nestlé se disait lui aussi convaincu que « si les deux tiers de sa croissance étaient venus jusqu'à présent d'acquisitions, ils proviendraient désormais de l'innovation ».

© Éditions d'Organisation

LES ACHATS INDUSTRIELS À L'ÉTRANGER

Deuxième partie

Dans quel pays acheter ?

© Éditions d'Organisation

CHAPITRE 4

PANORAMA DE LA GÉOPOLITIQUE MONDIALE

Le salaire mensuel brut chargé d'un ouvrier est de 1 500 euros (10 000 FF) en France contre 100 euros (650 FF) en Chine, soit quinze fois moins. Un rapide tour d'horizon couvre le panorama de pays d'achat sur les quatre continents : en Europe avec l'Italie en perte de vitesse, l'Espagne dynamisée par l'Amérique latine, le Portugal qui fut le pays d'achat traditionnel des outillages, la Turquie, et l'Europe de l'Est ; l'Afrique, avec au nord le Maroc et la Tunisie pays d'assemblage, et l'Afrique noire ravagée par la guerre et la misère ; le continent américain, avec notamment le Mexique arrimé aux États-Unis ; puis l'Asie, avec le Japon, les quatre « dragons », l'Inde et la Chine. Les deux régions d'achat cibles proposées dans cet ouvrage sont l'Europe de l'Est et la Chine. Le monde change rapidement, ce sont les « *dog-years* ».

1. PETIT TOUR MONDIAL DES PAYS D'ACHAT

1.1   Les zones de salaires dans le monde

EUROPE : COÛT HORAIRE DU TRAVAIL, en euros

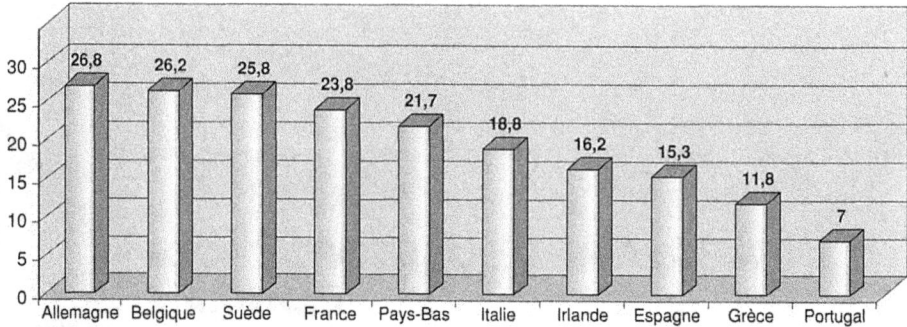

(Source : Eurostat, chiffres 2000)

Dans l'Union européenne, le coût du travail va ainsi pratiquement de un à quatre : du Portugal 7,00 euros à l'Allemagne 26,80 euros.

Ce coût horaire du travail en Europe inclue l'imposition et les charges sociales, et est une moyenne nationale incluant l'ensemble des salariés de l'industrie, des ouvriers aux dirigeants. Dans l'Union européenne, le coût du travail va ainsi pratiquement de un à quatre : du Portugal 7,00 euros à l'Allemagne 26,80 euros.

MONDE : SALAIRE MENSUEL BRUT D'UN OUVRIER, en euros (FF)

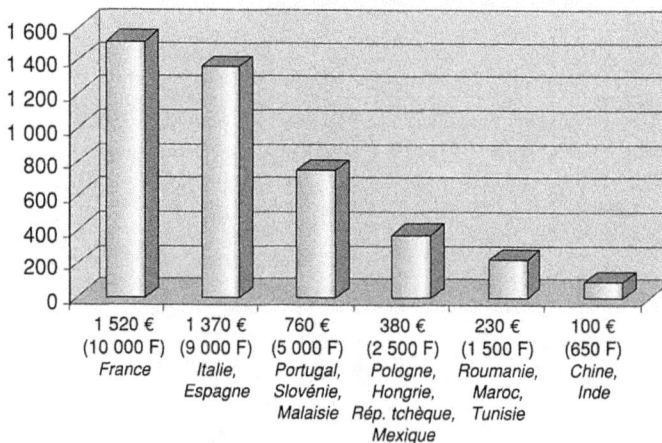

1 520 €	1 370 €	760 €	380 €	230 €	100 €
(10 000 F)	(9 000 F)	(5 000 F)	(2 500 F)	(1 500 F)	(650 F)
France	Italie,	Portugal,	Pologne,	Roumanie,	Chine,
	Espagne	Slovénie,	Hongrie,	Maroc,	Inde
		Malaisie	Rép. tchèque,	Tunisie	
			Mexique		

© Éditions d'Organisation

Ce salaire mensuel brut d'un ouvrier dans le monde inclue aussi toutes les charges et taxes, mais pour les ouvriers seulement. Le salaire net perçu est inférieur, environ 300 euros (2 000 FF) en Pologne ou 76 euros (500 FF) en Chine. L'écart du coût de la main-d'œuvre dans un pays donné peut être de plus ou moins 30 % suivant que l'on est dans une capitale ou éloigné d'un centre industriel.

Les Portugais ne viennent pas tous travailler en France ou en Allemagne : les salaires y sont bien supérieurs mais le coût de la vie aussi, et chacun préfère généralement vivre dans son pays d'origine. De la même manière, quand des pays d'Europe de l'Est rejoindront l'UE, une forte différence entre les salaires devrait subsister longtemps entre l'est et l'ouest, mais il ne faut pas craindre une migration massive des Hongrois ou des Polonais à l'ouest.

1.2   L'Europe

▨ L'ITALIE, EN PERTE DE COMPÉTITIVITÉ

Croissance inférieure, inflation et chômage supérieurs au reste de l'Europe ces dernières années.

En Italie, au-delà des Benetton, Barilla ou du chocolatier Ferrero, les entreprises moyennes ont participé au dynamisme de l'économie : par l'esprit d'entreprise et la capacité créatrice, la culture du travail et la ténacité, une base financière permettant de ne pas rester un bonzaï et un sens du risque allant au-delà de tout paramètre économique et financier. Mais l'Italie bride structurellement le potentiel de ses PME : une bureaucratie étouffante, une pression fiscale et une réglementation pénalisantes pour l'entreprise, et des banques qui pressurent les nouvelles activités tant qu'elles ne se sont pas affirmées. L'Italie semble aujourd'hui en perte de compétitivité : croissance inférieure, inflation et chômage supérieurs au reste de l'Europe ces dernières années ; coût du travail plus élevé, balance commerciale qui s'inscrit en rouge pour la première fois depuis 1992, investissements directs étrangers en diminution.

▨ L'ESPAGNE, DYNAMISÉE PAR L'AMÉRIQUE LATINE

L'Espagne au contraire, fut en 1999 et 2000 le pays des Quinze à la croissance économique la plus rapide et à la création d'emplois la plus forte. Le nombre de chômeurs est passé de 2,7 millions en 1993 à 1,5 million en 2000. Le succès de l'Espagne est l'aboutissement d'une discipline imposée notamment par les critères de

© Éditions d'Organisation

Maastricht, qui ont permis de freiner une inflation chronique et de mettre fin à quatre dévaluations successives de la peseta. Surtout, l'Espagne est tirée par le continent sud-américain, grâce à ses liens linguistiques et culturels : l'Espagne est le premier investisseur en Amérique latine, devant les États-Unis, notamment dans la téléphonie ; et s'ouvre la voie à des partenariats locaux, le marché mondial hispanophone lui offrant 400 millions de clients potentiels, quand 100 millions de personnes seulement parlent français par exemple dans le monde.

> L'Espagne est tirée par le continent sud-américain, grâce à ses liens linguistiques et culturels : l'Espagne est le premier investisseur en Amérique latine, devant les États-Unis.

Mais l'Amérique latine demande à l'Espagne une reconnaissance réciproque. En avril 2001, les Colombiens ou les Équatoriens n'ont pas apprécié d'être obligés d'avoir dorénanvant des visas pour visiter l'Espagne, pays de la Communauté. Des artistes colombiens, dont le sculpteur Fernando Botero et le prix Nobel de littérature Gabriel Garcia Marquez, ont écrit une lettre ouverte dans le quotidien *El Pais* concernant cette « décision d'unir ou de désunir les peuples hispano-américains ; la mère patrie espagnole pourrait ne pas nous tourner le dos, dans un des moments les plus durs de notre histoire, et ne pas se comporter comme une marâtre sans pitié ; nous ne reviendrons plus visiter la péninsule ibérique tant que l'on nous soumettra à l'humiliation de présenter un permis pour pouvoir visiter ce que jamais nous n'avons considéré comme un terre étrangère ».

> Les Colombiens ou les Équatoriens n'ont pas apprécié d'être obligés d'avoir des visas pour visiter l'Espagne.

LE PORTUGAL, PAYS DE MOULISTES DEVENU CHER

Le Portugal fut un pays d'achat reconnu pour les outillages, notamment vers Marina Grande entre Lisbonne et Porto, « l'Oyonnax » portugais où se trouve la grande majorité des moulistes ; mais le Portugal devient cher, proche des prix français. Les signes du manque de compétitivité des entreprises portugaises se multiplient. Le socialiste Jorge Sampaio, qui entame début 2001 son deuxième mandat de cinq ans à la présidence de la République, a prédit la fin de « l'oasis portugaise » et l'ouverture d'un nouveau cycle marqué par la dégradation de l'économie et de la situation politique et sociale.

> Le Portugal fut un pays d'achat reconnu pour les outillages, notamment vers Marina Grande entre Lisbonne et Porto, « l'Oyonnax » portugais.

LA TURQUIE, LA « PETITE ASIE » DANS LA TOURMENTE

La Turquie pourrait être un pays d'achat attractif ; les entreprises allemandes y sont fortement implantées : trois millions de Turcs travaillent en Allemagne, et reviennent souvent ensuite en Turquie, avec la langue, un savoir-faire et une influence germani-

> La Turquie pourrait être un pays d'achat attractif ; les entreprises allemandes y sont fortement implantées.

© Éditions d'Organisation

ques. La France est aussi présente, avec plus de 220 entreprises implantées dans le pays, alors qu'elle n'en comptait que 10 au début des années 1980. Ainsi, Renault, présent en Turquie depuis plus de trente ans, fournit une part importante du marché automobile local, et exporte aussi vers le reste du monde la Mégane Break, fabriquée exclusivement en Turquie, ou la Clio Symbol.

Mais la tendance aux accidents politiques et économiques effraie les nouveaux investisseurs et acheteurs, qui hésitent à se lancer sur ce marché instable.

En janvier 2001, l'adoption par la France d'une loi reconnaissant le génocide arménien de 1915 a provoqué une vague de protestation outragée en Turquie. La France, considérée par les Turcs comme leur plus solide alliée en Europe, a déçu. Le mot de « trahison » revient très fréquemment dans les commentaires ; le secteur de l'armement français surtout en a pâti, avec l'exclusion pour un an d'Alcatel et de Thales d'appel d'offres. Mais surtout les pro-européens des Turcs sont affectés par cette « brouille » avec la France, car au-delà de cette loi sur le génocide arménien, ils craignent que l'Union européenne tout entière ne s'empare un jour de cette polémique comme prétexte pour masquer un inavouable refus de considérer la Turquie comme un candidat à l'adhésion ; le sommet de Nice ne mentionnait même pas le nom de la Turquie dans ses conclusions.

Puis en février 2001, la Turquie a dévalué la livre de 32 % de sa valeur. La Turquie est engluée dans les faillites bancaires : une douzaine de banques en difficulté ont rejoint l'infirmerie des banques malades placées sous la tutelle de l'État.

Le processus de réforme de l'économie turque passe par la transformation du système politique, moins de clientélisme, la restructuration des banques et la vente des entreprises publiques : les autorités prévoient d'accélérer le programme de privatisation de Türk Telekom, Turkish Airlines ainsi que des monopoles d'État sur l'alcool et le sucre.

L'avenir de la Turquie appartient aussi à sa jeunesse étudiante, voyageuse et cosmopolite, qui fréquente les universités d'Aix-en-Provence ou d'Heidelberg. La « petite Asie » a développé des foyers intellectuels vivants tels que les universités franco-turques de Galatasaray ou du Bosphore.

Mais la tendance aux accidents politiques et économiques effraie les nouveaux investisseurs et acheteurs, qui hésitent à se lancer sur ce marché instable.

Le processus de réforme de l'économie turque passe par la transformation du système politique, moins de clientélisme.

L'avenir de la Turquie appartient à sa jeunesse étudiante, voyageuse et cosmopolite, qui fréquente les universités d'Aix-en-Provence ou d'Heidelberg.

1.3   L'Afrique : le Maghreb se défend alors que l'Afrique Noire est ravagée

En Afrique du Nord, le Maroc et la Tunisie tirent leur épingle du jeu. Mais l'Afrique noire, continent sans frontières et sans contrôles, entame le nouveau siècle ravagée par la guerre et la misère, les renversements de régimes et les conflits ethniques sanglants, l'enrichissement des gouvernants et la corruption.

L'Afrique représente 1 % du commerce mondial. Parmi les 22 pays les plus pauvres de la planète, 18 sont africains, et certains noms résonnent encore dans nos mémoires : Rwanda, Éthiopie, Tchad, Niger, Guinée, Côte d'Ivoire, Burundi, Centrafrique, Sierra Leone, Soudan, Togo, Somalie, Congo, Ouganda, Libéria. Un organisme comme l'OMC ne peut pas changer le monde, mais en aidant à abaisser les protectionnismes et à ouvrir les frontières du Nord, il peut aider au développement économique du Sud ; si une volonté politique locale existe pour développer le système de santé, la réforme foncière et généraliser l'enseignement. Aucune aide ne peut être efficace si elle ne vient pas en appui d'un programme de réforme et d'une volonté politique du pays lui-même.

> L'Afrique représente 1 % du commerce mondial. Parmi les 22 pays les plus pauvres de la planète, 18 sont africains.
>
> Aucune aide ne peut être efficace si elle ne vient pas en appui d'une volonté politique du pays lui-même.

Comment accuser la sécheresse ou la mondialisation seules d'aggraver la pauvreté en Afrique ? Sur seize pays au sud du Sahara en proie à une crise alimentaire, onze souffrent de guerre civile. Au Soudan, le plus grand pays d'Afrique, les revenus pétroliers servent à financer la poursuite de la guerre civile qui oppose les autorités de Khartoum à la rébellion sudiste, et qui a déjà fait deux millions de morts ; et les grandes compagnies pétrolières n'hésitent pas à verser le sang pour faire couler l'or noir, faisant vivre au Sud-Soudan le purgatoire sur Terre. Quand la Banque mondiale a allégé de moitié la dette extérieure du Tchad, l'Organisation non gouvernementale Oxfam a déclaré que ce pays devrait d'abord cesser d'affecter ses recettes pétrolières en majorité au ministère de la Défense. Entre le Rwanda, le Congo et l'Ouganda, sont concentrés des mines d'or et les deux tiers des réserves mondiales de coltan, un minerai rare et cher dont la collecte locale fait vivre 10 000 personnes : cette zone bat pourtant des records du monde en termes de conflits.

> Sur seize pays au sud du Sahara en proie à une crise alimentaire, onze souffrent de guerre civile.

Un ingénieur sénégalais explique que « le Sénégal, l'un des ports de l'Afrique et un des premiers producteurs mondiaux d'arachide, est obligé d'exporter sa production d'arachide vers la France, où elle est transformée puis réimportée sous d'autres formes, huile ou savon ; l'Afrique n'arrive pas à se développer faute d'investis-

> « L'Afrique n'arrive pas à se développer faute d'investissements étrangers, d'infrastructures, de technologie, d'organisation, de stabilité et à cause des conflits ethniques. »

© Éditions d'Organisation

sements étrangers, d'infrastructures, de technologie, d'organisation, de stabilité et à cause des conflits ethniques ».

1.4 L'Amérique : le Brésil et le Mexique tirent un continent instable

En Amérique Latine se trouve une grande partie des pays « un peu moins pauvres », mais la stagnation économique peut mettre en danger les jeunes démocraties.

En Amérique latine se trouve une grande partie des pays « un peu moins pauvres », mais la stagnation économique peut mettre en danger les jeunes démocraties. Après la période des généraux et des dictatures répressives des années 1970, le continent sud-américain s'est fortement démocratisé dans les années 1980, s'engouffrant dans des politiques libérales, libéralisme politique et économique allant souvent de pair, et éradiquant en partie le fléau de l'hyper-inflation. Aujourd'hui pourtant, l'ensemble de la région connaît une instabilité politique de plus en plus grande, nourrie par la lassitude d'une population qui estime payer trop lourdement le redressement conduit au nom du libéralisme. L'Équateur vient de connaître début 2001 son cinquième président en cinq ans. Au Vénézuela, Hugo Chavez tient un discours populiste aux accents bolivariens, critiquant pêle-mêle le libéralisme ou les démocraties, et montrant Cuba comme exemple à suivre. Quant à l'Argentine, c'est une économie au bord de la faillite.

Le Brésil et le Mexique pèsent à eux deux 270 millions d'habitants et 60 % du PIB de l'Amérique latine.

Le Brésil et le Mexique pèsent à eux deux 270 millions d'habitants et 60 % du PIB de l'Amérique latine. Le Mexique se développe arrimé au continent nord-américain et intégré dans une zone de libre-échange, l'Alena, avec les États-Unis et le Canada.

1.5 L'Asie : la Chine commence à éclipser ses voisins

La Chine est un pays gigantesque et mystérieux dont les zones côtières sont, à l'aube du XXIe siècle, balayées par un vent de dynamisme, d'ouverture et de libéralisme.

En Asie, la Chine réalise le paradoxe d'être encore « communiste », et de battre tous les records de croissance ; c'est un pays gigantesque et mystérieux dont les zones côtières sont, à l'aube du XXIe siècle, balayées par un vent de dynamisme, d'ouverture et de libéralisme. Quant aux quatre « dragons », Taïwan, Hong-Kong, Singapour et la Corée du Sud, puis dans une moindre mesure des pays comme la Malaisie, emblèmes du dynamisme asiatique, leur réussite les a amenés à des niveaux de vie et de salaires trop élevés pour y acheter localement, hors certains composants électroniques.

© Éditions d'Organisation

La Chine et l'Inde représentent à eux deux 40 % de la population mondiale.

Par ailleurs, l'Inde dispose de ressources naturelles et de capacités telles dans les développements intellectuels des logiciels informatiques par exemple, qu'elle ne peut être oubliée. La Chine et l'Inde représentent à eux deux 40 % de la population mondiale.

1.6   Le monde change rapidement, il faut s'adapter rapidement

Nous vivons une époque de changements rapides ; ce sont les « dog years », les années chien.

Nous vivons une époque de changements rapides, avec une géopolitique mondiale mouvante, la multiplication de l'information, la culture du mouvement dans les entreprises et l'accélération de nos rythmes de vie ; ce sont les « *dog years* », les années chien, raconte le directeur des achats de l'OMC, un Péruvien basé à Genève : « de même qu'une année de la vie d'un chien correspond à sept ans de la vie d'un homme, nous vivons aujourd'hui en une année autant de changements qu'en sept ans autrefois ».

En une décennie, Delta a dû délocaliser sa production de Taïwan en Thaïlande, puis à Shen-Zhen sur la côte chinoise, puis à Canton plus à l'intérieur des terres.

En Asie par exemple, la migration géographique de la société Delta est caractéristique de l'évolution forte des coûts de la région au cours des années 1990, beaucoup de sociétés asiatiques devant délocaliser leur production pour rester compétitives, au fur et à mesure du développement économique des pays. Ce groupe taïwanais est l'un des deux leaders mondiaux pour la fabrication des alimentations des ordinateurs de bureau ; l'autre étant Astec, dont le siège est à Hong-Kong. Sous la pression des coûts, en une décennie, Delta a dû délocaliser sa production d'alimentations AC/DC de Taïwan à Bangkok en Thaïlande, puis à Shen-Zhen sur la côte chinoise, puis à Canton plus à l'intérieur des terres, où Delta a aujourd'hui une usine avec 10 000 personnes.

En 1997, 1998 et 1999, les crises asiatique, russe et brésilienne ont marqué des ruptures sur les trois continents.

En 1997, 1998 et 1999, les crises asiatique, russe et brésilienne ont marqué des ruptures sur les trois continents ; les économies émergentes restent volatiles. Le petit matériel électroménager français, Seb et Moulinex, a alors subi de plein fouet ces crises, réalisant auparavant 25 % de leurs ventes en Russie et au Brésil.

L'équation de Sautter donne un nouveau classement mondial des pays les plus dynamiques : la Chine devient n° 1.

L'avenir appartient aux pays dynamiques. Et à ce titre, l'équation de Sautter est intéressante. Christian Sautter, ancien ministre des finances, ne considère plus seulement les puissances économiques par leur poids, c'est-à-dire leur PIB : les États-Unis n° 1 avec 30 % du PIB mondial, le Japon n° 2 avec 9 %, puis l'Allemagne n° 3, la France n° 4 et le Royaume-Uni n° 5. Il compare le dynamisme de ces pays par une nouvelle formule, inspirée du

© Éditions d'Organisation

fameux « $E = \frac{1}{2} mv2$ » : « force vive » d'un pays = $\frac{1}{2}$ PIB × taux de croissance2 ». Cette notion de « force vive » donne un avantage aux légers qui courent vite sur les massifs lutteurs de sumo qui s'essoufflent rapidement. L'équation de Sautter donne un nouveau classement mondial des pays les plus dynamiques : la Chine devient n° 1, devant les États-Unis n° 2, et loin devant le Japon n° 8, l'Allemagne n° 11 ou la France n° 18.

2. QUELQUES PAYS D'ACHAT PARTICULIERS

2.1 Le Maroc et la Tunisie, pays d'assemblage pour l'Europe

Le Maroc et la Tunisie sont des pays agréables, où l'on parle français, et qui conserveront des salaires bas peut-être plus longtemps que les pays d'Europe de l'Est.

Le Maroc et la Tunisie sont des pays agréables, où l'on parle français, ce qui facilite beaucoup la gestion d'une activité au quotidien par rapport à l'Europe de l'Est germanophone et l'Asie anglophone ; et qui conserveront des salaires bas peut-être plus longtemps que les pays d'Europe de l'Est ; qui ont une dextérité manuelle acquise dans la sous-traitance textile ; des usines capables techniquement de mouler des pièces plastiques, d'assembler des produits techniques comme des disjoncteurs, de gérer des vagues à souder et de la sous-traitance électronique, de travailler en salle blanche ou de gérer des lignes automatiques de montage ; et ceci dans un environnement politique relativement stable.

La Tunisie n'ouvre pas de porte sur un marché important, avec un petit marché intérieur de dix millions d'habitants, et pour voisins l'Algérie et la Lybie. La Tunisie a peu de ressources naturelles : un peu de phosphate, mais beaucoup moins de fer que le Maroc ou de pétrole que l'Algérie. Sa première source de revenus est le tourisme ; beaucoup de groupes tunisiens ont à la fois des pôles négoce, industriel et hôtelier.

La Tunisie, pour développer des activités industrielles compétitives, compte aujourd'hui sur ses partenaires étrangers : la France, l'Italie proche et l'Allemagne.

De 1986 à 1994, l'industrie tunisienne était protégée : certains industriels locaux privilégiés, sans concurrence extérieure, imposaient leurs prix et vendaient très cher, faisant fortune et freinant le développement du pays. L'ouverture des frontières sera totale en 2008, ce qui met à mal l'industrie locale à court terme. La Tunisie, pour développer des activités industrielles compétitives, compte aujourd'hui sur ses partenaires étrangers : la France, l'Italie proche et l'Allemagne.

La Tunisie est à ce jour le seul pays musulman à avoir aboli la polygamie.

L'émancipation des femmes a été précoce. En 1930 encore, à Tunis, une jeune femme pouvait être mariée sans avoir choisi son mari : la tradition voulait qu'au moment du mariage à la mosquée, elle soit vêtue d'une robe sans ceinture, symbolisant la ceinture de chasteté qu'elle était sensée porter et qu'elle a ôtée pour se préparer à la consommation du mariage ; qu'elle laisse fondre un morceau de sucre dans sa bouche, prédisant que le marié la trouvera toujours aussi douce ; et qu'elle tienne un miroir et se contemple tout le temps que dure la cérémonie, le marié ne devant voir que son épouse toute sa vie durant. Le Président Bourguiba a modernisé le statut des femmes dès 1956, autorisant le droit de vote des femmes ou le planning familial, et supprimant la polygamie. La Tunisie est à ce jour d'ailleurs le seul pays musulman à avoir aboli la polygamie. Cette modernité et le tourisme expliquent que l'islam est moins présent et la mentalité plus occidentale qu'ailleurs ; du vin et du jambon sont par exemple servis dans les restaurants.

Le jour de repos hebdomadaire en Tunisie et au Maroc est le dimanche ; alors que c'est le vendredi en Algérie, en Lybie et en Égypte.

Depuis l'avènement du Président Bel Ali en 1987, les élèves saluent le drapeau tunisien et chantent l'hymne national chaque matin. Les étudiants aisés font souvent leurs études au lycée français de Tunis, puis un troisième cycle aux Etats-Unis. Le jour de repos hebdomadaire en Tunisie et au Maroc est le dimanche ; alors que c'est le vendredi en Algérie, en Lybie et en Égypte.

Au Maroc, le PNB par habitant est près de deux fois inférieur à celui de la Tunisie.

Au Maroc, le PNB par habitant est près de deux fois inférieur à celui de la Tunisie : c'est un pays plus rural, une monarchie où les inégalités sociales sont plus fortes, et où le jeune souverain Mohammed VI doit faire face à plusieurs facteurs d'instabilité. Les premières rentrées de devises sont le tourisme, le phosphate puis le fer.

Les salaires au Maroc et en Tunisie sont inférieurs aux salaires français dans un rapport de un à cinq ; contre par exemple, un rapport de un à quatre en Europe de l'Est, et de un à quinze en Chine.

Les salaires au Maroc et en Tunisie sont inférieurs aux salaires français dans un rapport de un à cinq ; contre par exemple, un rapport de un à quatre en Europe de l'Est, et de un à quinze en Chine. Au Maroc et en Tunisie, le smic net est ainsi de 0,69 euro/heure (4,50 FF), et le smic brut chargé de 1,37 euro/heure (9 FF) soit, pour 166 heures/mois, un salaire mensuel brut chargé de 230 euros/mois (1 500 FF).

Le taux horaire facturé en sous-traitance, incluant les coûts de structure, bâtiment et encadrement, est de :

- 2,60 euros/heure (17 FF) pour l'assemblage des produits, contre 13,00 euros (85 FF) en France ;

- 3,05 euros/heure (20 FF) pour la sous-traitance électronique, contre 15,24 euros (100 FF) en France.

Il est intéressant d'assembler en Afrique du Nord des produits à forte part de main-d'œuvre et à faible volume : comme le textile, produit historiquement confectionné au Maghreb ; ou le câblage électrique, activité comportant beaucoup de main-d'œuvre.

Valeo développe aujourd'hui surtout le Maghreb, avec un site de 1 000 personnes vers Tunis et le démarrage en 2001 d'une usine au Maroc.

La branche « Electronic & connectic systems » de Valeo a des pôles d'assemblage de faisceaux électriques en Slovénie, en République Tchèque et en Roumanie ; mais développe aujourd'hui surtout le Maghreb, avec un site de 1 000 personnes vers Tunis et le démarrage en 2001 d'une usine au Maroc. « Notre prix de vente de l'heure est passé de 56 euros (370 FF) à 41 euros (270 FF) en l'espace de quatre ans, en automatisant ce qui pouvait l'être ; au Maroc, on tourne autour de 10,60 euros (70 FF) ; le groupe ne peut plus renflouer les pertes », explique le directeur du site de Normandie. Les salariés français voient leur travail partir. Les travailleurs tunisiens, eux, voient une usine se monter, et du travail arriver avec des compétences auxquelles ils vont être formés.

2.2 Le Mexique, pays d'assemblage pour les États-Unis

Le Mexique est essentiellement un pays d'assemblage à partir de composants importés des États-Unis ou d'Europe.

Lancé en 1965, le programme de maquiladora a contribué à la révolution industrielle du pays. Le système permettait d'importer gratuitement les matières premières, l'équipement, le matériel de recherche et les modules de transport. Les stocks appartenaient à la société européenne et pouvaient être conservés deux ans. Les importations mexicaines représentent six fois la valeur de la demande locale, et s'équilibrent à peu près avec les exportations : le Mexique est essentiellement un pays d'assemblage à partir de composants importés des États-Unis ou d'Europe. Les entreprises américaines, japonaises et européennes se livrent au Mexique à une forte concurrence. Dans l'équipement électrique, les groupes européens ont tendance à monopoliser le marché. Siemens, ABB, Alstom et Schneider fabriquent sur place : Siemens est leader sur le marché de la distribution publique, ABB pour les grands comptes

© Éditions d'Organisation

industriels, Alstom possède trois usines au Mexique hors transport, et Schneider est leader sur le marché de la Basse Tension.

En 1994, la « crise Tequila » a secoué le Mexique. Mais l'activité est repartie. La pénurie de personnel qualifié favorise la concurrence salariale et la rotation excessive des salariés. Par ailleurs, la loi autorise quatre jours d'absence par mois sans justification, ce qui encourage l'abstentéisme.

Le Mexique est la huitième puissance commerciale du monde. Arrimé au continent nord-américain et grâce à l'Alena, le Mexique réalise près de 90 % de ses exportations avec les États-Unis.

Aujourd'hui, le Mexique est la huitième puissance commerciale du monde ; et la deuxième puissance d'Amérique latine, derrière le Brésil, mais le premier importateur et le premier exportateur. Arrimé au continent nord-américain et grâce à l'Alena, accord de libre-échange avec les États-Unis et le Canada, le Mexique réalise près de 90 % de ses exportations avec les États-Unis. Le Mexique a par ailleurs signé en juillet 2000 un accord de libre-échange avec l'Union européenne ; c'est le seul pays au monde avec Israël à avoir un tel accord à la fois avec les États-Unis et l'Europe.

L'influence américaine est très forte au Mexique, surtout dans le nord, vers la frontière. Le nouveau président mexicain, Vicente Fox élu en 2000, est ainsi un mélange sulfureux de latino ombragé, passé par Harvard et fondé aux méthodes d'une grande multinationale nord-américaine, Coca-Cola. Il a conquis la présidence du pays face au PRI, le Parti révolutionnaire institutionnel, héritier lointain de la révolution de 1910 et qui avait conservé le pouvoir depuis 71 ans.

Vicente Fox a accueilli Bush dans son « rancho » familial de San Cristobal par un « Good to see you, amigo ! » ; puis les présidents mexicain et américain ont tombé la veste et dénoué les cravates.

En février 2001, la première visite à l'étranger du président américain fraîchement élu, George W. Bush, eut lieu au Mexique. Les deux nouveaux présidents ont parlé notamment du libre-échange, au cours d'entretiens marqués par un ton nouveau de décontraction et de cordialité, tous deux anciens hommes d'affaires devenus gouverneurs et ayant la même passion pour le style « cow-boy » : Vicente Fox a accueilli Bush dans son « rancho » familial de San Cristobal par un « Good to see you, amigo ! » ; puis les présidents mexicain et américain ont tombé la veste et dénoué les cravates.

Parler espagnol est un atout pour l'acheteur, car si l'anglais est enseigné dès l'âge de trois ans, les Mexicains font de la résistance culturelle face aux « gringos ».

Si le pays du Serpent à plumes est nord-américain par sa géographie, il est plutôt tiré vers le sud et l'Amérique latine par son histoire et sa culture. La notion du temps et des délais n'est pas la même qu'en France. Si une procédure d'assemblage par exemple n'est pas bien expliquée au départ, les Mexicains reproduiront à la pefection les défauts. Le contrôle des coûts et de la qualité est difficile. La corruption existe, des douanes au responsable ministériel qui peut laisser un dossier en suspens ; mais le temps perdu la première fois à résister est loin d'être inutile, car la pression disparaît rapidement. L'acheteur doit vérifier toutes les informations et faire preuve de ténacité. Surtout, parler espagnol est un atout pour l'acheteur, car si l'anglais est enseigné dès l'âge de trois ans, les Mexicains font de la résistance culturelle face aux « gringos ».

Il y a deux zones d'activité au Mexique : près de la frontière américaine, vers Monterey ; et plus au sud autour de Mexico, région moins chère et plus stable en terme de main-d'œuvre.

L'intérêt économique de fabriquer au Mexique est de livrer le marché local et le continent américain.

EDF est le premier producteur d'électricité indépendant du Mexique. Renault, qui avait quitté le Mexique en 1986, y est revenu grâce à Nissan et ses deux usines existantes, qui fabriqueront la Megane Scenic et la Clio pour le marché mexicain et américain. Valeo fabrique au Mexique des balais d'essuie-glace et des systèmes électriques. Seb produit à Mexico des friteuses pour les États-Unis. Car l'intérêt économique de fabriquer au Mexique est de livrer le marché local mexicain et le continent américain ; pas de rapatrier des produits en Europe.

Plastic Omnium va lancer un centre de formation à la plasturgie au Mexique, financé en partie par la Fédération française de plasturgie.

Plastic Omnium a ouvert deux usines au Mexique, l'une près de General Motors pour fabriquer les pare-chocs du Van et de la Pontiac Aztec, l'autre près de Volkswagen vers Monterey pour tous les pare-chocs, ailes et pièces de rechanges de la New Beetle ; et Plastic Omnium va lancer un centre de formation à la plasturgie au Mexique, financé en partie par la Fédération française de plasturgie. En 2001, se sont lancés dans l'aventure mexicaine, à Puebla vers Mexico : un mouleur d'Oyonnax, pour suivre l'industrie cosmétique, industrie qui a de fortes contraintes d'aspect et des prix bas ; et un découpeur de Besançon.

D'après Volkswagen, « un ouvrier mexicain coûte quatre fois moins cher qu'un ouvrier allemand, mais il faut quatre ouvriers mexicains pour faire le travail d'un ouvrier allemand ».

Travailler avec les Mexicains est difficile, d'après Volkswagen : « un ouvrier mexicain coûte quatre fois moins cher qu'un ouvrier allemand, mais il faut quatre ouvriers mexicains pour faire le travail d'un ouvrier allemand ».

2.3   L'Inde, tournée sur elle-même

L'Inde est un pays presque aussi grand que la Chine, avec 1 milliard contre 1,3 milliard d'habitants. La population indienne a augmenté de 20 % en dix ans.

À la fin du XVIIe siècle, les Anglais ont pris le contrôle de l'Inde : l'or transféré à Londres garantissant la valeur de la livre sterling, et le coton indien approvisionnant les industries textiles de Manchester.

Sur 1 milliard d'Indiens, 400 millions vivent toujours dans la pauvreté absolue, restés sur le bord de la route.

Aujourd'hui, sur 1 milliard d'Indiens, 400 millions vivent toujours dans la pauvreté absolue, restés sur le bord de la route. Le manque d'infrastructures dans quasiment tous les domaines continuent de freiner le développement de l'Inde, pays plus discret sur la scène internationale et moins dynamique que la Chine. L'Inde a moins de capitaux, peut-être un sentiment nationaliste moins fort et une diaspora dans le monde moins active pour revenir d'Angleterre ou des États-Unis réinvestir sur le sol indien ; une religion fataliste, et une démocratie parlementaire instable sans axe moteur ; une matière grise qui s'exprime dans les technologies de l'information et l'*e-business*, mais l'Inde compte par exemple dix fois moins d'internautes que la Chine. L'Inde demeure tournée sur elle-même.

Au cinéma, l'Inde est l'un des rares pays où les films locaux représentent 90 % du box-office.

Au cinéma par exemple, l'Inde est l'un des rares pays où les films locaux représentent 90 % du box-office et les films américains seulement 10 % ; quand la part du cinéma américain totalise 70 % des entrées dans la plupart des autres pays du monde, notamment en France, Allemagne, Grande-Bretagne, Suède, Espagne, Maroc, Tunisie, Turquie, Brésil, Japon ou Chine. Bombay, la deuxième capitale mondiale du cinéma, le Hollywood de l'Orient, attire des milliards de spectateurs dans les salles climatisées et pleines, avec la place de cinéma en moyenne à 1,22 euro (8 FF) soit le revenu journalier de beaucoup d'indiens.

« en Inde les ouvriers ont la même capacité technique qu'en Chine, les coûts salariaux sont proches, mais la rigidité de la législation indienne rend le développement du commerce plus difficile. »

Un indien, représentant aux États-Unis d'un groupe chinois, raconte qu'« en Inde les ouvriers ont la même capacité technique qu'en Chine, les coûts salariaux sont proches, mais la rigidité du gouvernement et de la législation indienne rend le développement du commerce plus difficile. »

Les sociétés étrangères sont surtout présentes en Inde dans l'industrie électrique et ferroviaire, comme en Chine, parce que le

© Éditions d'Organisation

potentiel de développement des infrastructures locales est gigantesque. La distribution de l'électricité par exemple est catastrophique : l'Inde souffre d'un manque chronique d'électricité, et seule la moitié de l'électricité produite à New Delhi est payée. Sont présentes en Inde les sociétés françaises Alcatel dans la capitale New Delhi, Schneider qui a plusieurs usines ou Legrand à Bombay ; et des groupes allemands comme Siemens ou Wago.

Les PME indiennes, quant à elles, représentent 80 % des exportations dans le textile, les pierres précieuses et les produits agricoles.

Alors que son grand voisin la Chine s'impose comme une puissance manufacturière mondiale, peut-être l'Inde saura-t-elle profiter du développement des services informatiques.

En 1980, l'Inde comptait déjà de bons ingénieurs : Larsen & Toubro avait à Bombay une belle usine pour l'aérospatiale ; et au sud de l'Inde, région musulmane et plus entreprenante, Bangalore était une capitale de l'Asie pour le matériel électrique. L'Inde a des atouts pour l'avenir, notamment en matière grise. Alors que son grand voisin la Chine s'impose comme une puissance manufacturière mondiale, peut-être l'Inde saura-t-elle profiter du développement des échanges mondiaux des services, notamment des services informatiques qui représentent déjà 10 % de ses exportations.

Le monde s'arrache les informaticiens indiens, formés notamment à Bangalore.

L'Inde avait fait le choix de développer des instituts supérieurs technologiques plutôt que l'enseignement primaire. Aujourd'hui, alors que le tissu industriel local manque de compétences intermédiaires, le monde s'arrache les informaticiens indiens, formés notamment à Bangalore, devenue la capitale de l'informatique indienne. La matière grise indienne s'exile notamment vers les États-Unis : sur 116 000 visas américains de spécialistes qualifiés en 2000, la moitié furent attribués à l'Inde, très loin devant le Royaume-Uni ou la Chine.

L'Inde est prise en tenaille entre les besoins de capitaux étrangers et la contestation de la libéralisation ; l'abaissement progressif des taxes à l'importation est en effet programmé pour passer de 35 % aujourd'hui à 17 % en 2005.

L'Inde est prise en tenaille entre les besoins de capitaux étrangers et la contestation de la libéralisation ; l'abaissement progressif des taxes à l'importation est en effet programmé pour passer de 35 % aujourd'hui à 17 % en 2005, la moyenne de l'Asean. D'après le puissant syndicat indien *Hind Mazdoor Sabha*, ces réformes économiques de libéralisation auront pour effet « un chômage en hausse, des fermetures d'usines à cause des produits chinois exportés en Inde à des prix bon marché, de plus en plus de travailleurs en dessous du seuil de pauvreté ». Effectivement, la période d'adaptation pour passer d'une économie protégée qui masque ses défaillances et ses carences, à une économie ouverte

© Éditions d'Organisation

et compétitive, est toujours difficile les premières années. C'est sûrement ce que va connaître aussi la Chine à partir de 2002, qui craint également la hausse du chômage notamment dans ses campagnes ; et c'est ce que vit l'Europe de l'Est depuis dix ans.

CHAPITRE 5

L'EUROPE DE L'EST

L'Europe de l'Est est la première région d'achat cible proposée : la Pologne, pays le plus grand et qui a démarré sa mutation dès 1990 ; la Hongrie, la République tchèque tirée par l'Allemagne, et la Slovaquie plus agricole ; la Slovénie, minuscule pays de l'ex-Yougoslavie, à influence italo-autrichienne ; enfin la Roumanie, en retard avec la Bulgarie. Parmi ces sept pays du PECO, les cinq premiers frappent aujourd'hui à la porte de l'Union européenne.

Onze ans après la chute du communisme, l'industrie reste perturbée et à deux vitesses, avec soit des usines rachetées ou mixtes profitant d'investissements occidentaux en hommes et en machines, soit des usines qui n'ont ni machines récentes, ni organisation efficiente, peu de notions de coûts ou de délais. La proximité de l'Allemagne fait que dans ces pays l'on parle plus l'allemand que l'anglais, les délais de paiements sont courts à 30 jours, et les prix tirés vers le haut. Pour autant, l'Europe de l'Est est une région relativement proche, à deux heures d'avion ; les salaires ouvriers sont quatre fois plus faibles, et les prix peuvent être inférieurs de 30 % aux prix français.

1. UNE ÉCONOMIE EN TRANSITION

1.1   Les sept pays du PECO présentent chacun des avantages différents

Le PECO, Pays d'Europe Centrale et Orientale, regroupe sept pays, du nord au sud : la Pologne, la République tchèque, la Slovaquie, la Hongrie, la Slovénie, la Roumanie et la Bulgarie.

Le PNB d'un pays par habitant est globalement proportionnel aux coûts salariaux, et à la technicité de ce pays.

Le PNB d'un pays par habitant est globalement proportionnel aux coûts salariaux, et à la technicité de ce pays. En France, en Allemagne, aux États-Unis ou au Japon, pour référence, ce PNB est d'environ 28 000 US\$. En Europe de l'Est, le PNB par habitant est de : 10 000 US\$ en Slovénie, 5 000 US\$ en République tchèque, 4 600 US\$ en Hongrie, 4 000 US\$ en Pologne, 3 600 US\$ en Slovaquie, 1 500 US\$ en Roumanie. Hors la Slovénie qui est chère, et la Bulgarie à la frontière de l'Asie, ces PNB confirment que la République tchèque est le pays le plus technique du PECO, capable par exemple de fabriquer des outillages pour des produits industriels ; et que la Roumanie est le pays le moins cher, choisi par exemple par Salomon pour sous-traiter le moulage et l'assemblage des chaussures de ski, activités moins techniques pour des produits domestiques.

La Hongrie était le pays du bloc communiste le plus ouvert sur l'Europe de l'Ouest.

Chaque pays du PECO a des avantages différents : la Pologne, avec quarante millions d'habitants, a le plus grand marché intérieur ; la République tchèque, tirée par l'industrie automobile allemande, est le pays le plus technique ; la Hongrie était le pays du bloc communiste le plus ouvert sur l'Europe de l'Ouest, et c'est aujourd'hui le pays le plus occidental, où 85 % des usines sont déjà privatisées et qui cherche le plus à attirer les investissements occidentaux ; la Roumanie est le pays le plus francophone, le moins cher, et le moins technique.

1.2   Depuis la chute du communisme, le redémarrage est lent et disparate

En 1914, un coup de feu à Sarajevo sonna le glas de l'Europe des Empires.

En 1914, un coup de feu à Sarajevo de Gavrilo Princip sonna le glas de l'Europe des Empires : l'Empire prussien de Bismarck, qui couvrait l'Allemagne actuelle et une partie de la Pologne ; l'Empire austro-hongrois des Habsbourg qui comprenait l'Autriche et la Hongrie, les Tchèques de Bohême et les Slovaques de Moravie, les Slovènes et les Croates au sud ; et l'Empire ottoman qui incluait notamment au nord la Roumanie, la Bulgarie et la Serbie, sous influence turque. En 1918, le traité de Saint-Germain-en-Laye fit disparaître ces Empires ; à leur place, se constituèrent des États indépendants.

L'immobilisme technologique à l'Est a transformé le fossé en gouffre : en 1989, la RDA, vitrine industrielle du bloc communiste, produisait un véhicule fossilisé, la Trabant.

En 1949, au sortir de la Deuxième Guerre mondiale, fut créé le Comecon, *Council for Mutual Economic Assistance,* regroupant l'URSS et des pays d'Europe de l'Est comme la Hongrie, la République tchèque, la Pologne, la Roumanie et la Bulgarie. Pendant quarante ans, derrière le rideau de fer, les usines de l'URSS et du bloc communiste ont fabriqué des produits suivant une planification centralisée, sans diversité ni création, sans évolutions techniques sophistiquées. Le développement de l'informatique et de la micro-électronique contribuant à transformer toujours plus vite les industries occidentales, l'immobilisme technologique à l'Est a transformé le fossé en gouffre : en 1989, la RDA, vitrine industrielle du bloc communiste, produisait un véhicule fossilisé, la Trabant.

L'entrée d'un pays dans un environnement économique libéral se traduit souvent à court terme par une hausse de l'inflation et du chômage, car les secteurs non rentables ne sont plus protégés.

En 1989, la chute du Mur marqua l'effondrement de l'URSS et du Comecon, qui eux-même avaient créé l'effondrement technologique des pays d'Europe de l'Est. Aux espoirs politiques succédèrent les désillusions économiques, un contre-coup brutal. L'entrée d'un pays dans un environnement économique libéral se traduit souvent à court terme par une hausse de l'inflation et du chômage, car les secteurs non rentables, qui coûtent plus qu'ils ne rapportent, ne sont plus protégés. Puis au fil des années, le tissu industriel se reconstruit d'une manière plus saine, la production et la consommation reprennent, et la situation économique s'améliore. C'est ce qui s'est passé dans les pays du PECO à partir de 1989.

Beaucoup d'industries ne se sont pas encore relevées des quarante années de communisme et de la chute brutale d'un système régulant l'activité.

Pendant les années 1992-1994, les sept pays du PECO ont souffert d'une inflation et d'un chômage forts, et d'un PIB en baisse. Puis 1994 a marqué le redémarrage de la région, en ordre dispersé. Beaucoup d'industries ne se sont pas encore relevées des quarante années de communisme et de la chute brutale d'un système régulant l'activité.

Si le niveau golbal du PIB du PECO est revenu en 2000 au niveau de celui de 1989, c'est avec de fortes disparités entre les sept pays : par rapport au niveau de 1989, soit onze ans après la chute du Mur, le PIB aura augmenté pour la Pologne de 30 %, pour la Slovénie de 14 %, pour la Hongrie de 5 % seulement compte tenu de son développement avant la chute du Mur, pour la Slovaquie de 1 %, et pour la République tchèque il a diminué de 1 % ; les

© Éditions d'Organisation

deux lanternes rouges que sont la Roumanie et la Bulgarie ont régressé respectivement de 20 % et de 30 %.

LE PIB du PECO, base 100 en 1989 :

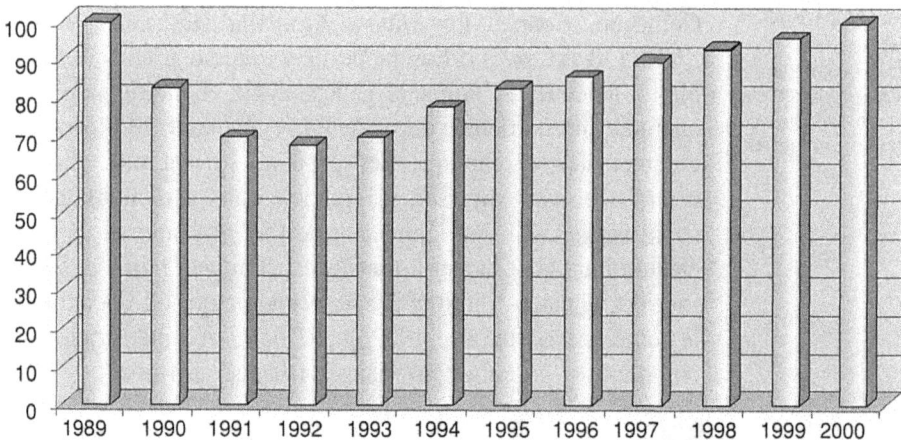

Quant à la Russie et aux pays baltes, ce fut pire : leur PIB ont touché le fond en 1995, en chutant de 50 % par rapport à leur niveau de 1989.

En 1991 fut dissout le CAEM qui organisait les échanges entre les pays membres de l'ancien bloc soviétique.

Le redressement des pays du PECO fut difficile. En 1991 fut dissout le CAEM, Conseil d'Assistance Économique Mutuelle, qui organisait depuis les années 1950 les échanges entre les pays membres de l'ancien bloc soviétique, et une « division socialiste du travail » : la fabrication des tramways en Hongrie, les machines-outils en Tchécoslovaquie, les avions en Union Soviétique, une partie de l'informatique en Allemagne de l'Est et une autre en Bulgarie. La facturation en dollars de l'énergie importée d'Union soviétique s'est traduite en Europe de l'Est par une augmentation de la facture énergétique, un choc pétrolier local.

La première année après la libération des prix est souvent suivie d'une chute de la production industrielle. Cela a été le cas en 1990 en Pologne où la production industrielle a baissé de 30 %, puis en 1991 dans les autres pays d'Europe de l'Est.

1992 a marqué le point bas de la récession ; deux ans après la thérapie de choc, la production industrielle en Pologne et dans les pays voisins stagnait encore.

1992 a marqué le point bas de la récession ; deux ans après la thérapie de choc, la production industrielle en Pologne et dans les pays voisins stagnait encore. Mais cette année fut également le début d'un retournement de tendance, d'une reprise de la production industrielle. Cette première phase de croissance, et les gains

© Éditions d'Organisation

de productivité des entreprises nouvellement privatisées, se sont moins faites par des progrès techniques, que par la réduction drastique d'effectifs pléthoriques qui servaient à masquer le chômage dans l'ancien régime planifié, et le démantèlement par morceaux.

Une seconde phase de croissance passera par toujours plus d'investissements industriels, des capitaux.

En 1999 et 2000, la croissance globale des pays du PECO a été de 3 %, puis de 4 % : elle n'a jamais été aussi élevée depuis la chute du communisme. Cette performance est due à la hausse des importations des pays d'Europe de l'Ouest, à la hausse des cours du pétrole et du gaz ainsi qu'aux effets de dix ans de réformes structurelles. Une seconde phase de croissance passera par toujours plus d'investissements industriels, des capitaux, et donc des capitalistes ; car la privatisation de ces entreprises ne suffit pas à elle seule à assurer une meilleure gestion et un meilleur outil industriel.

L'isolement des pays de l'Est derrière le rideau de fer a agi comme un bouclier face à la compétition avec l'Europe occidentale, mais a ainsi creusé des retards technologiques importants.

Historiquement, le retard venait de loin. Dès le début du XXᵉ siècle, de nombreux chercheurs et scientifiques sont partis réaliser leurs rêves dans des pays plus riches, et notamment aux États-Unis. Puis l'isolement des pays de l'Est derrière le rideau de fer a protégé la production locale, a agi comme un bouclier face à la compétition avec l'Europe occidentale, mais a ainsi creusé des retards technologiques importants.

Aujourd'hui, on leur demande de travailler plus, d'être productifs, beaucoup sont licenciés, et peu vivent mieux.

Aujourd'hui, les Européens de l'Est ne sont plus communistes, et ne sont pas encore capitalistes. Certains disent même regretter l'ancien régime communiste. Il y a quinze ans, ils mangeaient à leur faim, et ne payaient pas l'école, la garderie ou les soins médicaux. Ils travaillaient autant pour eux que pour leur entreprise, et arrivaient à vivre correctement. Aujourd'hui, on leur demande de travailler plus, d'être productifs, beaucoup sont licenciés, et peu vivent mieux. Ils sont libres de sortir de leur pays, mais ont peu d'argent pour voyager.

Sur l'échelle de Maslow qui hiérachise les besoins des personnes selon trois niveaux, les besoins vitaux tels que manger ou se chauffer, le plaisir, puis le pouvoir, la majorité des Européens de l'Est en sont aujourd'hui au premier niveau, le niveau vital. Et c'est encore pire en Russie, où sur 150 millions d'habitants, 15 millions vivent à Moscou ou à Saint-Pétersbourg dans une économie qui se redresse lentement ; mais 135 millions vivent dans des campagnes en déliquescence.

« Ces pays d'Europe de l'Est restent cantonnés derrière un rideau de pauvreté ; pour atteindre le niveau des pays les moins développés de l'Union européenne, les délais seront longs. »

Le choc de la transition vers l'économie de marché n'est pas absorbé. « Malgré dix ans de réformes économiques, ces pays d'Europe de l'Est restent cantonnés derrière un rideau de pauvreté ; pour atteindre le niveau des pays les moins développés de l'Union européenne, les délais seront longs : la République tchèque pourrait y parvenir dans 10-15 ans, la Hongrie et la Pologne dans 20-25 ans, la Roumanie dans 35 ans », écrivait *Le Monde*.

1.3   Cinq pays du PECO frappent aujourd'hui à la porte de l'UE

L'Union européenne compte aujourd'hui quinze membres. En 1998, concernant les pays du PECO, les négociations ont été engagées avec la Pologne, la Hongrie, la République tchèque et la Slovénie : ces pays, candidats à l'Europe, sont dans l'antichambre de l'UE. En 2000, les négociations se sont engagées avec la Slovaquie qui a rattrapé une partie de son retard, la Roumanie et la Bulgarie.

« Pour faire l'Europe, il faut une volonté et une vision, et aujourd'hui les visionnaires sont fatigués. »

En décembre 2000, le sommet de Nice avait pour but de renforcer l'architecture politique du continent, notamment en vue de l'élargissement à l'Est : le compromis fut laborieux. Le sommet, clôture de la présidence française de l'Union européenne, fut jugé décevant. Les pays de l'Est ont commencé à se sentir frustrés d'être ainsi maintenus à l'écart du marché européen. Le président français, qui avait dit quelques mois plus tôt « Quand on veut aller de l'avant, il faut éclairer le chemin », conclut le sommet de Nice par : « Pour faire l'Europe, il faut une volonté et une vision, et aujourd'hui les visionnaires sont fatigués ».

On ne pourra maintenir une Europe à deux vitesses, qui équivaudrait au retour à une nouvelle division du continent.

Même si cet élargissement économique et politique s'annonce difficile, on ne pourra maintenir une Europe à deux vitesses, qui équivaudrait au retour à une nouvelle division du continent. À court terme, tout le monde est un peu inquiet : l'Europe de l'Est craint une hausse des prix et du chômage ; l'Europe de l'Ouest craint une invasion des travailleurs des anciens pays communistes, mouvement qui pourrait se limiter aux frontaliers. À moyen terme, l'Europe continentale pourrait devenir une région de relative prospérité et de stabilité. Les premières adhésions à l'UE des pays du PECO pourraient se faire d'ici 2005.

Resteront sur le continent européen des pays comme la Turquie, dont nous avons déjà parlé ; ou la Russie, aujourd'hui « ruinée par la corruption qui touche 40 % des entreprises privées, 60 % des entreprises d'État et 70 % des banques », rapporte un journal français.

© Éditions d'Organisation

1.4   Des salaires quatre fois inférieurs, mais une technicité souvent faible

Les salaires en Europe de l'Est sont en moyenne quatre fois inférieurs à ceux de la France ; mais les matières et les machines sont importées de France, d'Allemagne ou d'Italie.

Les salaires en Europe de l'Est sont en moyenne quatre fois inférieurs à ceux de la France ; mais les matières, matières plastiques et bons aciers, et les machines, presses de moulage ou de découpe, sont importées de France, d'Allemagne ou d'Italie, à des prix français. L'acheteur doit privilégier l'achat en Europe de l'Est d'activités nécessitant le plus possible de main-d'œuvre : par exemple la fabrication de moules, ou une activité d'assemblage ; plutôt qu'une activité de moulage seule en délocalisant de France des moules, sauf s'il rapproche ainsi les pièces d'un pôle logistique ou d'assemblage.

La part de la main-d'œuvre dans le coût d'une activité peut être de 30 % ou 90 % ; mais beaucoup de fournisseurs d'Europe de l'Est ne calculent pas ainsi.

La part de la main-d'œuvre dans le coût d'une activité en France peut être de 30 %, 70 % ou 90 % selon les activités. Mais beaucoup de fournisseurs d'Europe de l'Est ne calculent pas ainsi. Ils ne savent pas calculer un prix de revient, et font leurs prix de vente en fonction de l'origine de l'acheteur, des niveaux des prix marché qu'ils imaginent en Allemagne ou en France : leurs offres de prix peuvent être élevées, parfois le double des prix français.

Les recherches menées par les acheteurs ne sont pas toujours fructueuses.

Les recherches menées par les acheteurs ne sont ainsi pas toujours fructueuses. Une société fabriquant de la robinetterie a cherché à acheter en Pologne, mais sans trop de résultats ; à défaut d'acheter, elle a ensuite fait un peu de compensation en République tchèque, échangeant des tubes de fonte contre de la robinetterie, puis a finalement orienté sa stratégie d'achat davantage vers la Chine.

Les pièces n'étaient pas satisfaisantes, il a fallu quand même payer la palette de produits achetés pour éviter au directeur de l'usine d'aller en prison.

Parfois c'est la qualité qui n'est pas bonne. En 1993, Calor a essayé d'acheter en République tchèque des pièces en fonderie d'aluminium pour des cafetières, mais l'intermédiaire a mal joué son rôle sur ce marché émergent, et les pièces n'ont jamais été satisfaisantes ; puis en Russie pour des résistances de gaufriers, élément technique pour que la gaufre soit croustillante à l'extérieur et molle à l'intérieur, mais les pièces n'étaient pas satisfaisantes, il a fallu quand même payer la palette de produits achetés pour éviter au directeur de l'usine d'aller en prison puis le contrat fut stoppé.

Dans le prix d'un moule en France, la part matière ne représente que 15 % avec l'acier pour la carcasse et les éléments annexes comme les colonnes de guidage et les éjecteurs, et l'amortissement

© Éditions d'Organisation

des machines aussi 15 % : la part salariale, incluant l'étude et la réalisation, peut peser 70 % du prix du moule. La plupart des moules dans l'industrie nécessitent en effet de 30 à 200 heures d'études ; puis de 200 à 1 500 heures de réalisation, pour l'usinage notamment puis la mise au point avec ajustage et fraisage. Si cette part variable de 70 % pour la main-d'œuvre est quatre fois inférieure en République tchèque, le prix du moule peut être *in fine* inférieur de 50 % par rapport aux prix français.

Dans une activité d'assemblage manuel, la part des salaires est essentielle, jusqu'à 90 % du coût facturé.

2. LA POLOGNE

2.1 Un démarrage économique dès 1990

La Pologne est de loin le pays le plus grand du PECO : avec quarante millions d'habitants, c'est un pays quatre fois plus grand que la République tchèque ou que la Hongrie.

La Pologne est de loin le pays le plus grand du PECO : avec quarante millions d'habitants, c'est un pays quatre fois plus grand que la République tchèque ou que la Hongrie ; c'est la locomotive de la région. Au premier rang de ses exportations figurent les automobiles, les moteurs diesels et les meubles.

Comme dans beaucoup de pays du PECO, le rebond économique eut lieu en 1994.

Dès janvier 1990, la réforme polonaise fut lancée ; faisant suite à une inflation de 150 % au trimestre précédent et dans un climat d'anxiété général : réduction brutale des dépenses publiques et des subventions, limitation des augmentations de salaire, libération des prix et libéralisation du commerce extérieur. Ces éléments, et la désorganisation du marché, révélèrent que de nombreuses entreprises n'étaient pas capables de produire beaucoup de produits vendables à des prix du marché et que leurs équipements étaient souvent obsolètes, notamment dans les grands konzerns sidérurgiques. Puis comme dans beaucoup de pays du PECO, le rebond économique eut lieu en 1994. Certains secteurs industriels jugés en péril, comme les chantiers navals, ont su accomplir un remarquable rétablissement.

En 2000, l'inflation est remontée à 10 % et le chômage poursuit une vigoureuse progression pour atteindre 15 %. Les salariés expriment leur mécontentement dans le secteur public : charbon, acier, armement ou chemin de fer.

La Pologne rêve de redonner de la substance au triangle de Weimar.

Au sommet de Nice fin 2000, les Quinze ont reconnu à la Pologne sa primauté parmi les sept pays du PECO. La Pologne de son côté rêve de redonner de la substance au triangle de Weimar qui existait entre Paris, Berlin et Varsovie. L'UE a attribué à la Pologne 27 voix au Conseil, comme l'Espagne, et presque autant que les quatre « grands » pays de l'Union qui en auront 29.

2.2   Cas d'un projet de moulage en Pologne

Le transfert d'une activité de moulage en Pologne devrait permettre de réduire le coût d'une pièce plastique de 20 %.

Des mouleurs d'Oyonnax reconnaissent que le transfert d'une activité de moulage en Pologne, en République tchèque ou en Hongrie, devrait permettre de réduire le coût d'une pièce plastique de 20 %. L'exemple ci-après le montre.

Le prix d'une pièce plastique peut être constitué pour 50 % de matière, et pour 50 % de valeur ajoutée du mouleur. Concernant la part matière, elle ne diminue pas en Pologne : l'Europe de l'Est qui ne produit pas de matières plastiques, doit donc les importer, de France, d'Allemagne ou d'Italie, suivant les sources qualifiées par le donneur d'ordres, et le prix des matières importées en Pologne est le même qu'en France ; voire surenchéri de 3 % par les coûts de transport. Reste la part de la valeur ajoutée du mouleur polonais :

Partons du taux horaire moyen français sur une presse d'injection plastique de 80 tonnes, de 15 euros/heure (100 FF) comme nous l'avons vu :

- *5,33 euros (35 FF) pour l'amortissement de la presse : en Pologne, ce coût ne baisse pas car les presses sont aussi importées d'Europe de l'Ouest ;*
- *6,10 euros (40 FF) pour la main-d'œuvre : en Pologne, cette part est divisée par quatre pour les ouvriers dont les salaires sont quatre fois inférieurs aux salaires français, mais baisse peu pour les cadres, dont les salaires sont proches des salaires français ; et en espérant qu'il n'y a pas trop d'expatriés français, nécessaires pour organiser la production de l'usine polonaise mais qui coûtent chers ; globalement, l'acheteur peut espérer gagner au maximum 4,57 euros (30 FF) ;*
- *3,81 euros (25 FF) pour les coûts de structure : en Pologne, les bâtiments, l'électricité et les taxes ont un coût un peu plus faible, et l'acheteur peut économiser 1,52 euro (10 FF).*

Bien sûr, il ne faut pas imaginer rapatrier ces pièces plastiques pour assemblage en France.

Le taux horaire, et donc la part de la valeur ajoutée, peuvent être ainsi inférieurs en Pologne au maximum de 40 %. La part matière pesant pour moitié et restant elle inchangée, la réduction de coût pour une pièce plastique peut ainsi être effectivement de 20 % *in fine*. Bien sûr, il ne faut pas imaginer rapatrier ces pièces plastiques pour assemblage en France : car sinon, le surcoût du transport pouvant être de 10 %, le gain final de l'opération est inférieur à 10 % et rend l'opération de peu d'intérêt.

Un tel calcul de rentabilité doit être fait *avant* de transférer le moindre moule. Parce que la logistique à mettre en place dès le démarrage, dès le premier moule, pour transporter les différentes matières plastiques nécessaires chez le mouleur étranger, puis pour faire livrer les pièces finales sur un lieu d'assemblage parfois différent, nécessite de monter rapidement en puissance pour être rentable : une rotation régulière de camions peut être rentable, là où le transport d'une palette peut être hors de prix.

Pour qu'une opération de moulage en Europe de l'Est soit économiquement rentable, il faut ainsi y associer l'assemblage final des produits, activité à plus forte valeur ajoutée, nécessitant davantage de main-d'œuvre.

Pour qu'une opération de moulage en Europe de l'Est soit économiquement rentable, il faut y associer l'assemblage final des produits, activité à plus forte valeur ajoutée.

3. LA HONGRIE, LA RÉPUBLIQUE TCHÈQUE ET LA SLOVAQUIE

3.1   L'industrie est à deux vitesses

Les industries des pays du PECO restent perturbées et se redressent à des vitesses différentes, la croissance étant un privilège des entreprises à capitaux étrangers.

D'une manière générale, après quarante années de communisme, les industries des pays du PECO restent perturbées et se redressent à des vitesses différentes, la croissance étant un privilège des entreprises à capitaux étrangers : soit les usines ont été rachetées par des groupes occidentaux, ou sont devenues mixtes (*joint venture*) et les investisseurs étrangers apportent le capital, la technologie et le management nécessaires, les hommes et les machines permettant une remise à niveau et une productivité efficaces ; soit les usines privatisées demeurant dans des mains locales restent fragiles, sous-capitalisées et mal dirigées, sans machines ni organisation efficientes, sans notion de coûts ni de délais.

Dans une usine sans investissements extérieurs, le parc machines est devenu obsolète et l'organisation inefficiente ; les habitudes restent imprégnées par quarante ans de communisme, qu'on ne peut rayer d'un trait.

Dans une usine sans investissements extérieurs, le parc machines est en effet devenu obsolète et l'organisation inefficiente, et rien n'est satisfaisant : ni la précision des pièces, ni les cadences de production, ni les prix, ni les délais. Les habitudes restent imprégnées par quarante ans de communisme, qu'on ne peut rayer d'un trait. Les ouvriers d'Europe de l'Est ont été longtemps en économie planifiée. Certaines notions évidentes pour un chef d'entreprise français sont symboliques, comme par exemple fournir un rapport régulier d'activité. Ces entreprises ont un retard important, technique et culturel. Ces usines ont peu de notions de coûts pour faire une offre, de délais ou de service clients. Elles utilisent pour faire des outils des aciers « à ferrer les ânes » parce que les ouvriers ne voient pas la nécessité de la répétitivité d'un process et d'une pièce.

Les usines qui fonctionnent bien sont celles qui ont été rachetées, ou ont signé une *joint-venture* avec un groupe occidental qui s'est impliqué, a investi en hommes et en machines, et a remis à niveau l'usine. Ces usines suivent l'évolution technologique de l'Europe occidentale, et produisent vite, sur des machines rapides, avec des tolérances techniques fines. La remise à niveau de l'usine n'est jamais simple au démarrage ; elle peut durer deux ans, et peut coûter à l'investisseur occidental parfois cinq fois le montant d'achat intial.

3.2   La Hongrie est le pays le plus occidental

La Hongrie était avant la chute du Mur, déjà dans les années 1980, le pays communiste où la mentalité était la plus occidentale, le plus ouvert au capitalisme. C'est aujourd'hui le pays du PECO le plus attractif pour les investissements occidentaux, offrant allégements d'impôts et aides gouvernementales. Depuis 1989, d'importants flux d'investissements étrangers se sont dirigés vers l'Europe de l'Est : jusqu'en 1995, ainsi près de la moitié du total était concentré en Hongrie seule. Dans les télécommunications, secteur clé à la pointe du progrès technologique, c'est la Hongrie qui est allée le plus loin, en vendant 67 % de Matav, l'ancien monopole d'État, à Ameritech International et Deutsche Telekom : le nombre de lignes téléphoniques pour 100 habitants est passé de 9 en 1990, à 33 en 1997.

Les aides gouvernementales venant s'ajouter aux investissements industriels occidentaux, le décalage entre ces usines rachetées ou mixtes en *joint-venture*, et les usines restées dans des mains hongroises, est devenu important. Le pays continue de bénéficier de sa large ouverture aux investissements étrangers, l'Allemagne occupant la première place parmi les investisseurs étrangers, suivie par les États-Unis ; sont ainsi implantés notamment vers Budapest : Audi, General Motors, Bosch, Suzuki, Daewoo, Ford ou Delphi dans l'automobile ; General Electric, Siemens et Lego. Par ailleurs, Videoton est le plus grand groupe industriel hongrois

[Marginal notes:]

Les usines qui fonctionnent bien sont celles qui ont été rachetées, avec un groupe occidental qui s'est impliqué, a investi en hommes et en machines, et a remis à niveau l'usine.

La Hongrie est le pays du PECO le plus attractif pour les investissements occidentaux, offrant allégements d'impôts et aides gouvernementales.

L'Allemagne occupant la première place parmi les investisseurs étrangers, suivie par les États-Unis.

dans le domaine de l'électronique et de l'informatique, comptant 17 000 personnes dans 40 usines en Hongrie et réalisant 80 % de son chiffre d'affaires à l'export.

La Hongrie et la République tchèque ont une compétence historique en mécanique : c'était les pays « mécaniciens » de l'ex Comecon.

La Hongrie et la République tchèque, deux petits pays de dix millions d'habitants chacun, ont une compétence historique en mécanique : c'était les pays « mécaniciens » de l'ex Comecon.

3.3   La République tchèque est tirée par l'Allemagne

La République tchèque est le pays le plus technique du PECO, grâce à son voisin allemand ; mais en contrepartie, l'industrie allemande capte beaucoup de volume.

La République tchèque est le pays le plus technique du PECO, grâce à son voisin allemand ; mais en contrepartie, l'industrie allemande capte beaucoup de volume, limite la capacité de production disponible et tire les prix vers le haut, parfois à des niveaux proches des prix français. L'industrie automobile, devenue le moteur de l'économie autour des constructeurs Skoda-Volkswagen ou BMW, et de leur tissus de sous-traitance, et l'électronique entraînée par le japonais Matsushita et ses téléviseurs Panasonic, compensent les ratés de l'industrie mécanique et sidérurgique, secteurs traditionnels du pays.

« Une activité de découpage n'est pas rentable en république tchèque, il y trop de casses d'outils et de soucis concernant la maintenance des outillages. »

La République tchèque pourrait devenir un pôle en Europe pour la fabrication des outillages, moules ou outils de découpe : ce pays sera peut-être « le Portugal » de demain. Pour autant, même si la République tchèque est le pays le plus technique d'Europe de l'Est, il est difficile de trouver un bon découpeur. « Une activité de découpage n'est pas rentable en République tchèque, il y trop de casses d'outils et de soucis concernant la maintenance des outillages, » raconte le directeur d'une petite usine française implantée entre Prague et Brno.

Contrairement à un mythe répandu, seulement un tiers des Tchèques parlent l'allemand.

L'économie de ce pays dirigé part Vaclav Havel a enregistré un recul en 1998 et 1999, compensé par une hausse du PIB de 2,6 % en 2000. Il ne faudrait pas que le ralentissement de l'activité enregistré chez le voisin allemand, principal partenaire commercial, ne s'aggrave et ne la pénalise. Par ailleurs, contrairement à un mythe répandu, seulement un tiers des Tchèques parlent l'allemand, surtout les personnes cultivées et dans les centres urbains ; beaucoup ne parlent aucune langue étrangère.

© Éditions d'Organisation

Les trentenaires de la nouvelle génération, à la différence de leurs ainés, parlent anglais, sont ambitieux et flexibles. Ils sont nés après l'écrasement du « printemps de Prague » en 1968, ont connu les manifestations de la « révolution de velours » de novembre 1989, et commencent à prendre la relève, occupant de plus en plus de postes de premier plan en politique ou dans les entreprises : ainsi le ministre de l'intérieur Stanislas Gross, l'homme politique le plus populaire du pays, Martin Roman qui dirige Skoda Pilsen la plus importante entreprise tchèque de construction mécanique, ou Jiri Devat le patron de la filiale de Microsoft à Prague, ont tous trois 31 ans. Le quotidien tchèque *Lidové Noviny* dresse le portait de cette génération montante : « ils ont reçu une chance unique, celle d'organiser leur vie comme ils l'entendaient et non comme l'État communiste l'avait planifiée ; ils ont la chance de ne pas être infectés par le communisme et ses manières de travailler ».

> Les trentenaires de la nouvelle génération ont connu les manifestations de la « révolution de velours » de novembre 1989 ; « ils ont la chance de ne pas être infectés par le communisme et ses manières de travailler ».

3.4   La Slovaquie reste un pays rural

La Slovaquie est un petit pays de cinq millions d'habitants, rural, avec des salaires un peu plus bas, et un tissu industriel moins développé que la République tchèque. La Slovaquie a été industrialisée essentiellement sous le régime communiste, qui avait créé dans chaque petite ville de 10 000 habitants des sociétés locales produisant l'une, des télévisions, ou l'autre, des robinets ; des coopératives ouvrières, avec un actionnariat dispersé, où tous les employés étaient un peu actionnaires.

> La Slovaquie est un petit pays de cinq millions d'habitants, rural, avec des salaires un peu plus bas, et un tissu industriel moins développé.

En 1992, une société lyonnaise fabriquant des ressorts avait choisi pour s'implanter en Europe de l'Est la Tchécoslovaquie, à 80 kilomètres de Bratislava ; elle s'est retrouvée début 1993 côté slovaque, à dix kilomètres près. En 1998, l'usine a dû fermer, n'ayant peut-être pas mis assez les moyens au départ en machines et en hommes. Les machines fournies de France étaient vieilles de trente ans et marchaient mal ; la machine qui tournait le mieux, et qui une fois alimentée en fil pouvait tourner des jours durant sans s'arrêter, était une petite machine à fabriquer les ressorts, achetée à Taïwan. Le responsable de l'usine était un jeune CSNE, faisant ainsi son service militaire, sorti de l'école et sans expérience industrielle. Cette société a ensuite ouvert une autre usine en Pologne, plus rentable, ayant tiré les leçons de la première expé-

> Cette société a ensuite ouvert une autre usine ayant tiré les leçons de la première expérience : avec un vrai directeur industriel, payé à son niveau, et de bonnes machines.

rience slovaque : avec un vrai directeur industriel, payé à son niveau, et de bonnes machines.

Aujourd'hui sont implantés en Slovaquie par exemple Siemens qui fait faire son câblage pour l'automobile, Plastic Omnium implanté vers Bratislava pour suivre son donneur d'ordres Volkswagen, Bull pour fabriquer des terminaux de paiement, ou Sony qui produit des télévisions et des magnétoscopes avec un tissu de sous-traitants locaux.

La République tchèque, proche historiquement et économiquement de son voisin slovaque, a intérêt à ce que les deux pays intègrent le marché européen ensemble.

La Slovaquie était le seul pays d'Europe Centrale en retard pour postuler à rentrer dans l'Union européenne, par rapport à ses quatre voisins que sont la Pologne, la République tchèque, la Hongrie et la Slovénie. En 1998, le départ du président Maciar, face à une coalition large allant de la droite à la gauche slovaque, a permis à la Slovaquie de se démocratiser, de refaire des privatisations plus claires, et de se rapprocher du peloton de tête des pays du PECO qui veulent entrer dans l'UE. La République tchèque, proche historiquement et économiquement de son voisin slovaque, a intérêt à ce que les deux pays intègrent le marché européen ensemble ; pour éviter de devoir fermer la frontière commune. L'ancien rideau de fer serait sinon remplacé par un nouveau « rideau de papier », les papiers administratifs, comme il se dit à Bratislava.

Fin 2000, l'accession de la Slovaquie à l'OCDE, même avec quelques années de retard par rapport à ses voisins postcommunistes, a constitué un pas important dans sa démarche vers l'Union européenne.

4. LA SLOVÉNIE

En 1919, dans les décombres de l'après-guerre et dans la poudrière des Balkans, fut créée la Yougoslavie, un État créé de toutes pièces.

En 1919, dans les décombres de l'après-guerre et dans la poudrière des Balkans, fut créée la Yougoslavie, un État créé de toutes pièces avec des pays provenant de deux mondes différents, l'Occident et l'Orient : d'une part la Slovénie et la Croatie, issues de l'empire austro-hongrois, de religion catholique et d'écriture latine, pays touristiques de la côte dalmate ; d'autre part la Serbie notamment, issue de l'empire ottoman, de religion orthodoxe et d'écriture cyrillique depuis l'invasion par les Turcs en 1389, et la défaite du tsar Lazare lors de la célèbre bataille du « Champ des

© Éditions d'Organisation

Merles », signification de « Kosovo » ; avec au centre la Bosnie, tantôt autrichienne, tantôt ottomane, à l'ombre de ses minarets.

Début 1991, la Slovénie fut le premier pays à sortir de la Yougoslavie, en déclarant unilatéralement son indépendance.

En novembre 1991, tombait Vukovar, après 87 jours de siège et 15 000 morts, aux portes de l'Europe.

En juin 1991, son voisin la Croatie déclara à son tour son indépendance : peu après, une nuit d'août, les chars de l'armée yougoslave quittèrent la Serbie et franchirent le Danube frontalier, dans la région de Vukovar ; en novembre 1991, tombait Vukovar, après 87 jours de siège et 15 000 morts, aux portes de l'Europe.

Iskra, le plus grand groupe industriel slovène, fut démantelé en des dizaines de sociétés autonomes, passant de 30 000 à 20 000 personnes en quelques années

L'industrie slovène fut privatisée. Iskra, le plus grand groupe industriel slovène, fut démantelé en des dizaines de sociétés autonomes, notamment entre la capitale Ljubljana et les collines de Kranje, passant de 30 000 à 20 000 personnes en quelques années. Steklarna, le fabricant national de verre, et un des seuls européens avec le français Cristallerie d'Arc et un concurrent italien voisin, fut privatisé et son capital divisé entre des banques, des cadres de l'entreprise, et l'État qui garda une part minoritaire. Les différents départements restèrent au sein du groupe, avec chacun une autonomie d'action ; mais plus de la moitié du personnel fut licencié, le groupe réduisant son effectif de 2 000 à 800 personnes. Aujourd'hui, l'usine fonctionne sur deux rythmes : entre les dirigeants, à l'esprit occidental et entrepreneurs ; et les ouvriers, qui se considèrent peu payés, sont peu motivés et chez qui subsiste une résistance des mentalités. Seuls les souffleurs de verre sont rétribués au-dessus de la moyenne, car ils travaillent près de la chaleur des fourneaux, transpirent en permanence et doivent boire huit litres d'eau par jour ; ce métier est resté artisanal, dur physiquement, et manque de nouvelles vocations.

La France est le troisième investisseur étranger en Slovénie, derrière l'Autriche et l'Allemagne.

La France est présente en Slovénie. Autrefois, Napoléon, s'attaquant à l'occupant austro-hongrois, avait donné au pays sa première indépendance. Aujourd'hui, la France est le troisième investisseur étranger en Slovénie, derrière l'Autriche et l'Allemagne, alors que les Slovènes se sentent peut-être plus proches des Latins que sont les Français : sont implantés Sanofi-Synthélabo, Leclerc, Peugeot et Citroën ; et surtout Renault, majoritaire dans Revoz, première entreprise du pays avec 2 400 salariés, et premier exportateur slovène, qui produit notamment la Clio à Novo Mesto, au sud de la capitale. N'étaient les clochers à bulbe

© Éditions d'Organisation

et l'architecture austro-hongroise caractéristique de Ljubljana, on pourrait s'y tromper : la rue, avec des Renault, Peugeot et autres Citroën, semble parfois française. Quant au projet de la station d'épuration de Maribor, il rassemble six partenaires : une société slovène pour le génie civil, l'expertise française avec Suez et Degrémont, et trois entreprises autrichiennes.

> Le sentiment national est particulièrement fort ; l'acheteur doit éviter une certaine « arrogance » française.

Depuis l'indépendance de la Slovénie, le sentiment national est particulièrement fort ; l'acheteur doit éviter une certaine « arrogance » française perçue là-bas : il ne faut pas mettre ouvertement en cause la gestion locale ou s'étonner de la vigueur à défendre un concurrent slovène, dans un si petit pays où tout le monde se connait.

> La Slovénie, petit État montagnard de deux millions d'habitants entre Trieste et Vienne, est aujourd'hui le pays du PECO le plus proche de l'UE ; mais également le plus cher.

La Slovénie, petit État montagnard de deux millions d'habitants entre Trieste et Vienne, et de forte influence italo-autrichienne, est aujourd'hui le pays du PECO le plus proche de l'Union européenne ; mais également le plus cher, les salaires y étant deux fois plus élevés que chez ses voisins d'Europe de l'Est. Le PNB par habitant et les salaires slovènes sont situés entre ceux du Portugal et de la Grèce. La Slovénie a toujours été la partie la plus prospère de l'ancienne Yougoslavie, un peu à l'écart géographiquement et souffrant moins de centralisme bureaucratique. La Slovénie perçoit cet arrimage à l'Ouest comme un retour à une appartenance politique, économique et culturelle dont seul un accident de l'histoire avait pu l'éloigner.

La vraie frontière de l'Europe à l'est est aujourd'hui avec l'ancienne URSS dont l'Ukraine, et avec la Roumanie : il faut en effet un visa pour aller dans ces pays. Quant à la Bulgarie, nous n'en reparlerons pas par ailleurs car les achats industriels y sont faibles.

6   LA ROUMANIE

6.1   La Roumanie est en retard

> La Roumanie reste un pays pauvre, entre Ukraine et Bulgarie, sans grande tradition industrielle.

La Roumanie est le pays de l'ex-Europe communiste qui a le plus de peine à effectuer sa transition économique et politique. Depuis 1989, année qui a marqué la chute du régime communiste, le nombre de Roumains vivant en dessous du seuil de pauvreté est passé de 6 % à 44 %, selon le gouvernement de Bucarest. La

© Éditions d'Organisation

Roumanie reste un pays pauvre, entre Ukraine et Bulgarie, sans grande tradition industrielle ; qui souffre toujours, onze ans après la révolution de Bucarest qui fit tomber Ceausescu. Ce dernier avait créé de grands conglomérats industriels d'État de 20 000 ou 30 000 personnes, aujourd'hui difficiles à privatiser ; et avait en même temps appauvri le tissu agricole, laissant en héritage des campagnes désertifiées. La population reste pauvre et marginalisée, privée de tout et convaincue qu'au sommet règne une classe politique qui ne défend que ses propres intérêts. Le Sofitel de Bucarest baigne dans une ambiance luxueuse ; quand dans la rue il n'y a plus d'arbres, décimés par les habitants pour se chauffer, et que sur les routes, les fameuses R12 croisent des charrettes tirées par des chevaux.

Le niveau de vie a dramatiquement baissé, l'inflation atteint 40 %, et les investisseurs étrangers restent dans l'expectative.

Fin 1996, la majorité des Roumains fêtaient la défaite du président Ion Iliescu et de son parti, étiquetés de néocommunistes. Fin 2000, cette même majorité exprimait son mécontentement en votant pour le retour d'Iliescu et de sa formation politique de centre-gauche. Le vote négatif risque de devenir chronique en Roumanie et de faire basculer le pays d'un extrême à l'autre. En même temps, Corneliu Vadim Tudor, leader du Parti de la Grande Roumanie, qui faisait depuis dix ans un interminable show nationaliste, harcelant le pouvoir au nom de la patrie, menaçant tout le monde pour fraude, trahison et manque de patriotisme, faisait une ascension fulgurante et recueillait 22 % des voix. Les Roumains veulent chasser les Tsiganes et détrousser les Juifs, montrer le poing à l'Occident et aux Russes. La corruption a pris les dimensions d'un fléau national et a gangrené l'appareil adminitratif. Le niveau de vie a dramatiquement baissé, l'inflation atteint 40 %, et les investisseurs étrangers restent dans l'expectative.

Les Roumains, face aux fantômes de leur passé, doivent méditer l'adage selon lequel ceux qui n'ont rien appris de leur histoire sont condamnés à la revivre.

Les Roumains, face aux fantômes de leur passé, doivent méditer l'adage selon lequel ceux qui n'ont rien appris de leur histoire sont condamnés à la revivre. « Actuellement, ce pays n'est plus crédible, il est facile pour les hommes politiques locaux de rejeter la responsabilité de leur échec sur les organisations internationales, le diktat du FMI ou au contraire l'indifférence de Bruxelles », raconte un homme d'affaires européen.

La Roumanie a les prix les plus bas et la technicité la plus faible du PECO, hors la Bulgarie. L'acheteur peut imaginer y faire mouler et assembler des produits simples, destinés au marché domestique, comme des triples prises, de l'électroménager, ou des chaussures de ski comme fait Salomon.

© Éditions d'Organisation

6.2   La Renault R12 côtoie Internet

En 1966, Renault avait cédé à Dacia la licence de la R12 ; pour, vingt ans plus tard, cesser d'assister Dacia, en raison d'une rupture de contrat avec le gouvernement Ceausescu. Par ailleurs en Roumanie, l'entreprise Roman de Brasov assemblait des camions à moteurs Diesel, d'origine française, Saviem. En 1994, le coréen Daewoo racheta l'usine de Craïova, où était également assemblée une voiture d'origine française, la Citroën Axel ; mais Daewoo connut l'échec, l'usine n'ayant produit dernièrement que 20 000 voitures, pour une capacité des ateliers portée à 200 000. Dans un pays proche, Volkswagen racheta le tchèque Skoda, qu'il réussit lui à redresser et moderniser.

Renault s'est lancé de nouveau dans l'aventure industrielle roumaine, en reprenant Dacia, 35 ans après avoir cédé la licence de la R12.

En 2000, Renault s'est lancé de nouveau dans l'aventure industrielle roumaine, en reprenant Dacia, 35 ans après avoir cédé la licence de la R12. Renault projette de construire une gamme de voitures particulières au standard de Renault et à prix roumain, avec des prix de vente démarrant à 5 000 euros (33 000 FF). La qualité de production, toujours centrée sur un dérivé de la vieille R12, est devenue désastreuse. Quant à la productivité, le nombre de voitures produites par employé et par an est de quatre en Roumanie, contre cinquante en France : Renault a prévu de pratiquement doubler la capacité de l'usine de Pitoso de 120 000 à 200 000 voitures par an, et en même temps de pratiquement réduire de moitié le nombre d'employés de 28 000 à 16 000. Des équipementiers européens et français vont suivre industriellement Renault en Roumanie.

Dans ce pays qui se dit souvent « la petite sœur de la France », dans « le petit Paris de l'Orient » comme on appelait jadis Bucarest, des jeunes préparent l'avenir de la Roumanie.

Dans ce pays qui se dit souvent « la petite sœur de la France », dans « le petit Paris de l'Orient » comme on appelait jadis Bucarest, des jeunes préparent l'avenir de la Roumanie. Les informaticiens roumains sont de plus en plus recherchés. Les sociétés de publicité, de marketing et de téléphonie mobile regorgent d'adolescents. La success story de Mobilrom, société de téléphonie mobile créée par France Telecom et qui compte un million d'abonnés en deux ans et demi, est le fruit d'une génération agée de vingt-cinq à trente-cinq ans. Leur objectif est d'abord la réussite économique ; Internet et les nouvelles technologies les intéressent plus que la politique. Et le nombre d'internautes augmente en Roumanie, tirée par ses voisins.

Le nombre d'utilisateurs d'Internet en République tchèque, en Hongrie et en Slovénie, a atteint un niveau comparable à la moyenne de l'Europe de l'Ouest.

Autour de la Roumanie, parti de zéro, sans frein politique, le nombre d'utilisateurs d'Internet en République tchèque, en

© Éditions d'Organisation

Hongrie et en Slovénie, a atteint un niveau comparable à la moyenne de l'Europe de l'Ouest, dépassant même la France et l'Italie dès 1995.

En Europe de l'Est, certains habitants sont parfois frustrés d'être si proches de leurs voisins occidentaux géographiquement et culturellement, et d'en être si éloignés économiquement.

Aujourd'hui, en Europe de l'Est, certains habitants ne sont pas plus heureux qu'avant 1989 et la chute du Mur : ils sont parfois frustrés d'être si proches de leurs voisins occidentaux géographiquement et culturellement, et d'en être si éloignés économiquement, de rester aux portes de cette Europe riche ; ils ont perdu la notion de l'effort et de la rentabilité dans des entreprises où pendant quarante ans de communisme des personnes étaient payées à ne pas faire grand chose. Alors que les Chinois eux, voient leur propre pays et leur niveau de vie évoluer positivement, tirés par les régions côtières en pleine expansion de Hong-Kong à Shangaï ; et ils ont toujours gardé une forte capacité de travail, le sens du commerce et un certain optimisme asiatique.

CHAPITRE 6

LA CHINE EN PLEINE MÉTAMORPHOSE

Le Japon, historiquement puissant en Asie mais qui s'essouffle ; les trois « dragons » asiatiques que sont la Corée du sud, Taïwan, pôle technique, et Hong-Kong, pôle financier où sont implantées beaucoup de centrales d'achat : face à la Chine, pays émergent, gigantesque et mystérieux, sur lequel souffle un vent de dynamisme et d'ouverture, qui n'en finit pas d'étonner. Au sud, le quatrième « dragon » Singapour, pôle logistique, côtoie les pays du sud-est asiatique, comme la Malaisie et le Vietnam.

La Chine est un pays lointain, à vingt heures d'avion ; où le mode de paiement est comptant par *Telegraphic Transfer* T/T, ou contraignant par Lettre de Crédit L/C. Mais les coûts salariaux quinze fois plus faibles, et les prix qui peuvent être inférieurs de 50 % par rapport aux prix français, fascinent et attirent beaucoup d'acheteurs à travers le monde.

1. L'ASIE, UN VASTE CONTINENT À PLUSIEURS VITESSES

1.1 L'Asie du Sud-Est fut plus touchée par la crise de 1997

L'Asie, qui ne pesait presque rien il y a trente ans en termes économiques, est devenu depuis un acteur majeur de l'économie mondiale, au même titre que les États-Unis et l'Europe.

L'Asie, qui ne pesait presque rien il y a trente ans en termes économiques, est devenu depuis un acteur majeur de l'économie mondiale, au même titre que les États-Unis et l'Europe. Le continent asiatique n'a pas été épargné par la crise de 1997, et a rebondi dans le désordre. Les « dragons » et les « tigres » d'Asie du Sud-Est s'essoufflent face à la dure concurrence de la Chine dont la main-d'œuvre est la moins chère et le marché interne sans limites. Le Japon, en stagnation depuis dix ans, a du mal à sortir de la plus longue récession que ce pays a connu depuis la guerre. Seule la Chine en profite, se modernisant pour rejoindre l'OMC et attirant actuellement les deux tiers des investissements étrangers en Asie.

On peut distinguer deux pôles en Asie : l'un au nord, constitué du Japon et de la Corée du sud, de Taïwan et de Hong-Kong ouvrant sur la Chine ; et l'autre au sud, autour de Singapour.

Géographiquement, on peut distinguer deux pôles en Asie : l'un au nord, constitué du Japon et de la Corée du sud, de Taïwan et de Hong-Kong, ouvrant sur la Chine ; et l'autre au sud, autour de Singapour, incluant par exemple la Malaisie et le Vietnam.

Hong-Kong et Taïwan ont un PNB par habitant pratiquement du niveau de celui du Japon ou de la France.

Nous avons déjà vu que le PNB d'un pays par habitant est proportionnel aux coûts salariaux et à la technicité du pays. En Asie, le PNB par habitant est de : 29 000 US$ à Singapour et 25 000 US$ à Hong-Kong, 10 000 US$ en Corée du Sud, 3 400 US$ en Malaisie, 800 US$ en Chine, 400 US$ au Vietnam. Parmi les quatre « dragons », Singapour, Hong-Kong et Taïwan ont un PNB par habitant pratiquement du niveau de celui du Japon ou de la France ; seule la Corée du Sud est en retrait.

L'Asie reste imprégnée de spiritisme.

L'Asie reste imprégnée de spiritisme ; du Japon plus riche et moderne, à la Chine continentale du sud plus pauvre, en passant par toute l'Asie du sud-est. Par exemple beaucoup d'ouvertures de sociétés asiatiques sont encore précédées par la venue d'un magnétiseur, qui doit porter chance aux nouveaux locaux, comme cela se faisait en France ou en Italie il y a un siècle, pour inaugurer une nouvelle maison ; et sans géomancien (*Feng Shui*), un entrepreneur chinois ne démarre pas une nouvelle construction.

© Éditions d'Organisation

1.2 Le Japon et les quatre « dragons » face au monstre chinois

Dans les années 1980, le Japon fut un modèle industriel pour l'occident, avec notamment les « cercles qualité », le « juste à temps » et la gestion des flux tendus en « kanban », signifiant « étiquette » en japonais.

« Les années 1990 furent la décennie perdue pour l'économie nippone », avoua le premier ministre Yoshiro Mori.

« Les années 1990 furent la décennie perdue pour l'économie nippone », avoua le premier ministre Yoshiro Mori. Après dix gouvernements différents en dix ans, l'environnement économique et social n'a jamais été aussi dégradé. Depuis la crise asiatique de 1997 surtout, le Japon a vu son PIB stagner et son modéle s'effondrer, souffrant d'un système politique qui s'appuie sur le clientélisme et s'englluant dans les faillites bancaires : le Japon souffre d'une « crise de gouvernance » selon le quotidien *Yomiuri*, et d'une baisse d'image dans sa propre opinion comme à l'étranger ; une vingtaine de banques japonaises sont sous surveillance, le système financier étant virtuellement en banqueroute ; la valeur de l'immobilier sur l'archipel a été divisé par trois en dix ans, depuis la bulle spéculative ; à la bourse japonaise, l'indice Nikkei est descendu depuis 1989 de 35 000 à 12 000 points ; les consommateurs sont tétanisés, et on reparle de récession.

Deuxième puissance économique du monde, l'« Empire du soleil levant » autrefois « battant » est arrivé à un blocage, notamment à cause d'un repli frileux face à la mondialisation.

Deuxième puissance économique du monde, l'« Empire du soleil levant » autrefois « battant » est arrivé à un blocage, notamment à cause d'un repli frileux de couches sociales sur la défensive, agriculteurs, petits commerçants et personnes agées, face à la mondialisation. Les entreprises nippones ont de plus en plus de mal à rester compétitives en produisant sur l'archipel : les importations du Japon en provenance de Chine ont augmenté de 20 % en 2000. Un rapport, publié en mai 2001 par le ministère japonais de l'Économie, souligne que le Japon risque de voir son statut de grande puissance remis en cause par la Chine : « L'Ère durant laquelle le Japon jouait le rôle de moteur pour les économies de l'Asie de l'Est est terminée ; les progrès spectaculaires de l'économie chinoise ne concernent pas seulement l'industrie textile, portée par une main-d'œuvre abondante et bon marché, mais aussi des secteurs *high-tech* comme les technologies de l'information pour lesquelles des techniques avancées sont requises ; la Chine offre une forte productivité, un pouvoir d'achat élevé, un vivier d'excellents ingénieurs ou techniciens, et des concentrations de diverses industries ».

Le PLD cherche à protéger les intérêts de secteurs en régression ou moribonds d'où il espère drainer des suffrages.

Le PLD, Parti Libéral Démocrate, cherche à protéger les intérêts de secteurs en régression ou moribonds d'où il espère drainer des suffrages ; il recueille les amertumes et défend les intérêts de lobbies pour se maintenir, avec un horizon de plus en plus bouché. Le PLD aurait pu organiser les restructurations mais, aujourd'hui, n'a plus les moyens financiers de le faire. Le Japon est un pays cher, pour les produits *made in Japan* comme au quotidien : à Tokyo par exemple, il faut compter plus de 1 524 euros (10 000 FF) par mois pour le loyer d'un studio et débourser près de 18 euros (120 FF) pour une place de cinéma. Et même si les investissements étrangers sont faibles sur l'archipel, la France y est le premier pays investisseur ; avec notamment Carrefour qui vient d'inaugurer ses trois premiers hypermarchés dans la baie de Tokyo, et le groupe de luxe LMVH qui a ouvert sept magasins Sephora.

« L'issue de la partie dépendra dans une large mesure de la dimension humaine et culturelle de l'alliance. »

Deux ans après l'arrivée à hauteur de 36,8 % dans le capital de Nissan, Renault tente de vaincre les forces centrifuges de l'immobilisme, et de réduire le fossé culturel avec le Japon. Le président de Renault note que « l'issue de la partie dépendra dans une large mesure de la dimension humaine et culturelle de l'alliance ; il existe très peu de Japonais qui soient conscients que la France n'est pas seulement une destination touristique, c'est un handicap pour nous ; trente Français sont partis vivre au Japon mais, à notre contact, les Japonais n'ont pas fait un gros effort d'apprentissage culturel ». Pour autant, les résultats ont été rapides, Nissan dégageant en mai 2001 les meilleurs résultats de son histoire ; trois usines ayant déjà été fermées, leur taux d'utilisation passant de 51 % à 74 %, et le nombre des fournisseurs ayant diminué de 30 %. « Nous sommes passés de la salle des urgences à celle de la remise en forme », a dit Carlos Ghosn, le président de Nissan, « cost killer » et considéré comme un sauveur au Japon. Quand Renault calait début 2001 en Europe de l'Ouest, ses filiales, Nissan au Japon ou Dacia en Roumanie, permirent ainsi de limiter la baisse des ventes de voitures du groupe.

Tokyo compte ses morts : une centaine de vagabonds décédés dans la rue ; des organisations charitables envoient à la famille l'urne funéraire de ceux qui ont été identifiés.

Aujourd'hui, la pauvreté se fait jour au Japon. À Kamagasaki, dans le sud d'Osaka, comme dans le quartier de Sanya à Tokyo, s'agglutinent les exclus du système nippon. Ces « hommes de la vague » (*furosha*) comme on les appelle là-bas, devenus une figure familière des villes, ne mendient pas et ignorent les passants, comme ceux-ci font. Les trois-quarts de ces SDF ont entre cinquante et soixante-dix ans. Ces « évadés de la vie »

© Éditions d'Organisation

vivent de la soupe populaire de gruau de riz, parfois d'un bol de nouilles bouillant arrosé de rasades de saké. Chaque année, lorsque le printemps arrive et que les cerisiers déploient de nouveau leur délicats et légers nuages de pétales rose pâle, Tokyo compte ses morts : une centaine de vagabonds décédés dans la rue ; des organisations charitables envoient à la famille l'urne funéraire de ceux qui ont été identifiés.

Le Japon, par tradition, mise sur le capital humain et l'harmonie au sein de l'entreprise.

Le Japon compte aujourd'hui sur sa machine productive, qui génère toujours de la richesse et recèle d'énormes potentialités, et sur les nouvelles technologies de l'information, étant gros producteur d'équipements. Et le Japon, par tradition, mise sur le capital humain et l'harmonie au sein de l'entreprise ; cette approche présente des atouts.

Chaque matin, les employés japonais marquent un moment de silence, debout, pour saluer et remercier leur empereur.

Faire un vœu tandis que sonnent les 108 coups de cloche chassant les 108 mauvaises pensées, 8 étant le chiffre porte-bonheur des Chinois.

Les Japonais cherchent leur voie, entre tradition et modernité. Chaque matin, les employés japonais marquent un moment de silence, debout, pour saluer et remercier leur empereur. Le 1er janvier 2001, pour l'entrée dans le premier millénaire, des dizaines de millions de Japonais se sont rendus aux sanctuaires du culte shinto, antérieur à l'arrivée du boudhisme, pour saluer les divinités ; et faire un vœu tandis que sonnent les 108 coups de cloche chassant les 108 mauvaises pensées, 8 étant le chiffre porte-bonheur des Chinois. Puis les Japonais ont mangé les traditionnelles nouilles au sarrasin, symboles de longévité, bu la boisson du Nouvel An à base de saké, mangé une soupe contenant des morceaux de pâtes de riz et dégusté un suite de petits plats symboles de félicité. Au Japon, subsistent fortement la richesse et la pérennité de la tradition, face au monde moderne.

Le thème de l'éditorial du quotidien *Asahi* était ce jour là : « Vivre le temps mondial ». Les Japonais vivent assurément ce « temps mondial », mais comme les Chinois, vivent aussi dans un autre temps, hérité de leur civilisation. L'adoption du calendrier occidental ne date que de 1873 ; et aujourd'hui encore, les journaux portent deux dates : celle du calendrier grégorien et celle de l'ère impériale.

Dans les années 1980, surgirent les quatre « dragons » : Hong-Kong, pôle financier, Taïwan, pôle technique, Singapour, pôle logistique, et la Corée du Sud.

Dans les années 1980, surgirent les quatre « dragons » : Hong-Kong, pôle financier, Taïwan, pôle technique, Singapour, pôle logistique, et la Corée du Sud.

Singapour est un énorme pôle logistique et aérien. À Singapour, fumer dans un lieu public, cracher ou jeter des mégots, mâcher du chewing-gum ou traverser hors des passages cloutés sont des délits passibles d'une amende. Les salles de jeux vidéo tradition-nelles sont ici formellement interdites. Mais l'ordinateur étant considéré comme un outil éducatif, les cybercafés sont autorisés. Ils deviennent un espace de liberté dont profitent tous les jeunes Singapouriens.

La Corée du Sud, surnommée « la crevette entre les deux baleines » car elle est pris en sandwich géographiquement entre le Japon et la Chine, est resté longtemps fermée aux étrangers. Techniquement, elle est aujourd'hui à mi-chemin entre ses deux voisins, ayant fortement développé son industrie sur des marchés niches comme les écrans plasma pour ordinateurs ou les caméras.

Séoul, sa capitale tentaculaire, oppose à la moiteur des jours et la fièvre des rues commerçantes, la fraicheur de ses palais et de ses jardins, toute la saveur de l'Extrême-Orient urbain. Les forêts de verre bleuté et le grand huit des autoroutes urbaines réunissent deux mondes opposés : le respect des anciens, considérant qu'ils portent le savoir et l'épaisseur des années, subsiste au pays du Matin-Calme, de tradition confucéenne ; et la nouvelle génération (*sinsedae*), individualiste et débridée, au figuré comme au sens propre ; car l'opération des paupières est devenue monnaie courante.

1.3 La Malaisie et le Vietnam, exemples de pays en développement

La Malaisie est un bon exemple de pays d'Asie du Sud-Est qui s'est développé en quinze ans ; au point d'offrir d'ailleurs aujourd'hui une compétitivité globale moyenne, donc moyennement intéres-sante pour les acheteurs. Le salaire mensuel chargé en Malaisie, de 760 euros (5 000 FF) par mois, est moyen : moins élevé qu'à Singapour ou Taïwan ; mais plus élevé qu'au Vietnam ou en Chine. Sur le plan technologique, le niveau est relativement élevé, le premier poste d'exportation de la Malaisie étant des produits à contenu technologique comme les ordinateurs de bureau et les télé-phones portables ; mais moins élevé qu'à Taïwan.

En Malaisie est implantée par exemple l'entreprise française Sidel, qui y fabrique des lignes d'emboutissage de bouteilles plas-tiques en P.E.T. depuis 1996 ; elle y assemble aujourd'hui le cinquième de ses lignes d'emboutissage, pour les marchés asia-tique et européen.

Sidebar notes:

La Corée du Sud, surnommée « la crevette entre les deux baleines » car elle est pris en sand-wich géographiquement entre le Japon et la Chine.

Le respect des anciens, considérant qu'ils portent le savoir et l'épaisseur des années, subsiste au pays du Matin-Calme.

La Malaisie est un bon exemple de pays d'Asie du Sud-Est qui s'est déve-loppé en quinze ans.

« Comme on dit au Vietnam, il faut laisser la nature faire son œuvre ; le Vietnam est dos au mur, et ne peut que s'ouvrir et changer ».

Le Vietnam, lui, fait encore partie des PMA, Pays les moins avancés. Ce pays du sud-est asiatique souhaite accélérer son intégration dans l'économie mondiale, remettant en cause peu à peu sa culture politique. Le terme *boc lôt* (exploiter), hérité du marxisme-léninisme et décrivant les relations entre patrons et travailleurs, va à l'encontre du « capitalisme privé », freine les entrepreneurs en les dénonçant comme des exploiteurs potentiels, et aggrave ainsi le chômage et la misère. « Comme on dit au Vietnam, il faut laisser la nature faire son œuvre : les mentalités changent, les figures historiques disparaissent peu à peu, la nouvelle génération est plus moderne et ouverte ; le Vietnam est dos au mur, et ne peut que s'ouvrir et changer », raconte un directeur local. Le nord autour de Hanoï, la capitale politique, est resté encore rigide, après quarante ans de socialisme ; alors que le sud, et Saïgon la capitale économique, a une mentalité plus occidentale.

2. LES DEUX PORTES D'ENTRÉE EN CHINE CONTINENTALE

2.1 Hong-Kong, pôle financier et des centrales d'achat

Le navire de guerre *Nemesis*, à coque de fer, anéantit les meilleurs vaisseaux de guerre de la flotte Qing composée d'antiques jongues de bois. La Chine se retrouva à la merci des étrangers.

En 1839, la contrebande d'opium étant répandue en Chine, l'administration des Qing consigna le dépôt du port commercial de Canton, confisqua les stocks d'opium des Britanniques et les brûla. Les Anglais ripostèrent par une attaque navale : le navire de guerre *Nemesis*, à coque de fer, anéantit les meilleurs vaisseaux de guerre de la flotte Qing composée d'antiques jongues de bois. La Chine se retrouva à la merci des étrangers.

En 1841, la Grande-Bretagne s'empara de Hong-Kong, alors une petite île sauvage de 3 000 habitants où se réfugiaient parfois les pirates, pour en faire une plateforme commerciale et un tremplin pour son expansion coloniale. Plus tard, en 1895, le Japon, seule puissance rivale en Asie, annexa Taïwan et la Corée. Et dans le Sud, la France acquit la péninsule indochinoise : le Vietnam, le Laos et le Cambodge.

Hong-Kong était un mal nécessaire, assurant 40 % des rentrées de devises étrangères, et géographiquement concentré.

En 1949, les communistes de Mao Tsé-Toung prirent le pouvoir en Chine. Avant l'entrée à Shangaï des troupes de l'Armée de Libération populaire, les industriels locaux, notamment dans le textile à l'époque, ont vite déménagé leurs entreprises vers Hong-Kong, emmenant avec eux équipements et personnel spécialisé. Les Chinois ont toujours laissé aux étrangers des espaces restreints, c'était déjà le cas du temps de la Chine impériale : ils ont laissé libre l'espace de Hong-Kong, par nécessité commune avec les Anglais, administrateurs de la colonie, et par intérêt financier ; l'enclave était pour eux un mal nécessaire, assurant 40 % des rentrées de devises étrangères, et géographiquement concentré.

Le Hong-Kong des années 1950 a produit toute une mythologie perpétuée dans les romans de John le Carré : les bars de Wanchai remplis de marins américains, de journalistes et d'espions de la CIA.

Le Hong-Kong des années 1950 a produit toute une mythologie perpétuée dans les romans de John le Carré et décrite par Joseph Kessel : les bars de *Wanchai*, sur l'île de *Hong-Kong island*, remplis de marins américains, de journalistes et d'espions de la CIA ; ou la cité interdite de *Kowloon*, la partie continentale de Hong-Kong, où les Chinois fumaient l'opium. C'était une ville encore imprégnée de colonialisme anglais et de l'époque victorienne.

En 1966, eut lieu un peu de désordre à Hong-Kong. La révolution culturelle chinoise, menée par la « Bande des Quatre » dont Madame Mao, a débuté dans l'euphorie de la jeunesse chinoise, puis s'est transformée rapidement en une véritable guerre civile et dans la récession. Beaucoup de Chinois ont alors essayé de fuir le continent vers Hong-Kong, en tentant d'échapper aux soldats et aux chiens de l'Armée de Libération, ou aux requins qui infestaient la mer.

En 1978, la Chine de Den Xiaoping s'est ouverte, avec « la politique de la porte ouverte » (open door policy) : Hong-Kong, porte d'entrée sur le continent chinois, allait connaître son âge d'or.

Shen-Zhen allait se révéler une véritable bombe à retardement pour Hong-Kong.

En 1978, la Chine de Den Xiaoping s'est ouverte, avec « la politique de la porte ouverte » (*open door policy*) : Hong-Kong, porte d'entrée sur le continent chinois, allait connaître son âge d'or. Pékin créait quatre « zones économiques spéciales », ouvertes aux capitaux étrangers, dont une notamment à Shen-Zhen, limitrophe à Hong-Kong, l'enclave « capitaliste » ; et une autre vers Xiamen, juste en face de Taïwan, l'île « dissidente ». Concernant Shen-Zhen, alors simple village de pêcheurs, ce concept allait se révéler, après dix premières années de flottement puis une montée en puissance à partir de 1990, une véritable bombe à retardement pour Hong-Kong ; la Chine commençant à « digérer » Hong-Kong dans un ensemble néocapitaliste centré sur la région de Canton. La région de Xiamen s'est développée aussi mais avec moins de succès, parce que les Taïwanais n'avaient pas le droit à un accès direct à ce port chinois visible de l'autre côté des

© Éditions d'Organisation

42 kilomètres du détroit de Formose, mais étaient obligés de transiter par Hong-Kong, tout au sud de la côte. En 2001, c'est dans ce port de Xiamen que sera démantelé le plus gros réseau de contrebande que la Chine populaire ait connu en cinquante ans, dirigé par le capitaliste rouge Changxing ; et c'est de là que partira le premier bateau du continent vers Taïwan.

Les Chinois ont démontré leur sens de l'entreprise et du commerce quand ils ne sont pas étouffés par les « chinoiseries » bureaucratiques.

Les Chinois, et il n'y a qu'à voir l'exemple de leurs diasporas aux États-Unis ou en Asie du Sud-Est, ont démontré leur sens de l'entreprise et du commerce quand ils ne sont pas étouffés par les contraintes et « chinoiseries » bureaucratiques. Hong-Kong est devenu pour les Chinois le symbole de la liberté d'entreprendre, dans un environnement économique stable et favorable : aucune cotisation sociale, des impôts personnels réduits à 15 %, un statut de port franc donc pas de taxes pour importer les matières premières sauf sur les alcools, une main-d'œuvre immigrée du continent avec un tempérament travailleur et peu exigeante sur les salaires, et le goût des Chinois pour le jeu qui les incitait à prendre des risques, c'est-à-dire à investir en regard des revenus espérés. Aujourd'hui encore, subsiste à Hong-Kong l'absence d'un salaire minimum, de conventions collectives et d'allocations chômage.

Hong-Kong a prospéré, voyant se dresser les gratte-ciel sur la façade nord de *Hong-Kong island,* devenant une sorte de Manhattan chinoise.

Pendant vingt ans, Hong-Kong a prospéré, voyant se dresser les gratte-ciel sur la façade nord de *Hong-Kong island,* devenant une sorte de Manhattan chinoise : une des villes de plus haute densité de population du monde, surpeuplée avec ses quatre millions d'habitants, chère, bruyante et polluée, vivant à un rythme frénétique ; mais aussi fascinante, ouverte, où se croisent toutes les nationalités et où les mariages internationaux sont nombreux, avec ses fêtes, ses marchands ambulants et ses odeurs, ses clans et ses milliardaires. La ville travaillait jour et nuit. Les syndicats étaient anecdotiques : le syndicat des cuisiniers en nids d'hirondelles n'avait alors que 34 membres, pendant que le syndicat des cuisiniers en ailerons de requins comptait 67 adhérents.

Les Européens aiment se retrouver dans des pubs, regarder les matchs de football anglais (*english premier league).*

Les Chinois préfèrent passer une journée à Macao proche, où ils viennent jouer ; les Chinois ont le jeu dans la peau.

Le week-end, les Européens aiment se retrouver dans des pubs en fin de journée, regarder les matchs de football anglais (*english premier league*) retransmis en continu à la télévision de cette ancienne possession britannique. Les touristes font le tour des magasins d'appareils électroniques. Les Chinois préfèrent quitter Hong-Kong, et partir se reposer dans l'arrière-pays, voir de la famille ou des amis ; ou passer une journée à Macao proche, où ils viennent jouer, jouer au Casino, aux courses de lévriers ou aux

© Éditions d'Organisation

courses de chevaux. Les Chinois ont le jeu dans la peau. Le jeu est prohibé partout ailleurs où des Chinois gouvernent en Chine, à Taïwan ou à Singapour. Macao est une ancienne colonie portugaise, dont le nom vient du temple de Ma-Kok, une déité bouddhiste vénérée des pêcheurs. C'est une petite enclave de 16 kilomètres carrés devenue lieu de villégiature. Les visiteurs de Hong-Kong traversent l'embouchure de la rivière des perles par le ferry où ils ont le temps de boire de l'alcool détaxé, ou par l'hydroglisseur qui ne met qu'une heure.

En 1997, après avoit été pendant 150 ans sous administration coloniale britannique, Hong-Kong a été rétrocédé à la Chine. La dernière colonie de l'empire britannique est devenue pour cinquante ans une SAR, *Special Administrative Region*, terme souvent utilisé dans les journaux chinois pour parler de cette ville.

En 1998, la crise asiatique a plongé Hong-Kong dans la récession économique ; les prix de l'immobilier se sont effondrés, et ne sont jamais revenus à leur niveau d'avant.

Politiquement, la normalisation politique semble en cours après une période initiale de relative souplesse. Début 2001, Anson Chan a démissionné de son poste de *chief secretary* : c'était la « numéro deux » du gouvernement local, avocate de la liberté de la presse et de l'indépendance du système judiciaire, connue pour sa détermination à défendre l'autonomie de Hong-Kong face à Pékin, et symbole pour le monde extérieur de cette résistance face à l'interventionnisme chinois. La plus grande incertitude plane sur la viabilité de la formule « un pays, deux systèmes » qui prévaut officiellement.

Économiquement, l'entrée de la Chine dans l'OMC porte en germe la liquidation du statut d'intermédiaire entre le continent et l'extérieur qui a fait la fortune de Hong-Kong pendant vingt ans ; le territoire doit se « réinventer », comme il l'a fait à de multiples reprises dans son histoire. Hong-Kong a ainsi essayé de devenir une nouvelle *Silicon Valley* en développant un pôle d'activité autour d'Internet, mais les investisseurs se sont finalement retirés.

Hong-Kong se retrouve de plus en plus à l'écart du tissu industriel de la Chine, qui s'est déplacé à l'intérieur des terres dans la province de Canton ou au nord vers Shangaï. Les coûts salariaux y sont quinze fois inférieurs à ceux de Hong-Kong : le salaire mensuel brut chargé d'un ouvrier y est de 100 euros par mois (650 FF) contre 1 500 euros (10 000 FF) à Hong-Kong, à peu près

© Éditions d'Organisation

comme à Taïwan, à Singapour, en Europe ou aux États-Unis. Et le niveau technologique s'élève ; une marque d'ordinateurs chinois comme *Legend*, dont le siège est basé à Shangaï et qui utilise des micro-processeurs Intel, vaut les produits distribués en Occident.

Les Hong-Kongais craignent le jour où Shen-Zhen sera dotée d'un grande plate-forme portuaire et d'un aéroport international, car ils se demandent ce que leur ville aura alors à offrir.

Hong-Kong est surtout inquiet de la concurrence de Shen-Zhen, voisin dynamique qui se développe à ses portes, saisi aujourd'hui la fièvre technologique, et qui veut devenir le pôle *high tech* de la région. Les Hong-Kongais craignent le jour où Shen-Zhen sera dotée d'un grande plate-forme portuaire et d'un aéroport international, car ils se demandent ce que leur ville aura alors à offrir. Hong-Kong manque tellement d'ingénieurs et de ressources technologiques qu'elle est obligée de faire appel à Shen-Zhen. Il est en effet toujours aussi difficile de trouver un ingénieur à Hong-Kong. Les jeunes préfèrent les formations commerciales, et veulent être *traders* comme leurs parents.

Hong-Kong reste un pôle financier, une ville de *traders* qui cherchent à faire des affaires, et où sont basées beaucoup de centrales d'achat : les français Carrefour et Casino dans la grande distribution, ou Seb et Moulinex pour des produits domestiques par exemple, y ont une centrale d'achat.

2.2   Taïwan, le pôle technique de confiance pour l'acheteur industriel

Taïwan a été occupée par le Japon de 1895 à 1945, avec pendant cinquante ans une forte influence japonaise.

En 1895, la Chine a perdu la guerre contre le Japon et le traité de Shimonoseki a attribué au Japon la souveraineté sur la province de Taïwan. Ainsi, Taïwan a été occupée par le Japon de 1895 à 1945, avec pendant cinquante ans une forte influence japonaise. Il en est resté à Taïwan un sentiment mitigé, et une influence nippone toujours présente : l'ancienne génération taïwanaise parle le japonais ; les hommes d'affaires taïwanais aiment se retrouver le soir entre collègues et boire une verre en compagnie d'hôtesses dans un des innombrables petits « clubs » de Taipei, clos et discrets, pudeur toute japonaise, alors qu'au contraire les Chinois du continent sont plus exubérants et bruyants ; la jeune génération suit beaucoup la mode vestimentaire et les feuilletons nippons ; géographiquement, Taïwan n'est pas très loin du Japon ; industriellement, beaucoup d'entreprises taïwanaises ont créé des *joint-ventures* avec des entreprises japonaises, et ont acquis du Japon leur savoir-faire et leur rigueur ; et par exemple le train à grande vitesse en cours de construction à Taïwan est de fabrication japonaise, Siemens ayant été écarté au dernier moment.

Taïwan est restée une île au statut complexe : à la fois une « province » de Chine anti-communiste et une base anti-chinoise des États-Unis.

En 1949, devant l'arrivée de Mao Zedong et de ses troupes communistes, le Parti nationaliste KMT de Tchang Kaï-Chek a fui le continent chinois et s'est réfugié sur l'île de Formose. Taïwan est restée une île au statut complexe : à la fois une « province » de Chine anti-communiste et une base anti-chinoise des États-Unis ; ni province, ni pays, toujours en conflit avec la Chine, entre des périodes d'accalmie comme en 1980 quand les relations entre Pékin et Washington se normalisèrent, et des périodes de tensions comme depuis 1990 quand les États-Unis renforcèrent leurs ventes d'armes à Taïwan. Les États-Unis sont de longue date le principal fournisseur de Taïwan en matière de défense ; loin devant les pays européens, dont la France qui a livré soixante avions de combat Mirage 2000-5 et six frégates. « Si la Chine attaquait Taïwan, les États-Unis auraient l'obligation de la défendre », déclarait George W. Bush fin avril 2001, au lendemain de l'annonce de la plus grande vente d'armes à Taïwan depuis dix ans. La Chine n'apprécie pas que les Américains arment « la province rebelle » et, selon un proverbe chinois, estime que Washington doit « veiller à maîtriser son cheval qui s'est emballé au bord du précipice ».

« Si la Chine attaquait Taïwan, les États-Unis auraient l'obligation de la défendre », déclarait George W. Bush

Les échanges économiques pourraient aider à une stabilité politique.

La Chine, sans aller jusqu'à « chasser les États-Unis » de l'Asie-Pacifique, veut rééquilibrer l'ordre stratégique avec les Américains établi dans cette région depuis 1945, ce conflit se cristallisant notamment autour du détroit de Formose ; et elle est, à la fois, liée de plus en plus étroitement économiquement aux États-Unis, qui représentent plus du tiers des exportations chinoises. Les échanges économiques pourraient, là aussi, comme en Europe depuis cinquante ans, aider à une stabilité politique. La Chine a une attitude double, entre brumes et rochers du détroit de Formose : ne reconnaissant pas Taïwan comme un État, elle essaie de marginaliser son président Chen Shui-bian, refusant tout contact officiel avec lui ; par contre, elle cherche à séduire le peuple taïwanais, chinois à part entière, favorisant les échanges économiques, universitaires et culturels.

Les Taïwanais aiment aller faire leurs études aux États-Unis.

Depuis vingt ans, les Taïwanais aiment aller faire leurs études aux États-Unis ; l'ancien chef de l'État taïwanais Lee Teng-hui était ainsi diplômé de l'université américaine Cornell. Ils en sont souvent revenus avec une bonne connaissance du marché américain, ont cherché à se développer commercialement aux États-Unis, et ont contribué à y faire baisser les prix au fil des années et d'une

© Éditions d'Organisation

concurrence forte. De nombreux fournisseurs chinois, de Taïwan ou de Hong-Kong, trouvent aujourd'hui « les prix trop bas sur le marché américain, et se tournent vers l'Europe, où les volumes sont moindres, chaque pays européen ayant souvent des besoins techniques spécifiques, mais où les marges sont plus élevées ».

Économiquement, Taïwan, qui était une île pauvre, s'est enrichie en une génération. Taipei est aujourd'hui, comme Hong-Kong, une ville surpeuplée et bruyante ; caractérisée par les nuées de scooters dans les rues, et des voies rapides surélevées qui zèbrent le ciel de la ville.

« Dernier signe de l'occidentalisation de la société taïwanaise », l'île nationaliste prohibe depuis 2001 le ragoût de chiens.

À huit heures du matin dans les jardins publics ou sur les places, notamment entre le *Tchang Kaï-Chek mémorial et le National Theater*, beaucoup de Taïwanais font de la gymnastique en musique ou du taïchi. Les Taïwanais aiment accompagner leurs repas d'alcool de riz ou de cognac, dans des petits verres de terre cuite qu'ils vident cul sec en l'honneur d'un des hôtes de la table circulaire, au salut de « campaï », « à votre santé ». Et, « dernier signe de l'occidentalisation de la société taïwanaise », l'île nationaliste prohibe depuis 2001 le ragoût de chiens, des petits roquets gras, sous peine d'une amende de 300 euros (2 000 FF). L'acheteur pourra à la place goûter au restaurant la fameuse soupe aux ailerons de requins, du rat, du serpent ou du sang de tortue.

Pékin continue à ne voir dans Taïwan qu'une « province rebelle et dissidente » ; pendant que Taïwan refuse d'être récupérée par Pékin dans son schéma « un pays et deux systèmes ».

Taïwan craint la puissance commerciale de la Chine, 1 300 millions contre 22 millions d'habitants, et ses velléités territoriales accompagnées de pressions politiques. Pékin continue à ne voir dans Taïwan qu'une « province rebelle et dissidente » ; pendant que Taïwan refuse d'être récupérée par Pékin dans son schéma « un pays et deux systèmes », appliqué déjà à ses voisins Hong-Kong et Macao.

Mais Taïwan a besoin de la Chine pour rester compétitive, et la Chine a besoin de Taïwan pour faire progresser son industrie.

Mais Taïwan a besoin de la Chine pour rester compétitive, en délocalisant ses usines sur le continent chinois, de l'autre côté du détroit de Formose. Et la Chine a besoin de Taïwan pour faire progresser son industrie et fournir les usines chinoises en composants technologiques ; quand ces composants ne sont pas importés hors les circuits officiels, évitant ainsi de payer les droits de douane à l'importation, de 30 % sur les matières plastiques ou de 40 % sur les circuits intégrés Intel par exemple. Un manager chinois de Hong-Kong pense ainsi que « Taïwan devrait réussir à rester indépendante encore longtemps, et que les entreprises taïwanaises implantées en Chine devraient perdurer ».

© Éditions d'Organisation

Ainsi depuis 1990, les investissements taïwanais en Chine continentale se sont fortement développés, même s'ils sont difficilement quantifiables ; notamment dans les trois provinces côtières entre Hong-Kong et Shangaï, face à l'île de Taïwan et au détroit de Formose, pour des raisons de proximités familiale, linguistique et religieuse, et parce que là se trouvent les « zones économiques spéciales ».

Début 2001, un accord entre Pékin et Taipei a prévu la possibilité de pouvoir enfin relier directement l'île et le continent. Un premier bateau a pu traverser les 42 kilomètres du détroit de Formose, du port chinois de Xiamen vers Taïwan, avec l'accord de Pékin ; permettant à quelques passagers de plus de 65 ans de revenir chez eux sur l'île, revoir leur famille après 52 ans de séparation, depuis la guerre civile de 1949. Un jour prochain peut-être, les Taïwanais et les Occidentaux pourront relier directement Taïwan à Shangaï ou Ningbo en une heure de vol ; au lieu d'être obligé de transiter par Hong-Kong, beaucoup plus au sud, ce qui prend cinq heures.

Le coût de la main-d'œuvre est tellement bas en Chine continentale, dans une proportion de un à quinze, et à une heure de vol d'oiseau, que les Taïwanais voient beaucoup de leurs usines fermer, et d'emplois partir de l'autre côté du détroit de Formose. La guerre économique des prix fait rage et les entreprises taïwanaises se bousculent aux portes du continent, où elles emploient déjà trois millions de personnes.

La Chine inquiète les hommes d'affaires insulaires, qui ont massivement investi sur le continent et que Pékin tente d'organiser en « cinquième colonne ». Et ces hommes d'affaires, qui ont fui Taïwan, inquiètent le gouvernement taïwanais pour lequel cette nouvelle « folie chinoise, les délocalisations d'usines et de capitaux entraînent de grandes incertitudes sur l'avenir économique de l'île ».

Taïwan, pôle technique de la région, compte beaucoup d'ingénieurs du niveau de ceux d'Europe ou des États-Unis ; c'est une formidable porte d'entrée pour l'acheteur industriel sur la Chine. Taïwan est le premier producteur mondial de semi-conducteurs et fabrique plus de la moitié des ordinateurs personnels dans le monde. L'industrie électronique taïwanaise est à l'origine de 54 % des exportations de l'île ; et via 13 000 unités de production taïwanaises sur le continent, à la fois plate-forme de réexportation et marché en plein décollage, assure 70 % de la production électronique et informatique chinoise.

Un jour prochain peut-être, les Taiwanais et les Occidentaux pourront relier directement Taïwan à Shangaï en une heure de vol.

Le coût de la main-d'œuvre est tellement bas en Chine continentale, dans une proportion de un à quinze, et à une heure de vol d'oiseau, que les Taïwanais voient beaucoup de leurs usines fermer.

Taïwan est le premier producteur mondial de semi-conducteurs.

© Éditions d'Organisation

Les Taïwanais sont des partenaires de confiance, rigoureux et ouverts ; ce sont sûrement les plus « latins » des asiatiques.

Par ailleurs, humainement parlant, les Taïwanais sont des partenaires de confiance, rigoureux et ouverts ; ce sont sûrement les plus « latins » des asiatiques.

Acheter en Chine continentale dans des usines contrôlées par des Taïwanais est un bon mixte : qui permet de bénéficier des bas salaires chinois, en limitant les risques.

Acheter en Chine continentale dans des usines contrôlées par des Taïwanais est un bon mixte : qui permet de bénéficier des bas salaires chinois, en limitant les risques concernant la qualité et les délais. Car les usines gérées par les Chinois de Hong-Kong ont rarement la même démarche industrielle à long terme, ni la même rigueur. Et acheter dans des usines contrôlées par des Chinois du continent, si l'acheteur est seul et sans support local, est aléatoire et risqué ; sans notions de service ou d'après-vente une fois qu'un produit est vendu et l'argent reçu.

Les entreprises taïwanaises hésitent parfois entre délocaliser leur production au sud de la côte chinoise, dans la région de Canton, plus accessible depuis Hong-Kong, leur point de passage obligé depuis des dizaines d'années, et où une majorité d'usines taïwanaises présentes permet un tissu de partenariat local favorable ; ou au centre de la côte chinoise, vers Shangaï, qui sera peut-être bientôt directement accessible de Taipei en une heure et demie de vol, où l'environnement est plus légalisé et moins mafieux, le personnel ouvrier local et plus stable, et les ingénieurs plus faciles à trouver.

Pour l'acheteur, choisir une usine taïwanaise déjà implantée en Chine est moins risqué que de démarrer une qualification et ses achats dans une usine à Taïwan, puis de devoir subir le transfert de la production dans une nouvelle usine en Chine continentale, avec tous les problèmes de qualité et de délais inhérents.

3. LA CHINE, UN PAYS DE 1,3 MILLIARD D'HABITANTS EN PLEINE MUTATION

3.1 Le PIB chinois explose depuis 1978 et l'ouverture de la Chine

La dynastie communiste a été menée par trois générations seulement en un demi-siècle : de 1949 à 1976 Mao Tsé-Toung et la « bande des quatre », Deng Xiaoping puis Jiang Zemin.

En 1958, Mao a lancé « le Grand Bond en avant » : en trois années noires, quinze millions de Chinois sont morts victimes de la famine.

La Chine de Mao Tsé-Toung a connu deux grands coups d'arrêt. En 1958, Mao a lancé « le Grand Bond en avant », l'objectif étant de « libérer l'énergie des masses, émanciper les esprits, briser la démocratie et rejeter les modèles ». En trois années noires, la production industrielle s'est effondrée, la récolte céréalière a chuté de 30 %, et quinze millions de Chinois sont morts victimes de la famine. L'empire du Milieu mit cinq ans à retrouver son niveau.

Puis en 1966, Mao lança « la Révolution culturelle » : les « gardes rouges », jeunes partisans de Mao, arrêtèrent les « éléments bourgeois », les universités furent fermées et des étudiants envoyés coloniser les steppes dans des contrées désertiques, jusque dans le désert de Gobi, séparés de leur famille pendant des années. En 1976, mourut Mao Tsé-Toung.

Den Xioaping lança une réforme profonde de l'industrie, redressant la barre, en ouvrant la Chine : depuis, le PIB chinois explose.

En 1978, la Chine fut reconnue diplomatiquement par les États-Unis, et signa un traité de paix et d'amitié avec le Japon. Den Xioaping lança une réforme profonde de l'industrie, redressant la barre, en ouvrant la Chine : depuis, le PIB chinois explose ; les exportations progressent, principalement vers les États-Unis et pour le textile.

En 1994, Jiang Zemin a continué et accéléré les réformes, en modernisant le pays. Le gouvernement chinois a revendu ou fermé la plupart des entreprises industrielles à capitaux d'État ; et l'administration chinoise a diminué ses effectifs de moitié en trois ans.

3.2   La Chine compte plus d'un millier d'entreprises françaises implantées

La métamorphose de la Chine lancée par Den Xioaping se poursuit aujourd'hui avec l'accession à l'OMC.

La métamorphose de la Chine lancée par Den Xioaping se poursuit aujourd'hui avec l'accession à l'OMC, et la volonté marquée du gouvernement de rééquilibrer le développement économique en stimulant la croissance dans les provinces de l'intérieur, au centre et à l'ouest. L'économie chinoise est très dépendante des exportations : les industries exportatrices, notamment côtières, représentent 25 % du PIB.

Le PDG de Vivendi a été nommé membre du Comité des Conseillers du Maire de *Bejing*, nom chinois de Pékin.

En 1980, Vivendi fit ses premiers pas en Chine, notamment par Campenon Bernard SGE, leader européen dans le domaine de la construction. Le PDG de Vivendi préside la première session du dialogue UE-Chine, qui a pour but de renforcer la coopération entre les deux continents, et a été nommé membre du Comité des Conseillers du Maire de *Bejing*, nom chinois de Pékin. Vivendi water a son siège chinois à Bejing ; et un bureau à Hong-Kong, notamment pour Euro RSCG dans la communication, filiale du groupe Havas.

La moyenne d'âge des ouvriers chinois est de vingt-trois ans, pour les trois quarts c'est le premier emploi, mais le niveau d'éducation générale est relativement élevé.

En 1992, Citroën célébra l'union avec *Dongfeng Motor* (vent d'Est) à Wuhan, la capitale de la province du Hubei, pour créer la DCAC, Dongfeng Citroën Automobile Company. La Chine voulut alors développer une économie d'échelle : existaient plus d'une centaine d'usines réparties dans les 29 provinces chinoises produisant 150 000 véhicules, quand Citroën en produisait seul 800 000 et Toyota 2,8 millions. Certaines des usines sont encore enterrées pour se protéger de l'ennemi, conformément à la stratégie de Mao dans une politique de « troisième front » ; face à l'environnement hostile capitaliste, après la rupture avec l'URSS, la Chine devait compter sur ses propres forces. PSA a transféré la documentation relative au process de fabrication, et forme le personnel local : la moyenne d'âge des ouvriers chinois est de vingt-trois ans, pour les trois quarts c'est le premier emploi, et un grand nombre ne possède aucune expérience industrielle dans l'automobile ; mais le niveau d'éducation générale est relativement élevé et permet des formations rapides et efficaces. DCAC s'est mobilisé sur la recherche de la qualité, plan 2001 de formation, évaluation, gestion de carrière et attention particulière envers le personnel stratégique ; et surtout la politique d'achat des composants afin de baisser les prix.

La part des achats locaux a dû passer très vite de 40 % à plus de 80 % afin de parvenir à la sinisation requise du véhicule.

Par ailleurs concernant les achats, conformément au contrat, la part des achats locaux a dû passer très vite de 40 % à plus de 80 % afin de parvenir à la sinisation requise du véhicule. Comme la part fournie par les équipementiers compte pour les deux tiers de la valeur du véhicule, Citroën a persuadé près d'une centaine d'entre eux de venir de France s'installer en Chine, le plus souvent dans le cadre de coopérations, de sociétés mixtes, franco-chinoises. Certains réussirent à vendre leurs équipements à Citroën à Wuhan, et aussi à Volkswagen à Shangaï. Chez DCAC également, l'idée chemina que l'économie planifiée était morte : il ne suffisait pas de produire, il fallait également vendre.

En novembre 2000, le président de PSA a été reçu longtemps à Pékin par le président Zemin.

DCAC a vendu récemment 55 000 ZX *Fukang* (bonheur et prospérité), atteignant 9 % du marché : un quart des voitures ont été vendues à des compagnies de taxi, taxis rouges qui sillonnent la capitale, un autre quart à des sociétés ou des administrations, et le reste aux particuliers. La politique est toujours proche : en novembre 2000, le président de PSA a été reçu longtemps à Pékin par le président Zemin.

Avec l'OMC, le paysage va bouger. Dans les deux ans qui viennent, les limites imposées aux sociétés mixtes dans le cas de fabrication de moteurs seront supprimées ; et parallèlement, les droits de douane sur les pièces détachées et les automobiles importées seront progressivement réduits de 80 % à 25 %. « L'entrée de la Chine dans l'OMC, c'est non pas ouvrir une porte, mais plutôt tourner la clé de 150 portes », commentait le commissaire européen aux termes des négociations sino-européennes.

En 1994, le groupe Lafarge a lancé sa première co-entreprise en Chine, près de Pékin, puis en a créé une dizaine d'autres dans ses cinq métiers : ciment, plâtre, béton, toiture et matériaux de spécialité. Ses effectifs totaux en Chine se montent à 1 200 personnes. Avec ses partenaires, le groupe a investi en Chine 400 millions de dollars, dont 200 millions financés par Lafarge. C'est le seul cimentier étranger qui gère et contrôle ses investissements en Chine.

La Snecma est aussi implantée en Chine, ayant créé une société mixte pour la reprise d'un atelier spécialisé dans la réparation de moteurs d'avions russes, avec 200 personnes dont quatre expatriés. Saint Gobain a créé une petite entreprise de 100 personnes pour fabriquer du carbure de silicium à partir du sable et du charbon. Alcatel est la première société à avoir décroché l'accord pour la construction de liaisons optiques à haut débit, et a fortement développé ses activités industrielles à Shangaï et à Suzhou. Gemplus, leader mondial de la carte à puce devant Schlumberger, a regroupé dans une usine de 150 personnes, avec très peu d'expatriés et quelques Français d'origine chinoise, une capacité de production de cent millions de cartes à puce par an, livrée en composants par Philips et STMicrolectronics. Bull Chine va équiper en matériel et logiciel les 80 Caisses d'Épargne postale chinoises, et prévoit la mise en place d'un nouveau système de gestion des cotisations de la Sécurité sociale. Schneider à Tianjin, au sud de Pékin, après quelques années difficiles, a fait de la Chine son troisième marché et a construit son 88 888 888e disjoncteur électrique basse tension, 8 étant le chiffre porte-bonheur des Chinois.

La recette d'une implantation réussie à l'étranger passe d'abord par les hommes : un entraîneur d'hommes capable de comprendre et de mobiliser des équipes locales, des gens d'expérience surcali-

« L'entrée de la Chine dans l'OMC, c'est non pas ouvrir une porte, mais plutôt tourner la clé de 150 portes. »

Lafarge est le seul cimentier étranger qui gère et contrôle ses investissements en Chine.

Schneider a fait de la Chine son troisième marché et a construit son 88 888 888e disjoncteur électrique basse tension.

La recette d'une implantation réussie à l'étranger passe d'abord par les hommes : un entraîneur d'hommes capable de comprendre et de mobiliser des équipes locales.

brés par rapport au poste, et un personnel d'encadrement local qui apprend et maîtrise l'anglais. Puis il faut mettre en place une organisation de production et un système qualité, fondé sur des indicateurs de qualité et de résultat.

« Il est possible pour une entreprise française de taille moyenne d'avoir sa petite structure industrielle locale, sans trop d'investissements : en signant une *joint-venture* avec une petite société chinoise ; les Chinois apportant le bâtiment et le droit d'utilisation du terrain ; et l'entreprise française apportant ses plans et ses process d'assemblage (*know-how*), quelques machines spécifiques et un peu de capitaux », raconte un homme d'affaires français.

La Chine est devenue, depuis 1997, le deuxième pays au monde sur le plan des investissements étrangers directs.

La Chine est devenue, depuis 1997, le deuxième pays au monde sur le plan des investissements étrangers directs, derrière les États-Unis. On compte dans la grande Chine plus d'un millier d'implantations françaises. La libéralisation du secteur textile, de la distribution, du secteur bancaire et l'abaissement généralisé des droits de douane dans l'industrie devraient encore accélérer l'ouverture du marché chinois aux entreprises étrangères. Les opportunités sont multiples pour les entreprises françaises dans de nombreux secteurs à condition d'intégrer au préalable les règles locales du jeu : marchés très concurrentiels, à la réglementation mouvante et aux pratiques qui peuvent être difficiles à maîtriser.

3.3 Des salaires quinze fois inférieurs, mais des risques importants

La masse salariale d'une usine représente environ 5 % du CA en Chine, contre 25 % en France.

Même sans implantation locale, beaucoup d'entreprises françaises se tournent aujourd'hui vers la Chine pour acheter moins cher. Les prix bas chinois fascinent tous les acheteurs. La masse salariale d'une usine représente environ 5 % du chiffre d'affaires en Chine, contre 25 % en France : un rapport de un à cinq parce que les salaires chinois incluant la Direction y sont dix fois plus bas, et que les prix chinois peuvent être la moitié de ce qu'ils sont en France.

Le salaire mensuel chargé d'un ouvrier à Canton ou vers Shangaï est quinze fois inférieur à celui de la France : 100 euros (650 FF) contre 1 500 euros (10 000 FF) par mois.

Le salaire mensuel chargé d'un ouvrier à Canton ou vers Shangaï est quinze fois inférieur à celui de la France : 100 euros (650 FF) contre 1 500 euros (10 000 FF) par mois. Mais ce salaire est plus élevé dans les régions qui se sont développées plus tôt, notamment dans la « zone économique spéciale » de Shen-Zhen. Par ailleurs, au-delà de ces salaires ouvriers chinois, le coût est important pour le management chinois local, et pour les expatriés français qui permettent d'assurer la qualité.

© Éditions d'Organisation

En outre, les matières premières de qualité ne sont pas forcément moins chères en Chine qu'en France. Nous avons vu que la Chine importe des matières plastiques et des métaux d'Europe, à des prix européens. Dans une usine de Ningbo, on peut ainsi voir au pied des presses d'injection, des sacs de 25 kilos de granulés plastiques provenant d'Europe.

On rencontre autant d'échecs que de succès en Chine ; acheter directement en Chine, sans structure locale, est risqué : passer par des industriels taïwanais est un moyen de limiter ce risque.

Et on rencontre autant d'échecs que de succès en Chine ; acheter directement en Chine, sans structure locale, est risqué : passer par des industriels taïwanais est un moyen de limiter ce risque. Dans le sud de la Chine, vers Shen-Zhen ou Canton, les relations sont moins rigoureuses et la confiance moins forte dans la parole qu'au nord ; de même qu'en Europe, les relations sont différentes avec les pays méditerranéens et les pays germaniques ou nordiques. Des usines de bonne qualité mais chères, côtoient des « bidouilleurs » bon marché ; entre les deux, existent des usines qui utilisent quelques machines, de l'huile de coude, et beaucoup de bonne volonté. Le marché mafieux et le blanchiment d'argent, les fraudes à l'importation, les aides gouvernementales permettant de vendre 20 % moins cher à l'exportation que sur le marché chinois pour ramener des devises, faussent complètement les prix. Les Chinois du sud surtout cherchent à faire de l'argent rapidement ; des opérations peuvent être rentables à court terme (*one shot*) mais aléatoires dans la durée.

Le marché mafieux et le blanchiment d'argent, les fraudes à l'importation, les aides gouvernementales faussent complètement les prix.

Un cadre d'Electrolux raconte ainsi avoir « reçu un premier container de Hong-Kong de produits électroménagers, mais jamais le deuxième ; l'entreprise chinoise avait entre-temps fait faillite et avait disparu dans la nature ».

Il est préférable pour l'acheteur de faire contrôler la qualité des produits qu'il achète, avant chaque départ de containers.

Il est préférable pour l'acheteur de faire contrôler la qualité des produits qu'il achète, avant chaque départ de containers. Les disparités peuvent être fortes entre les séries fabriquées par une usine, ou entre le début et la fin d'une série ; s'il manque certaines vis pour finir une série, les Chinois sont capables d'utiliser d'autres vis disponibles, et d'envoyer l'ensemble par le prochain container. Pour contrôler la qualité, soit l'acheteur peut compter sur un ingénieur local recruté par son entreprise, soit il doit payer un intermédiaire pour assurer cette tâche : un technicien chinois de confiance, ou une société spécialisée. Car une fois qu'un container a quitté la Chine avec 20 000 produits dedans, c'est bon, ou c'est trop tard : le container est parti pour quarante jours de transit, via les ports de Hong-Kong ou Ningbo et un port européen, Gênes ou Marseille.

© Éditions d'Organisation

Concernant l'achat de moules, si c'est dans le cadre d'un projet local avec moulage en Chine, le risque est faible car les Chinois vont concevoir un moule qu'ils sauront utiliser, l'acheteur français ne voyant et n'acceptant que les pièces plastiques *in fine*. Un moule chinois peut coûter dix fois moins cher qu'en Europe, avec une production de pièces satisfaisantes.

Par contre, commander un moule pour le réimporter et mouler en Europe sur une presse européenne peut donner lieu à des surprises techniques et des surcoûts importants. L'acheteur est obligé de payer 50 % d'un moule à la commande, car les Chinois n'ont pas d'argent pour démarrer. C'est d'ailleurs pourquoi les Chinois ont du mal à faire des affaires entre eux ; ils ont souvent des problèmes de trésorerie. Les sociétés d'État sont dans le rouge, et faute d'argent, se faire payer entre Chinois est un véritable « casse-tête chinois ». Quant aux métaux chinois utilisés pour faire les moules, ils peuvent être de piètre qualité, comme en Europe de l'Est.

Un mouleur d'Oyonnax a ainsi lancé une série de dix moules en Chine, pour moulage dans ses usines européennes : « l'expérience fut finalement décevante, les Chinois sous-traitent tout en local, c'est une fois bien puis deux fois mal ; il est indispensable d'avoir une structure propre locale pour suivre les développements d'outillages ».

En marge :
Commander un moule pour le réimporter et mouler en Europe sur une presse européenne peut donner lieu à des surprises et des surcoûts importants.

Faute d'argent, se faire payer entre Chinois est un véritable « casse-tête chinois ».

3.4   Les deux plus grands pôles industriels chinois

En marge :
Deux régions industrielles se sont fortement développées sur la côte chinoise : Shen-Zhen puis Canton au sud, excroissances continues de Hong-Kong et Shangaï.

Deux régions industrielles se sont fortement développées sur la côte chinoise : Shen-Zhen puis Canton au sud, excroissances continues de Hong-Kong vers l'intérieur des terres, où se trouvent surtout des usines hong-kongaises et taïwanaises ; et Shangaï au centre, où sont implantées une majorité d'usines japonaises, américaines, et dans une moindre mesure, taïwanaises et européennes.

SHEN-ZHEN ET CANTON AU SUD

Shen-Zhen, une « zone économique spéciale » en pleine ascencion

En marge :
Shen-Zhen, région limitrophe à Hong-Kong, fut une des premières « zones économiques spéciales » créées en 1978, autorisée aux investisseurs étrangers pour y créer des usines.

Shen-Zhen, région limitrophe à Hong-Kong, fut une des premières « zones économiques spéciales » créées en 1978, autorisée à la fois aux investisseurs étrangers pour y créer des usines, et aux Chinois de l'intérieur pour y travailler, les entrées étant réglementées. Aujourd'hui, chaque jour, 15 000 camions et 200 000 personnes traversent la frontière entre Hong-Kong et Shen-Zhen ; c'est l'une des frontières les plus trafiquées du monde.

Les Chinois considèrent leur enfant comme un « bijou » ; ils ont un sens très fort de la famille, et au-delà, du clan.

Les usines emploient essentiellement des jeunes femmes de 16 à 24 ans, habiles manuellement et pas encore mariées ; jamais plus jeunes, contrairement à certains pays d'Asie du Sud-Est. En Chine continentale, existe en effet toujours la restriction d'un enfant par couple ; sauf pour les familles aisées qui peuvent payer une « pénalité » pour avoir plus d'enfants, et sauf dans les campagnes où les enfants ne sont pas tous déclarés ce qui rend d'ailleurs le recensement de la population chinoise approximatif. Un directeur d'usine taïwanais raconte qu'une de ses employées chinoises a dû avorter de son deuxième enfant, dénoncée par un voisin et emmenée à l'hôpital par le « service social » ; sinon, elle aurait dû de toute façon envoyer son deuxième enfant à la campagne, moins stricte concernant cette loi. Les Chinois considèrent leur enfant comme un « bijou » ; ils ont un sens très fort de la famille, et au-delà, du clan.

Ces jeunes ouvrières chinoises viennent surtout de l'intérieur de la Chine (inland China) ne rentrent dans leurs familles souvent qu'une fois par an, pour le Nouvel An chinois.

Ces jeunes ouvrières chinoises viennent surtout de l'intérieur de la Chine (*inland China*) : parfois de très loin, du désert de Gobi ou de Mongolie, après un voyage de plusieurs jours en train. Elles vivent toute l'année dans l'usine ; elles ne rentrent dans leurs familles souvent qu'une fois par an, pour le Nouvel An chinois ou pour un événement familial, et parfois ne reviennent pas d'ailleurs. Elles sont pauvres, ont pris l'habitude de ne prendre aucune responsabilité et d'être complètement prises en charge par l'État concernant le logement et la nourriture ; lorsqu'elles arrivent dans les usines de Shen-Zhen, elles trouvent normal d'être nourries et logées par ces usines. Elles sont logées dans des dortoirs de douze personnes jouxtant l'usine, ne paient pas l'hébergement ni la nourriture, dépensent peu, et envoient l'essentiel de leur salaire à leur famille pour les aider. Elles gagnent environ 76 euros (500 FF) par mois, parfois un peu plus avec les heures supplémentaires ; venant de régions où il n'y a pas de travail, pas d'argent et où les salaires sont bien inférieurs. Ceci pendant quelques années, jusqu'à leur mariage.

Le Nouvel An chinois a lieu à la nouvelle lune, entre fin janvier et mi février.

Le Nouvel An chinois a lieu à la nouvelle lune, entre fin janvier et mi février. Quinze jours après, mettant fin aux réjouissances, a lieu « la fête des lanternes », les plus belles lanternes de papier rouge étant portées par les enfants. Chaque année du calendrier chinois est symbolisée par un des douze animaux qui avaient répondu à l'appel de Bouddha et qui forment le cycle zodiacal chinois :

Dragon	Serpent	Cheval	Chèvre	Singe	Coq	Chien	Porc	Rat	Bœuf	Tigre	Lapin
1940	1941	1942	1943	1944	1945	1946	1947	1948	1949	1950	1951
1952	1953	1954	1955	1956	1957	1958	1959	1960	1961	1962	1963
1964	1965	1966	1967	1968	1969	1970	1971	1972	1973	1974	1975
1976	1977	1978	1979	1980	1981	1982	1983	1984	1985	1986	1987
1988	1989	1990	1991	1992	1993	1994	1995	1996	1997	1998	1999
2000	2001	2002	2003	2004	2005	2006	2007	2008	2009	2010	2011

Les Chinois considèrent par exemple le dragon comme le roi des animaux, le singe comme le plus actif, le chien le plus loyal, le porc le plus calme, le tigre le plus fort, le lapin le plus gentil, et le rat le plus malin.

Chaque Chinois sait à quelle année il se rattache, connaît les forces et les faiblesses des personnes selon le signe de l'animal symbolisant leur année de naissance. Parmi ces douze animaux, les Chinois considèrent par exemple le dragon comme le roi des animaux, le singe comme le plus actif, le chien le plus loyal, le porc le plus calme, le tigre le plus fort, le lapin le plus gentil, et le rat le plus malin. Les Chinois racontent que les chats aiment manger les rats, depuis le jour où, amis, ils devaient se présenter ensemble devant Bouddha pour savoir qui serait choisi : ce matin là, le rat se réveilla avant, et ne réveilla pas son ami le chat qu'il craignait de voir retenu.

De plus, l'année elle-même est supposée être influencée par l'animal qui la représente : 2000 fut l'année du Dragon, une année faste pour la naissance des garçons ; 2001 l'année du Serpent, réputée favorable pour la dissidence d'après le gouvernement chinois car le serpent est « un animal qui rampe et médite » ; les années du Tigre sont animées…

Shen-Zhen veut devenir un centre *high-tech* : favorisée par le marché de l'armement du gouvernement chinois, elle attire aujourd'hui les meilleurs ingénieurs des universités de Shangaï et de Pékin.

La « zone économique spéciale » de Shen-Zhen s'est fortement développée. Les salaires et les compétences dans cette zone ont augmenté. Shen-Zhen veut devenir un centre *high-tech* : favorisée par le marché de l'armement du gouvernement chinois, elle attire aujourd'hui les meilleurs ingénieurs des universités de Shangaï et de Pékin, et n'accepte plus que des entreprises technologiques. La ville fait des efforts pour l'environnement, fleurit ses routes et refuse dorénavant l'implantation d'usines polluantes.

Canton, région mafieuse et de déracinés

À Canton, 4 000 usines enregistrées côtoient 30 000 usines non officielles, qui évitent ainsi de payer les taxes locales.

La province de Canton, limitrophe de Shen-Zhen et dont le centre industriel est Dong-Guan, a pris le relais, devenant le prolongement principal de ce pôle d'usines, notamment à partir de 1995. À Canton, 4 000 usines enregistrées côtoient 30 000 usines non officielles, qui évitent ainsi de payer les taxes locales, 20 % sur les

© Éditions d'Organisation

salaires ou 35 % sur les marchandises importées. Cette illégalité répandue dans cette région au sud de la côte chinoise disparaîtra peut-être avec l'entrée de la Chine dans l'OMC. La Chine espère également, avec son entrée dans l'OMC, améliorer les rentrées de devises étrangères : les entreprises chinoises se payant en effet rarement entre elles, les livres comptables sont parfois équilibrés alors que les caisses sont vides. La crainte des Chinois par contre est que l'entrée dans l'OMC mette à jour la non-rentabilité de l'agriculture chinoise, et que le chômage se développe dans les campagnes les premières années, le temps d'une remise à niveau.

Canton est la province de Chine continentale où la densité d'entreprises taïwanaises est la plus forte.

Ici sont implantées industriellement une majorité d'entreprises de Hong-Kong, parce que l'ancienne possession britannique n'est qu'à deux heures de voiture, et des entreprises taïwanaises, les Taïwanais étant obligés encore début 2001 de passer par Hong-Kong pour entrer en Chine. Canton est la province de Chine continentale où la densité d'entreprises taïwanaises est la plus forte ; ce qui permet à chacune d'avoir un bon tissu local de partenaires et de sous-traitants taïwanais, familiers et de bonne qualité. Les Taïwanais considèrent que le Vietnam par exemple est un pays encore moins cher que la Chine, mais que les travailleurs chinois sont de meilleur niveau, plus rigoureux et précis.

Les terrains et la main-d'œuvre sont inépuisables, au fur et à mesure de l'avancée de cette région industrielle vers l'intérieur des terres.

Les terrains et la main-d'œuvre sont inépuisables, au fur et à mesure de l'avancée de cette région industrielle vers l'intérieur des terres. Canton est devenue une région de passage, peu sûre ; à la frontière de deux mondes où les salaires vont de un à quinze, où les investisseurs côtoient des migrants désargentés.

Les Chinois ont toujours considéré les Cantonais comme « fiers, xénophobes, gourmands, difficiles à contrôler, et malins voire déloyaux en affaires ».

Les Cantonais, que l'on retrouve dans toute la Chine méridionale, de Canton à Shen-Zhen, de Hong-Kong à Macao de part et d'autre de l'embouchure de la rivière des Perles, sont différents des autres Chinois. Les Chinois ont toujours considéré les Cantonais comme « fiers, xénophobes, gourmands, difficiles à contrôler, et malins voire déloyaux en affaires ». Effectivement, l'environnement industriel et des affaires est plus mafieux ici que partout ailleurs en Chine, notamment par rapport à la région de Shangaï et de Ningbo plus au nord.

La cuisine cantonaise est reconnue comme l'une des meilleures en Chine ; le « riz cantonais » vient d'ailleurs de là. Le poisson (sea food) est la spécialité de la région : il est souvent choisi vivant par le client dans les aquariums du restaurant, qui font office de vitrine, puis est préparé à la vapeur, avec de la ciboule, du gingembre et de l'huile de sésame. Les Cantonais aiment bien aussi le canard « laqué », enduit d'un mélange d'aromates salées et sucrées. La cuisine chinoise est légère, sans graisse ni pain. Les Chinois aiment la bière. La plupart des restaurants proposent essentiellement des vins français.

Et les Cantonais sont fiers de leur langue. Pratiquement tous les Chinois, de Taïwan et du continent, Canton, Shangaï ou Pékin, parlent le mandarin, la langue officielle enseignée dans toutes les écoles de Chine ; mais chaque région a ensuite sa langue propre et la Chine compte d'innombrables dialectes. Les industriels taïwanais, majoritairement implantés dans la province de Canton par exemple, parlent en mandarin avec leurs ouvriers, mais ils ne les comprennent pas quand ceux-ci parlent le cantonais entre eux. Le cantonais est une langue difficile, qui peut sembler cacophonique pour un occidental : avec neuf tons différents, quand le mandarin n'en comporte que quatre.

Le chiffre 8 porte bonheur pour les Chinois car en cantonais la prononciation de « 8 » est proche de celle du mot « riche » ; le chiffre 4, lui, porte malheur car sa prononciation ressemble à celle de « mort ».

SHANGAÏ, LA CAPITALE ÉCONOMIQUE DE LA CHINE, AU CENTRE DE LA CÔTE

Un autre pôle industriel important s'est développé autour de Shangaï, la capitale économique de la Chine, au centre de la côte chinoise : à Ningbo, et surtout le long de l'autoroute reliant Shangaï à Nanjing, qui fut l'ancienne capitale de la Chine jusqu'en 1949, date de l'arrivée au pouvoir des communistes et de la fuite du gouvernement de Tchang Kaï-Chek. Les usines implantées vers Shangaï sont à capitaux en provenance surtout du Japon et des États-Unis, puis dans une moindre mesure d'Europe et de Taïwan : on retrouve ici par exemple Microsoft, Motorola, Siemens, Schneider ou Legrand. Contrairement à Canton au sud, Shangaï a un environnement légal, les entreprises sont toutes enregistrées ; la main-d'œuvre est locale, plus stable et n'a pas besoin d'être logée ; les usines trouvent plus facilement des ingénieurs, notamment dans les cinq universités de Shangaï ; et cette situation centrale sur la côte donne un meilleur accès commercial au marché intérieur chinois. Le gouvernement chinois a souvent là une part de 40 % dans le capital des entreprises.

Pratiquement tous les Chinois, de Taïwan et du continent, parlent le mandarin, la langue officielle enseignée dans toutes les écoles de Chine.

Le chiffre 8 porte bonheur car en cantonais la prononciation de « 8 » est proche de celle du mot « riche ».

Shangaï, la capitale économique de la Chine, a un environnement légal, les entreprises sont toutes enregistrées ; la main-d'œuvre est locale, plus stable et n'a pas besoin d'être logée.

De moins en moins de salariés chinois sont pris en
charge en totalité par leur
entreprise, comme c'était
le cas au temps du
Communisme triomphant.

À Shangaï, une entreprise sur deux est privée. Les travailleurs indépendants ne bénéficient d'aucune couverture sociale. De moins en moins de salariés chinois sont pris en charge en totalité par leur entreprise, comme c'était le cas au temps du Communisme triomphant ; la fameuse *dan waï* assurait à chacun école, logement, dispensaire, médicaments et retraite. Pourtant le niveau de vie s'élève. La législation du travail s'améliore : la durée du travail est en principe de huit heures par jour ; chaque heure supplémentaire coûte le double, et le travail le dimanche le triple. Le coût de la main-d'œuvre est d'ailleurs ici un peu plus élevé qu'au sud.

« Avec tous les échecs
passés, on voit un peu
moins de rigolos débar-
quer en Chine ».

Le PEE de Shangaï raconte qu'« avec tous les échecs passés, on voit un peu moins de rigolos débarquer en Chine. Ici, les difficultés prennent des proportions colossales ; une installation peut prendre deux ans et nécessiter de grosses sommes d'argent. L'erreur des entrepreneurs français, quand ils débarquent en Chine, c'est de vouloir s'éloigner de l'État chinois, alors qu'au contraire il faut savoir jouer des relations (*guanxi*) au niveau politique locale. En Chine, il faut venir trois fois par an plutôt qu'une fois tous les trois ans ».

3.5 La Chine garde son parfum de mystère

En 1971, en pleine révolution culturelle de Mao Tsé-
Toung, tous les Chinois
étaient en uniforme gris à
col Mao.

Un industriel français raconte qu'« il est allé pour la première fois en Chine, vendre des machines-outils Berthier, en 1971, en pleine révolution culturelle de Mao Tsé-Toung ; tous les Chinois étaient en uniforme gris à col Mao. En 1980, il faisait fabriquer des rectifieuses planes vers Ningbo, trois fois moins cher qu'en Europe ; à l'époque, un seul avion d'Air France par semaine allait en Chine et mettait 26 heures de vol par Téhéran ; sur place, c'était tapis rouge à l'entrée et canard laqué au restaurant, mais des cafards dans la chambre, et des négociations interminables pour des détails. Il avait été catalogué dans un rapport communiste de « négociateur poète », après avoir amorcé une négociation une nuit en disant que « les acheteurs chinois étaient au haut de l'Éverest et lui dans le vallée de Brahmapoutre, l'un des grands fleuves indiens ».

« En Chine, le meilleur
investissement est dans le
guanxi, la relation personnelle ».

Au sud de la Chine, la région de Canton est notoirement mafieuse. Mais c'est au centre de la côte chinoise, dans le port de Xiamen, en face de l'île de Taïwan, que sévit Lai Changxing, contrebandier de haut vol et représentant étincelant du capitalisme rouge « à la chinoise ». L'homme était un intuitif absolu ; d'une

© Éditions d'Organisation

famille rurale, pauvre, illettré mais rusé. Sa recette se résumait à une formule : « en Chine, le meilleur investissement est dans le *guanxi*, la relation personnelle ».

Ce forban des temps modernes écoula en toute illégalité des containers entiers de véhicules, cigarettes, essence, téléphones portables, armes et matières plastiques.

En 1995, ce forban des temps modernes monta le plus gros réseau de contrebande que la République populaire ait connu en un demi-siècle d'existence. Lai Changxing écoula en toute illégalité, mais en toute impunité, des containers entiers de véhicules, cigarettes, essence, téléphones portables, armes et matières plastiques. Enrichi par ce trafic, il fit bâtir à la sortie de la ville une copie de la Cité interdite, et y fit construire le plus haut gratte-ciel de la cité avec 88 étages. Sa cour était peuplée de mandarins du Parti communiste, de la police, de l'armée et de la douane ; gratifiés de cadeaux, filmés secrètement dans sa discothèque « le Pavillon rouge » dans leurs ébats et secrets d'alcôve avec des dames de compagnie, ou rossés au besoin par une escouade de sbires. Mais le vent politique tourna à Pékin, qui commença à combattre les réseaux de contrebande de Xiamen et de Canton.

Un responsable des douanes se suicida en se fichant dans la gorge une baguette.

Fin 2000, Lai Changxing fut arrêté en fuite au Canada, vers les chutes du Niagara. À Xiamen, un responsable des douanes se suicida en se fichant dans la gorge une baguette ; sept officiels de la ville, du Parti, de la police et de la douane, furent exécutés. Sur l'Internet chinois s'exprima la vindicte populaire, petit bréviaire de la haine, manipulation habile d'une soupape de sécurité : « C'est dommage qu'on n'en tue pas plus » ; « je voudrais bien acheter dix mille balles de revolver pour les trouer comme des passoires » ; « leur trancher la tête mille fois ne suffira pas à apaiser la haine du peuple » ; « après eux il faudra tuer tous les membres de leurs familles ». Début 2001, durant le premier mois de la campagne anticriminalité lancée par le président chinois Jiang Zemin, 500 criminels présumés furent ainsi exécutés.

Les Taïwanais utilisent l'expression *behind the door* (derrière la porte) pour exprimer ce non-dit, ce flou, cette opacité où vivent les Chinois du continent.

Les Taïwanais, pourtant habitués à travailler avec les Chinois du continent au quotidien dans leurs usines délocalisées de l'autre côté du détroit de Formose, avouent parfois mal les comprendre, et utilisent l'expression *behind the door* (derrière la porte) pour exprimer ce non-dit, ce flou, cette opacité où vivent les Chinois du continent ; dans leur travail autant que dans leurs amours, disent-ils. Un brouillard règne toujours dans les affaires en Chine continentale ; là-bas encore plus qu'ailleurs, le silence est le sanctuaire de la prudence.

Mais il faut comprendre ces Chinois qui vivent la fin d'un communisme dur, où ils avaient appris pendant des décennies à se

Il faut comprendre ces Chinois qui vivent la fin d'un communisme dur, où ils avaient appris à se protéger ; et qui découvrent brutalement l'arrivée du capitalisme, de la télévision et d'Internet.

protéger, être réservés, ne pas s'exprimer ; et qui découvrent brutalement l'arrivée du capitalisme, de milliers d'usines, de la télévision et d'Internet en même temps. Il n'ont pas vécu l'histoire des pays modernes, faite d'acquis progressifs et de crises sociales, où des générations ont travaillé durement pour que leurs enfants bénéficient aujourd'hui d'un relatif bien-être. Les Chinois ont un problème de valeurs : toutes leurs valeurs sont remises en cause ; ils voient l'argent investi massivement sur leurs terres et veulent en profiter aussi.

La culture chinoise laissera toujours une place au hasard et au mystère.

Par ailleurs, la culture chinoise laissera toujours une place au hasard et au mystère. « En réalité, je ne comprends rien, strictement rien, c'est comme ça », conclut Gao Xingjian dans son roman « La montagne de l'âme ». De même dans la tradition picturale chinoise de l'encre, le pinceau exprime des sentiments intérieurs au hasard du grain du papier, de la force du geste et de l'écoulement de l'eau.

3.6   La grande aventure chinoise

L'empire du Milieu représente près du quart de la population mondiale, est un des pays les moins chers du monde, et est en train de faire siens certains des mécanismes du marché.

L'empire du Milieu représente près du quart de la population mondiale, 1,3 milliard sur 6 milliards d'habitants, est un des pays les moins chers du monde, et est en train de faire siens certains des mécanismes du marché. La Chine industrielle se développe fortement et régulièrement, année après année, le long de la côte.

Au nord, Pékin va être complétement reconstruite. La capitale chinoise, un siècle et demi après Paris et le baron Haussmann, se lance dans une modernisation sans précédent. Sous Mao, la vieille cité des Ming avait déjà perdu son âme. Au début des années 1980, Pékin était une ville grise, morne, basse, pratiquement sans magasins ni restaurants. Il n'en restera rien, ou presque, dans dix ans. Une sorte de Manhattan doit surgir au nord-est du centre-ville, avec des gratte-ciel hauts de 330 mètres. Tous les chauffages urbains doivent passer du charbon au gaz ; la ville veut retraiter toutes les eaux usées, contre un cinquième aujourd'hui. Des marchés chinois gigantesques où sont présents des groupes français comme Alstom, EDF, la Générale des Eaux ou Vivendi.

La Chine, qui en 2001 ne pèse que 3 % du PIB mondial, pourrait un jour devenir une des plus grandes puissances économiques mondiales.

La Chine est le premier producteur mondial de vêtements ; toutes les chaînes de vêtements et les grandes surfaces y sont présentes. Ce pays gigantesque veut être premier partout et commence à avoir des résultats étonnants dans des domaines de haute technologie : des satellites expédiés pour les Américains, et qui concurrencent

© Éditions d'Organisation

Ariane ; des avions, 24 Mac Donnel Douglas ont été faits à Shangaï, pendant que dans le sud étaient faits des morceaux d'Airbus et des nez de Boeing ; des trains, mélange d'une copie du TGV français et de l'ICE allemand ; ou des camions. La Chine, qui en 2001 ne pèse que 3 % du PIB mondial, pourrait un jour devenir une des plus grandes puissances économiques mondiales.

La Chine compte 20 millions d'internautes, contre 17 millions au Japon, 10 millions en France et 2 millions seulement en Inde.

La Chine est déjà devenue le premier pays asiatique en nombre d'utilisateurs d'Internet, très populaire auprès des jeunes étudiants : la Chine compte 20 millions d'internautes, contre 17 millions au Japon, 10 millions en France et 2 millions seulement en Inde pourtant réputée pour ses développements informatiques. Le gouvernement chinois a mis en place des filtres qui bloquent les sites jugés indésirables ou oblige les utilisateurs à s'enregistrer auprès de l'administration. Les dirigeants chinois craignent de perdre le contrôle de l'information et ils essaient ainsi de mettre des freins à cette ouverture brutale. Pour autant, Internet a fait perdre à la Chine une partie de ses frontières ; jusque dans les régions les plus reculées du continent :

China daily *du 4 Février 2001,* « **Internet brings end to era of isolation** »[1]

« Mongolia, the size of western Europe, has only 1200 km of paved roads ; just in the past year a highway has been laid down which reaches the furthest points of the remote country. The information superhighway is on its way to changing the way most Mongolians look at the world. Dozens of Internet cafes have sprouted in crumbling Soviet-era buildings. The cafes charge US$ 1 per hour of computer use, making the Net just affordable for the average Mongolian, who makes about US$ 45 (315 FF) a month. Students surf to get world's news, business people are making deal, and everyone is e-mailing as this kind of communication is a lot cheaper than the telephone. According the United Nations Development Programme, the Internet can support democratic governance, this allows Mongolians to make well-informed choices with regards to their own Government, this is the ultimate free press. The IT revolution is quickly expanding out of the capital, from the Gobi Desert to the Altai Mountains, putting thousands of people in contact with the outside world ».

1. « **Internet met fin à l'ère de l'isolement** » :

« La Mongolie, qui a la taille de l'Europe de l'Ouest, a seulement 1200 km de routes pavées ; l'année dernière seulement une autoroute a été construite, qui atteint les points les plus reculés du pays. La super-autoroute de l'information quant à elle est en train de changer la manière dont la plupart des Mongoliens regardent le monde. Des douzaines de cafés Internet ont poussé dans des immeubles effondrés de l'ère soviétique. Les cafés facturent US$ 1 par heure d'utilisation de l'ordinateur, rendant le réseau Internet juste abordable pour le Mongolien moyen, qui gagne environ US$ 45 (315 FF) par mois. Les étudiants surfent pour avoir des informations du monde, les hommes d'affaires font du commerce, et chacun utilise l'e-mail car ce mode de communication est beaucoup moins cher que le téléphone. Selon le Programme de Développement des Nations Unies, Internet peut aider la démocratisation, permettant aux Mongoliens de faire des choix en aidant bien informés sur leur propre gouvernement : c'est la presse libre par excellence. La révolution des Technologies de l'Information se développe rapidement hors de la capitale, du désert de Gobi jusqu'aux montagnes Altai, mettant des milliers de personnes en contact avec le monde extérieur ».

CHAPITRE 7

LES ASPECTS LOGISTIQUES, DOUANIERS ET FINANCIERS

Chaque pays a ses contraintes et ses coûts associés. Par exemple en Europe de l'Est, une simple commande suffit et le délai de livraison est de deux jours en camion ; alors qu'en Chine, il faut souvent ouvrir un crédit documentaire et le délai de livraison peut être de quarante jours. Acheter en dollars peut représenter un risque si le dollar monte, mais un avantage s'il baisse ; et peut permettre d'équilibrer les devises d'une entreprise qui réalise une part importante de ses ventes en dollars.

1. LES ASPECTS LOGISTIQUES

1.1 Le transport est important à l'international en termes de coûts et de délais

Mais si en Asie, l'acheteur a des prix plus bas, les délais sont plus longs : la logistique prend alors une importance toute particulière.

Lafuma dans le textile par exemple, qui maîtrise la conception des produits depuis son siège dans la Drôme, a une production fortement délocalisée par le biais de filiales au Maghreb et en Europe de l'Est, et a ouvert un bureau à Hong-Kong en 1989. Quasiment toutes les marques du secteur textile ont délocalisé leur production dans le sud-est asiatique ou en Chine, quand les pays d'Europe de l'Est ou du Maghreb n'étaient plus suffisamment compétitifs. Mais si en Asie, l'acheteur a des prix plus bas, les délais sont plus longs : la logistique prend alors une importance toute particulière.

Le poids étant prépondérant par avion ; et le volume essentiel par camion ou par bateau.

Les transports occupent une place importante dans l'achat international, en termes de coûts et de délais. L'acheteur ne peut régler seul toutes les questions afférentes à la logistique internationale ; son partenaire logistique pourra l'aider à organiser un nouveau flux d'importations, à calculer les coûts logistiques associés ou lui proposera le meilleur port d'importation. Les tarifs de base sont établis sur la base d'un mixte poids/volume : le poids étant prépondérant par avion ; et le volume essentiel par camion ou par bateau.

Pour du matériel électromécanique importé de Chine par mer, l'acheteur peut estimer un surcoût moyen dû au transport et aux droits de douane (Freight & Duties) d'environ 12 %.

Pour un achat en Chine par exemple, l'acheteur va fonder sa stratégie d'achat sur du transport maritime, peu cher mais long. Le coût est basé essentiellement sur le volume : un container de quarante pieds, container de douze mètres de long où l'on peut mettre quarante palettes, importé de Chine coûte environ 3 000 euros (20 000 FF), quelque soit son contenu et dans une limite raisonable de poids. Partant du prix d'achat *Ex-Works*, pour des triples prises, sèche-cheveux ou relais industriels, et d'une manière générale pour du matériel électromécanique importé de Chine par mer, l'acheteur peut estimer en première approche un surcoût moyen dû au transport et aux droits de douane (*Freight & Duties*) d'environ 12 %.

Le seul temps de transport maritime de Hong-Kong à Gênes est d'une vingtaine de jours, mais le délai complet peut être de quarante jours entre la mise à disposition de la marchandise FOB sur le quai chinois de Hong-Kong et la livraison à l'usine française. La gestion des commandes doit être adaptée et

© Éditions d'Organisation

rigoureuse : avec les meilleures prévisions de commandes possible sachant qu'avoir des prévisions à peu près fiables est souvent une difficulté commune à la plupart des entreprises et des industries ; un programme de commandes trimestrielles, et un stock roulant de trois mois en France pour sécuriser les approvisionnements. Les erreurs coûtent cher, car en cas de rupture de stock, l'acheteur peut devoir utiliser le transport aérien en urgence, qui va parfois effacer tout gain dans son opération d'achat à l'étranger, et ce d'autant plus que le rapport valeur/volume est faible.

Le transport aérien est rapide mais cher. Le coût est basé sur un mixte poids/volume, dans lequel le poids est prépondérant : le coût est d'environ 3,40 US$ le kilo importé de Chine par avion ; le délai est alors d'une semaine, en incluant tous les aspects logistiques et douaniers au départ et à l'arrivée en France. C'est un surcoût acceptable pour une série d'échantillons à valider rapidement, moins pour des flux de containers réguliers ; notamment pour des produits lourds ou volumineux.

Premier exemple : importation de Chine de parafoudres, boîtiers plastiques relativement légers incluant de l'électronique et donc à forte valeur ajoutée = le transport par air coûte 4 fois le transport par mer :
- *par mer, 2 300 euros (15 000 FF) le container 20 pieds contenant 15 000 produits : 0,15 euro (1 FF) par produit ;*
- *par air, 3,60 US$/kg soit 8 500 euros (56 000 FF) les 20 palettes de 2 tonnes : 0,60 euro (4 FF) par produit.*

L'impact, pour un produit vendu en moyenne 15,20 euros (100 FF) est relativement mineur, même par avion : un produit relativement cher, à contenu technologique, peut être importé de Chine par avion.

Deuxième exemple : importation de Chine de vis, pièces lourdes et à faible valeur ajoutée = le transport par air coûte près de 40 fois le transport par mer :
- *par mer, 2300 euros (15 000 FF) le container 20 pieds contenant 20 palettes d'un million de vis chacune : 0,11 euro (0,75 FF) pour mille vis ;*
- *par air, 3,60 US$/kg soit 84 000 euros (550 000 FF) pour les 20 palettes d'une tonne chacune : 4,11 euros (27,00 FF) pour mille vis.*

Un tel surcoût doublerait le prix d'achat initial des vis et serait rédhibitoire, annulant tout gain : un produit peu cher, des vis ou des tubes de fonte, peuvent être importés de Chine par bateau, mais pas par avion.

Le transport aérien est rapide mais cher.

Un produit relativement cher, à contenu technologique, peut être importé de Chine par avion.

Un produit peu cher, des vis ou des tubes de fonte, peuvent être importés de Chine par bateau, mais pas par avion.

Il vaut mieux acheter en Chine des produits existants ; une phase de *design* et de qualification étant plus aléatoire à 10 000 kilomètres de distance.

Il vaut mieux acheter en Chine des produits existants, qu'il suffit pour le fournisseur chinois de copier en dupliquant les outillages, en fonction d'un résultat précis puisqu'existant ; plutôt que de démarrer la conception de nouveaux produits, une phase de *design* et de qualification étant plus aléatoire, sujet à modifications et à incompréhensions, surtout à 10 000 kilomètres de distance. Un nouveau produit, déjà lancé commercialement sur le marché et attendu par les clients, face à une contrainte de mise sur le marché (*time to market*), peut voir son développement en Chine prendre plusieurs mois de retard. Il vaut mieux démarrer la production en France, réaliser trois mois de stock avant de transférer ou de dupliquer la fabrication en Chine ; sauf quand l'outillage est beaucoup moins cher à lancer en Chine.

1.2 Les coûts d'approche augmentent avec la distance

Hors les coûts logistiques liés aux pièces, les coûts d'approche concernent les coûts de déplacement nécessaires, billets d'avion ou frais d'hôtels, des personnes qui se déplacent à l'étranger pour sélectionner, auditer, qualifier ou développer les fournisseurs étrangers, dans le cadre des projets d'achat.

Un billet d'avion pour Budapest à 1 600 kilomètres ou pour Hong-Kong à 10 000 kilomètres peut coûter le même prix de 800 euros (5 200 FF).

Un billet d'avion pour Budapest à 1 600 kilomètres ou pour Hong-Kong à 10 000 kilomètres peut coûter le même prix, 800 euros (5 200 FF). Parce qu'en Europe, il y a moins de compagnies aériennes, un peu d'entente entre elles et peu de concurrence ; alors que la concurrence est très forte sur l'Asie. Voilà un exemple d'intérêt pour le consommateur de l'ouverture des marchés à la concurrence mondiale ; et un bel exemple d'achat à prix « marché », où les notions d'analyse de la valeur et de structure de coût (*costbreakdown*) sont obsolètes. Quant aux frais d'hôtels, ils sont élevés notamment en Asie du Nord-Est, les cinq villes les plus chères du monde étant Tokyo et Osaka au Japon, Hong-Kong, Séoul et Taïpei.

Pour amortir les coûts d'approche, chaque projet à l'étranger doit représenter au minimum un montant d'achat de 150 000 euros/an (1 MFF).

Au total, ces coûts d'approche à l'étranger peuvent être relativement importants. Si par exemple l'acheteur se déplace quatre fois par an à l'étranger pour un projet, dont deux fois accompagné par un collègue du service qualité ou de la Recherche & Développement, ces six voyages peuvent représenter un budget de 15 000 euros/an (100 KFF). Pour amortir les coûts d'approche, chaque projet à l'étranger doit représenter au minimum un montant d'achat de 150 000 euros/an (1 MFF) avec un gain de 30 % : c'est un ratio pertinent pour l'Europe de l'Est. Nous verrons par contre qu'en Asie, le seuil de démarrage d'un projet est beaucoup plus élevé, pour une autre raison : un fournisseur asiatique ne sera intéressé par un projet que s'il dépasse 1 MUS\$/an, même s'il peut démarrer avec la moitié la première année et si l'acheteur lui montre un *business plan* cohérent de développement du marché les années suivantes.

2. LES ASPECTS DOUANIERS

2.1 Les 14 incoterms reconnus dans le monde

Pour importer un container de Chine, l'acheteur a notamment le choix entre un achat *FOB* ou *CIF*.

Autrefois, l'acheteur achetait toujours « franco destination », livraison port et droits de douane payés par le fournisseur, mais refacturés ensuite bien sûr ; c'était le plus simple, même si ce n'était pas forcément le plus intéressant économiquement pour l'acheteur. Aujourd'hui, pour importer un container de Chine, l'acheteur a notamment le choix entre un achat *FOB*, marchandise mise à disposition par le fournisseur au départ d'un port chinois ; ou *CIF*, livrée dans un port européen avec les coûts de transport et droits de douane pris en charge par le fournisseur chinois. Cela dépend qui, du fournisseur ou de l'acheteur, a le plus gros trafic sur cet axe de transport, et ainsi le meilleur tarif de l'affréteur. Acheter *FOB* permet à l'acheteur de contrôler directement le prix du transport, et d'avoir toujours la liberté de choisir son monde de transport s'il faut par exemple dans un cas d'urgence importer des produits par avion.

(voir page suivante)

2.2 Les droits de douane diminuent régulièrement

Il y a suspension des droits de douanes, lors de l'importation de produits industriels dans l'Union européenne, notamment des pays du Maghreb et des pays du PECO.

Il y a suspension des droits de douane, lors de l'importation de produits industriels dans l'Union européenne, notamment des pays du Maghreb, par exemple pour une activité d'assemblage réalisée au Maroc ou en Tunisie, et des pays du PECO, par exemple sur des pièces plastiques ou métalliques.

Liste des 14 INCOTERMS, révisés en 1980 et reconnus par l'ensemble des pays :

- *5 Incoterms TOUS MODES DE TRANSPORT*

  - EXW Ex works – *à l'usine : la mise à disposition ayant lieu à l'usine du fournisseur, l'acheteur supporte tous les frais et les risques du transport depuis ce point.*
  - FRC Free carrier – *Franco transporteur : lieu de mise à disposition précisé par l'acheteur.*
  - DDP Delivered duty paid – *Rendu droits acquittés : mise à disposition dans le pays d'importation, avec les frais de transport et des droits de douane à la charge du vendeur.*
  - DCP Carriage paid to – *Port payé jusqu'à : le coût du transport est à la charge du vendeur, mais le transfert des risques a lieu dès la remise au premier transporteur.*
  - CIP Carriage and insurance paid to – *Transport et assurance payés jusqu'à : le coût du transport et l'assurance sont à la charge du vendeur.*

- *2 Incoterms TERRESTRES*

  - FOR Free on rail – *Franco wagon : pour le transport par train, transfert des frais et des risques après chargement.*
  - DAF Delivered at frontier – *Rendu frontière : transfert des frais et des risques à la frontière.*

- *1 Incoterm AÉRIEN*

  - FOA Free airport – *FOB aéroport : transfert des frais et des risques lors de la remise au transporteur aérien.*

- *6 Incoterms MARITIMES*

  - FAS Free alongside ship – *Franco le long du navire : transfert des frais et des risques sur le quai, l'acheteur devant faire procéder au dédouanement export.*
  - FOB Free on board – *Franco bord : transfert des frais et des risques au port de départ au moment du passage sur le bastingage du navire.*
  - CFR Cost and freight – *Coût et frêt : transfert des risques dès le lieu de départ, sur le bastingage du navire, mais transfert des frais au port d'arrivée choisi par l'acheteur.*
  - CIF Cost, insurance and freight – *Coût, assurance et frêt : transfert des frais et des risques au port d'arrivée choisi par l'acheteur.*
  - EXS Ex ship – *À partir du navire : même règle que ci-dessus, mais l'acheteur doit faire décharger la marchandise au port d'arrivée.*
  - EXQ Ex quay – *À quai : le vendeur doit faire décharger et dédouaner la marchandise au port d'arrivée, transfert des frais et des risques au passage en douane.*

EXW Ex works – l'acheteur supporte tous les frais et les risques du transport.

FOB Free on board – transfert des frais et des risques au port de départ.

CIF Cost, insurance and freight – transfert des frais et des risques au port d'arrivée.

L'UE favorise par la suspension des droits de douane, les entreprises qui importent, pour faire jouer la libre concurrence et faire baisser les prix européens.

De plus en plus de pays signent ainsi des accords avec l'Union européenne : il n'y a pratiquement pas de droits de douane à l'import dans l'UE de toute l'Afrique, hors Afrique du Sud ; de l'AELE ; du Moyen-Orient, de l'Égypte et la Jordanie, suite aux accords de Maskrak ; ou d'Israël. Par accord de réciprocité, l'Europe et ces pays se sont mis d'accord pour réduire ou suspendre leurs droits de douane bilatéralement. D'une certaine manière, l'UE favorise par la suspension des droits de douane, les entreprises qui importent, pour faire jouer la libre concurrence et faire baisser les prix européens.

La France ne pourra bientôt plus se protéger par des droits de douane, mais plutôt par des quotas.

La France ne pourra bientôt plus se protéger par des droits de douane, mais plutôt par des quotas, grâce à un nombre de licences d'importation attribuées par Bruxelles, qui fixe par exemple chaque année le nombre de sèche-cheveux que la Chine est autorisée à exporter en Europe ; ou par des normes de sécurité, comme la norme *NF*. Les douanes sont amenées à moins taxer mais à davantage contrôler la qualité des produits importés :

> Un douanier raconte ainsi qu'« après contrôle en douane, il a dû refouler des marchandises et faire payer des amendes pour : des landaus venant de Pologne avec des certificats de conformité en règle mais en fait dangereux ; des foies d'oies de Bulgarie, ne répondant pas à la norme qui exige que soient présentes les deux parties du foie, et chacune d'un poids minimum de 210 grammes ; des escargots de Turquie qui empestaient un camion frigorifique … »

L'*EUR 1* permet de bénéficier de droits de douane réduits ou nuls à l'entrée en Europe.

L'*EUR 1* est un document harmonisé applicable dans une cinquantaine de pays : tous les pays de l'UE, et les pays ayant signé un accord tels la Suisse, la Norvège, la Pologne, les pays africains, les pays arabes, la Turquie, Malte, Chypre ou le Mexique dernièrement. Ce document, après avoir été visé par les douanes étrangères lors de l'importation, permet de bénéficier de droits de douane réduits ou nuls à l'entrée en Europe. Les États-Unis et l'Asie ne font pas partie de cette harmonisation.

Une entreprise peut par exemple connaître les volumes importés sur le marché européen, en téléphonant au centre des statistiques douanières de Toulouse ; qui pourrait par exemple l'informer que « x millions de sèche-cheveux ont été importés de Chine en 2000, pour tel montant. »

© Éditions d'Organisation

3.2 Les régimes économiques particuliers facilitent les échanges

Les régimes particuliers ont été créés dans un but de simplification, pour permettre une plus grande souplesse des échanges.

Les quelques régimes particuliers décrits ci-après ont été créés dans un but de simplification, pour permettre une plus grande souplesse des échanges. Traités avec rigueur, ils éviteront toute « tracasserie administrative ».

La déclaration simplifiée consiste, après accord du bureau de douane concerné, à permettre le dédouanement à domicile sur simple présentation de documents internes de l'entreprise, factures et feuillets DAU, Déclaration administrative unique. Elle sera complétée en fin de mois par une déclaration en douane complémentaire récapitulant toutes les opérations traitées.

Les régimes économiques, ou suspensifs, évitent aux entreprises l'immobilisation de trésorerie, en suspendant les droits et taxes.

Les régimes économiques, ou suspensifs, sont ainsi nommés car ils évitent aux entreprises l'immobilisation de trésorerie, en suspendant les droits et taxes.

Contrairement à la notion d'« origine » qui est liée au pays de fabrication, la notion de « provenance » est liée au pays d'expédition, et peut être une zone franche d'où est parti le bateau.

Les zones franches sont des enclaves territoriales considérées comme n'étant pas sur le territoire national douanier. Ce sont des ports libres, non soumis aux droits de douane ni aux taxes ; ils peuvent faire librement des opérations de transformation ou de reconditionnement. Contrairement à la notion d'« origine » qui est liée au pays de fabrication, la notion de « provenance » est liée au pays d'expédition, et peut être une zone franche d'où est parti le bateau : New York, Amsterdam, Chypre ou Macao par exemple. Ces zones franches peuvent servir de simple rupture de charge, laissant la marchandise à quai quelques mois par exemple pour la revendre plus tard, plus cher.

L'admission temporaire peut être utilisée par exemple pour un tunnelier importé du Japon en France pendant un an, pour creuser un tunnel : l'entreprise française maître d'œuvre ne paie les droits de douane sur ce tunnelier à l'importation que partiellement, pendant un an. Quant à *l'exportation temporaire*, l'acheteur peut être amené à utiliser ce régime par exemple pour transférer un outil chez un fournisseur étranger temporairement, la limite pouvant être de six mois à deux ans.

Le perfectionnement passif, avec le document EX2, est un régime économique particulier permettant l'exportation temporaire de pièces à l'étranger pour assemblage final ou transformation. À la réimportation, l'acheteur paie les droits de douane éventuels et déclare la TVA uniquement sur la plus-value, c'est-à-dire le coût de la main-d'œuvre nécessaire à l'assemblage. Avec ce régime de perfectionnement passif, l'UE a favorisé d'une certaine manière la délocalisation de l'assemblage à l'étranger ; pour l'industrie textile, les contingentements sont arrivés trop tard pour arrêter l'hémorragie, et ce régime a favorisé en fait la délocalisation de cette industrie manufacturière, en Asie notamment.

Le perfectionnement actif correspond lui à l'importation de marchandises pour transformation en France.

Le perfectionnement actif correspond lui à l'importation de marchandises pour transformation en France ; Schneider importe ainsi de la tôle scratchée des États-Unis, seul pays producteur avec le Japon, assemble les transformateurs en France et les réexporte en Chine.

2.4   La notion d'origine prédomine sur celle de *made in*

Si au moins 40 % du coût d'un produit provient d'un pays donné, cela peut définir son origine ; mais dans un système d'échanges multipliés, la notion de made in d'un produit devient parfois complexe à définir.

Si au moins 40 % du coût d'un produit provient d'un pays donné, cela peut définir son origine. Mais dans un système d'échanges multipliés, délocalisés et déstructurés, la notion de *made in* d'un produit devient parfois complexe à définir : par exemple pour un produit dont les granulés de matières plastiques sont importés d'Allemagne et le moulage est réalisé en Pologne, avec le laiton provenant du Chili et découpé en République tchèque, les vis achetées en Italie, le cordon électrique en Macédoine, le circuit imprimé à Taïwan, et des composants électroniques asiatiques.

Un produit n'a d'ailleurs pas l'obligation d'être marqué made in : il peut ne pas être marqué du tout.

Un produit n'a d'ailleurs pas l'obligation d'être marqué *made in* : il peut ne pas être marqué du tout.

Pour les vêtements, le suivi est tellement complexe que l'UE n'exige plus d'étiquetage d'origine, mais un COT, Certificat d'Origine Textile ; qui vient souvent de Hong-Kong, d'Inde, du Vietnam ou du Sri Lanka. Pour le textile, le pays d'origine est le pays d'où vient le fil, pas le pays où il est tissé.

En 1998, Bruxelles a créé le RCO, Renseignement Contraignant d'Origine : ce document est d'abord rempli par l'importateur ; puis la DGDDI, Direction Générale des Douanes et Droits Indirects, à Bercy se détermine sur l'origine avec l'accord de Bruxelles.

3. LES ASPECTS FINANCIERS

3.1 Acheter en dollars est un risque à gérer, parfois avantageux

Évolution du cours du dollar en euros (Francs Français) de 1994 à 2000 :

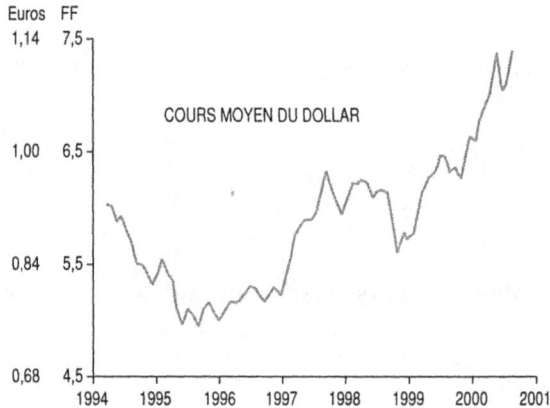

De janvier 1999 où un dollar = 0,82 euro (5,38 FF) à octobre 2000 où un dollar = 1,20 euro (7,87 FF), le dollar a augmenté de : + 46 %.

De 1985 à 1995, le dollar avait perdu la moitié de sa valeur, chutant de 1,52 euro (10 FF) à 0,76 euro (5 FF).

Cette courbe montre que le coût du dollar en euros, qui représente le coût des achats faits en dollars, a ainsi augmenté sans cesse pendant vingt mois, de janvier 1999 à octobre 2000, renchérissant de 46 % notamment les achats de matières premières, pétrole et métaux au cours du LME, ou les achats en Chine. La fluctuation du dollar fut encore plus forte dans le passé, en sens inverse : de 1985 à 1995, le dollar avait perdu la moitié de sa valeur, chutant de 1,52 euro (10 FF) à 0,76 euro (5 FF).

Comme pour toute fluctuation cyclique, les périodes positives et négatives s'équilibrent sur un moyen terme.

Le chiffre de référence plus usité est à l'inverse le cours de l'euro en dollars : l'euro a démarré haut en janvier 1999 à 1,20 dollar, a plongé en octobre 2000 jusqu'à 0,82 dollar, est remonté trois mois après à 0,96 dollar à un taux proche de la parité, avant de refaiblir en mai 2001 à 0,86 dollar. La fluctuation de l'euro par rapport au dollar est un risque à gérer. Et comme pour toute fluctuation cyclique, les périodes positives et négatives s'équilibrent sur un moyen terme.

Acheter en dollars peut être un avantage si l'entreprise souhaite équilibrer ses devises à l'achat et à la vente.

Par ailleurs, acheter en dollars peut être un avantage si l'entreprise souhaite équilibrer ses devises à l'achat et à la vente : acheter davantage en dollars en Chine permet en effet d'équilibrer ses devises avec ses ventes faites en dollars aux États-Unis.

3.2 La fiscalité à l'achat : ne pas payer l'avance de TVA

Quand une entreprise, française ou étrangère, achète en France, elle paie au fournisseur français la TVA française de 19,6 % ; puis elle récupère la TVA auprès du fisc français quand elle revend : ce n'est en fait qu'une avance de trésorerie, d'environ deux mois. Seuls les particuliers paient la TVA *in fine*. Quand une entreprise française achète à l'étranger, elle peut ne pas payer l'avance de TVA du pays étranger, déclarant la TVA au fisc français, et pouvant voir cette TVA due auto-liquidée en fin d'année fiscale, suivant la balance Import / Export de l'entreprise ; grâce au visa AI2, Avis d'Imposition n° 2, que l'entreprise peut demander aux Impôts pour comparer ses importations et exportations. Les taux de TVA devraient être harmonisés dans l'UE, ces prochaines années ; actuellement ils sont par exemple de 38 % en Italie, 19,6 % en France, 16 % en Allemagne, et 0 % en Grande-Bretagne…

3.3 Le mode et les délais de paiement, entre T/T et L/C

Acheter en Chine peut imposer d'utiliser un paiement comptant T/T ou d'offrir une garantie bancaire en ouvrant un crédit documentaire L/C.

Acheter en Chine peut imposer d'utiliser un paiement comptant, *Telegraphic Transfer* ou T/T ; ou d'offrir une garantie bancaire en ouvrant un crédit documentaire, *Letter of Credit* ou L/C. C'est une contrainte qui n'existe pas avec l'Europe de l'Est ou la Turquie par exemple, où la proximité géographique et culturelle permet au fournisseur de faire davantage confiance à l'acheteur.

L'ouverture d'une L/C doit être faite bien avant la date d'expédition prévue.

L'ouverture d'une L/C doit être faite bien avant la date d'expédition prévue, selon un procédé qui garantit le paiement pour le fournisseur étranger : l'acheteur a placé une commande chez le fournisseur ; l'acheteur, sur facture pro-forma, demande à sa banque d'ouvrir un crédit documentaire en faveur du fournisseur pour les quantités de produits et le montant total de cette commande ; cette somme est bloquée chez la banque de l'acheteur ; cette banque émettrice ouvre le crédit chez le banquier du fournisseur, banque notificatrice, en lui faisant parvenir une lettre d'ouverture de crédit ou accréditif ; le banquier étranger notifie au fournisseur le crédit ainsi que les modalités exigées par l'acheteur ; le fournisseur procède à l'envoi de la marchandise dans les conditions requises et reçoit en décharge les documents d'expédition ; la banque étrangère vérifie que les documents sont conformes au crédit documentaire ouvert, paie le fournisseur, et demande paiement à la banque française, qui débite son client ; l'acheteur peut à réception de la marchandise l'échanger alors contre les documents.

© Éditions d'Organisation

Une L/C sera souvent « irrévocable et confirmée » ; d'où la nécessité de faire un contrôle de la qualité des produits *avant* la mise en container précédant le départ du port chinois.

Une L/C sera souvent « irrévocable et confirmée », c'est-à-dire payable quoiqu'il advienne, même si les produits sont de mauvaise qualité. D'où la nécessité de faire un contrôle de la qualité des produits *avant* la mise en container précédant le départ du port chinois : par un employé local du donneur d'ordres ce qui est le plus sûr, par un intermédiaire chinois mais la confiance pourra être limitée, ou par un prestataire externe mais le forfait journalier peut être cher. Une L/C a un coût de traitement pour l'acheteur auprès de sa banque française d'environ 50 euros (330 FF), et doit donc si possible être ouverte pour un montant de commande d'au moins 500 euros (3 300 FF) pour que le coût du traitement administratif de la commande ne dépasse pas le dixième du montant de cette commande.

La moindre modification de la date d'expédition ou des quantités expédiées nécessite une modification de la L/C.

Surtout une L/C est lourde à gérer sur un plan administratif, car il faut fixer à l'avance, environ deux semaines avant, la date exacte de la mise à disposition des containers *FOB* sur le port chinois fixé, et le contenu exact de ces containers, à l'unité près pour chaque référence de produit. La moindre modification de la date d'expédition ou des quantités expédiées nécessite une modification de la L/C, un traitement par les banques et donc un coût supplémentaire.

Une fois les premières expéditions faites, l'acheteur peut essayer de négocier l'abandon de L/C au profit de T/T, par exemple à 45 jours, mode de règlement moins cher et plus souple pour l'acheteur.

Une fois les premières expéditions faites, et si le fournisseur chinois a suffisamment confiance, l'acheteur peut essayer de négocier l'abandon de L/C au profit de T/T, par exemple à 45 jours, mode de règlement moins cher et plus souple pour l'acheteur, même si moins sécurisant pour le fournisseur qui n'a plus de garantie formelle d'être payé. 45 jours permettent à l'acheteur de ne payer qu'une fois le container reçu, puisqu'il faut compter au maximum 40 jours entre la date de mise à disposition de la marchandise sur le quai chinois et la réception dans l'usine française permettant le contrôle de la qualité.

Quant aux délais de paiement, ils vont aujourd'hui de 30 jours en Allemagne à 90 jours en France. Ils devraient être harmonisés à 30 jours en Europe. Jusqu'à 30 jours, les douanes et l'entreprise considèrent le paiement comme « comptant » ; au-delà, un taux d'escompte de 2 % peut renchérir le prix d'achat de la marchandise. En Europe de l'Est, les fournisseurs ont pris l'habitude de travailler avec l'Allemagne et demandent souvent un paiement à 30 jours, voire 15 jours car ils sont à court d'argent. Alors qu'un fournisseur chinois, de Taïwan ou de Hong-Kong, peut accepter un paiement à 45, voire 60 jours.

© Éditions d'Organisation

LES ACHATS INDUSTRIELS À L'ÉTRANGER

Troisième partie

Comment sélectionner un fournisseur étranger

© Éditions d'Organisation

CHAPITRE **8**

LA RECHERCHE DE FOURNISSEURS
ÉTRANGERS POTENTIELS

Sur la base d'une stratégie d'achat claire et de pays cibles, l'acheteur peut démarrer la recherche de fournisseurs, partenaires industriels potentiellement intéressants dans ce pays : c'est le *sourcing*, recherche de sources d'achat par l'acheteur, explorateur de contrées inconnues pour son entreprise. Cette recherche peut passer par des *mailings* reçus, foires et salons, PEE ou CCI, ou en remontant une filière industrielle. Quant à Internet, cet outil peut aider mais ne devrait pas fondamentalement changer la fonction achats dans cette démarche d'approche, et encore moins ensuite dans la démarche de sélection d'un fournisseur sur des critères humains et industriels.

1. AVOIR UN OBJECTIF PRÉCIS

1.1 Construire une stratégie d'achat avec des mixtes produits / pays

Le rôle d'une Direction des achats, outre d'assurer un recrutement et un développement performants pour faire progresser son équipe, est dans l'élaboration d'une stratégie d'achat et d'une méthodologie d'approche des fournisseurs.

L'acheteur doit construire une stratégie d'achat précise au départ, avec des produits et des pays bien ciblés ; et si l'objectif est précis, les contraintes sont fortes.

L'acheteur doit construire une stratégie d'achat précise au départ, avec des produits et des pays bien ciblés ; et si l'objectif est précis, les contraintes sont fortes. Il doit ainsi éviter de se disperser, faute de trop de temps et de ressources en interne pour l'accompagner dans ses projets. Sinon, il risque de démotiver l'équipe d'acheteurs qui prépare, envoie et analyse les consultations, la Recherche & Développement qui peut être amenée à revoir les spécifications techniques, ou le service qualité qui audite les fournisseurs.

Ce schéma d'achat doit être cohérent, rentable et fiable, en intégrant : les données techniques, capacité à fabriquer les pièces et outillages spécifiques nécessaires ; données économiques, salaire local et part de la main-d'œuvre dans le prix final des pièces ; données géopolitiques, stabilité politique et évolution possible de l'inflation ou des salaires ; et données logistiques, coût du transport des matières éventuellement à fournir et coût du rapatriement des pièces en France.

Il faut écarter un schéma d'achat fondé sur une offre de prix incompréhensible au départ, car l'acheteur risque de subir des hausses de prix une fois le fournisseur retenu.

Il faut écarter un schéma d'achat fondé sur une offre de prix incompréhensible au départ, car l'acheteur risque de subir des hausses de prix une fois le fournisseur retenu et le commerce engagé, et le schéma ne sera pas pérenne : une pièce en laiton découpée en Europe de l'Est peut structurellement être 30 % moins chère qu'en France, même si les offres de prix le traduisent rarement ; un produit fabriqué en Chine peut être acheté 50 % moins cher qu'en France ; mais dans la CEE, entre par exemple trois offres provenant de France, d'Allemagne ou d'Italie, où les coûts sont relativement proches, si l'une est 30 % moins chère que les autres, l'acheteur doit vraiment essayer de comprendre pourquoi avant de s'engager.

L'acheteur doit communiquer en interne sur sa stratégie d'achat, pour que chacun au sein de l'entreprise ait une démarche commune.

L'acheteur doit communiquer en interne sur sa stratégie d'achat, pour que chacun au sein de l'entreprise ait une démarche commune et un discours cohérent ; et en externe, ce qui au fil du temps va déclencher un intérêt, des informations, des contacts et des propositions insoupçonnés initialement.

L'acheteur peut se focaliser sur les produits de son portefeuille d'achat qui représentent les volumes d'achat majeurs, et donc des sources de gains potentiels majeurs ; les produits plutôt simples techniquement, donc à moindre risque ; et les produits sans outillages nécessaires, donc sans investissements. Puis il peut imaginer un schéma associant des mixtes produits/pays pertinents : par exemple chercher un découpeur en Hongrie ou un fabricant de circuits imprimés à Taïwan. Pour autant, l'acheteur doit toujours rester le plus ouvert possible, ne pas avoir de schéma fermé : car il ne sait jamais ce qu'il trouvera à l'étranger.

L'acheteur doit toujours rester le plus ouvert possible car il ne sait jamais ce qu'il trouvera à l'étranger.

Le double *sourcing*, c'est-à-dire deux fournisseurs pour un même produit, permet de limiter les risques, mais n'est pas toujours possible quand il nécessite de réinvestir dans un deuxième outillage coûteux. Le coût important des outillages peut être amorti pour quelques grandes séries majeures ; mais empêche la duplication pour toutes les moyennes et petites séries, qui doivent se contenter d'un outillage unique, et parfois vieillissant.

Le double sourcing permet de limiter les risques, mais n'est pas toujours possible quand il nécessite de réinvestir dans un deuxième outillage coûteux.

Par ailleurs, acheter par exemple les deux tiers du volume à l'étranger, et un tiers du volume en France comme volant de souplesse et de sécurité peut sembler idéal ; mais si le fournisseur étranger arrête brutalement de livrer, le fournisseur français sera souvent incapable de tripler sa production rapidement. Le risque est relativement faible pour un moule, que l'acheteur peut transférer en urgence d'un mouleur à un autre ; mais il est important pour un produit fabriqué en *OEM, Original Equipment Manufacturer*, c'est-à-dire suivant des plans propres à l'entreprise donneuse d'ordres, notamment en Chine où les outillages sont irrécupérables et l'expertise spécifique.

Calor par exemple a ainsi partagé la fabrication de thermostats de fers à repasser entre la Chine, le Mexique et le Luxembourg, ce dernier pays augmentant le prix moyen mais apportant une sécurité d'approvisionnement. Transférer tous les achats de thermostats en Chine aurait été plus rentable, mais a été considéré comme trop risqué. La sécurité d'approvisionnement a un coût ; et ce coût est une couverture de risque que l'acheteur et sa Direction peuvent décider de prendre en fonction du niveau de sécurité nécessaire.

La sécurité d'approvisionnement a un coût ; et ce coût est une couverture de risque que l'acheteur et sa Direction peuvent décider de prendre en fonction du niveau de sécurité nécessaire.

1.2   Éviter les intermédiaires permet d'optimiser les gains

L'acheteur a pour première et principale difficulté de trouver des fournisseurs étrangers.

L'acheteur a pour première et principale difficulté de trouver des fournisseurs étrangers. Sur sa route, viendront à lui de multiples intermédiaires prétendant, et apparaissant à priori, lui faciliter la recherche. Les acheteurs américains, parfois peu au fait de la géopolitique mondiale et qui travaillent sur un marché dominé par la distribution, consultent ainsi souvent, et achètent parfois, via des intermédiaires : un bureau américain basé à Hong-Kong, ou un bureau d'une société asiatique basée aux États-Unis. Un intermédiaire peut parfois aider l'acheteur à trouver un fournisseur intéressant, et à construire une relation, dans un pays où il n'a aucune entrée.

L'acheteur a intérêt à éviter les intermédiaires parce qu'ils peuvent prendre une marge importante, jusqu'à 25 %, et réduisent alors considérablement l'intérêt économique.

L'acheteur qui gère des achats industriels doit chercher à travailler directement avec un partenaire industriel.

Mais d'une manière générale, l'acheteur a intérêt à éviter les intermédiaires (*traders*) ; notamment parce qu'ils peuvent prendre une marge importante, jusqu'à 25 %, et réduisent alors considérablement l'intérêt économique d'un achat à l'étranger : quand l'acheteur passe par un intermédiaire, le gain est parfois la moitié de ce qu'il pourrait être. Ensuite, parce que le *trader* n'oriente pas l'acheteur forcément vers le fournisseur le meilleur, le moins cher, le plus fiable ou le plus créatif mais plutôt vers celui avec lequel il entretient les meilleures relations. Enfin, l'acheteur qui gère des achats industriels doit plutôt chercher à travailler directement avec un partenaire industriel, et développer une relation industrielle avec l'usine.

« Les traders font un métier avec de moins en moins de valeur ajoutée et de marge cédée, surtout depuis qu'Internet permet de mettre en relation directement les acheteurs et les fournisseurs ».

Quant aux intermédiaires sur Internet et autres places de marché en ligne, ceux qui ont une offre uniquement fondée sur le prix devraient être vite écartés au profit d'une relation directe entre les acheteurs et les fournisseurs ; surtout pour des achats industriels, qui nécessitent une relation technique. Les intermédiaires rencontrés en Slovénie, à Hong-Kong ou à Taïpei reconnaissent d'ailleurs que « les *traders* font un métier de plus en plus difficile, avec de moins en moins de valeur ajoutée et de marge cédée, surtout depuis qu'Internet permet de mettre plus facilement en relation directement les acheteurs et les fournisseurs ».

2. MULTIPLIER ET EXPLOITER LES CONTACTS

2.1 Décrypter les *mailings* et fréquenter les salons professionnels

L'acheteur reçoit beaucoup de *mailings*, publicités par courrier ou fax ; l'intérêt est *a priori* relativement minime.

L'acheteur reçoit beaucoup de *mailings*, publicités par courrier ou fax, *e-mails* provenant notamment de sociétés asiatiques proposant leurs services. L'intérêt est *a priori* relativement minime devant la masse de propositions reçues. Mais parfois une phrase accroche le regard, quand le fournisseur étranger fait référence à une technologie spécifique, à notre secteur d'activité ou cite nos confrères européens comme ses principaux clients.

Il est intéressant de prendre deux jours par an pour visiter le Midest en fin d'année à Paris.

Les salons professionnels permettent de cibler ses contacts, et de faire des rencontres intéressantes. Il est intéressant de prendre deux jours par an pour visiter le Midest en fin d'année à Paris. On y rencontre de plus en plus de fournisseurs étrangers : en décembre 2000, sur 1 800 fournisseurs exposants, un tiers soit 600 étaient étrangers, d'Italie, d'Espagne et du Portugal, mais aussi de République tchèque, de Tunisie ou de Chine.

2.2 Les PEE et les CCI ont des implantations locales qui peuvent être utiles

Des réseaux relationnels importants et historiques, mis en place à l'origine pour aider les vendeurs à l'export.

Les PEE, Postes d'expansion économique, branches économiques des Ambassades de France, ou les CCI, Chambres de commerce et d'industrie, implantées dans les grandes villes, peuvent aider l'acheteur à trouver des noms de fournisseurs étrangers ; grâce à des réseaux relationnels importants et historiques, mis en place à l'origine pour aider les vendeurs à l'export, pour promouvoir l'industrie française. Là, l'objectif n'est pas d'aider les entreprises françaises en aval, pour promouvoir leurs ventes ; mais en amont, pour les aider à mieux acheter, et être plus compétitives.

L'acheteur doit être précis dans sa recherche, concernant le pays recherché, la technologie et le parc machines nécessaire, pour ne pas se disperser.

2.3 Remonter une filière industrielle peut être intéressant

L'acheteur peut demander à des fournisseurs de matières plastiques, des noms de leurs clients mouleurs dans un pays donné.

Une démarche intéressante, technique, est de remonter une filière industrielle. L'acheteur peut par exemple demander à des fournisseurs de matières plastiques, des noms de leurs clients mouleurs dans un pays donné ; ou à des lamineurs, des noms de leurs clients découpeurs à l'étranger.

© Éditions d'Organisation

L'acheteur peut également remonter une filière industrielle *via* un distributeur qui distribue des produits proches et intéressants, pour essayer de remonter jusqu'au fabricant.

4. UTILISER INTERNET

4.1 Internet est d'abord un outil d'échange d'informations

« L'une des erreurs du secteur a été de croire que les entreprises de l'Internet étaient différentes et fonctionnaient selon un autre modèle. »

Fin 2000, la bulle Internet a fini par se dégonfler, comme toutes les bulles boursières spéculatives de l'Histoire. Après avoir atteint des cours sans rapport avec leurs perspectives de développement et de rentabilité, les titres de la nouvelle économie se sont effondrés. En un an, la chute du Nasdaq a été de 40 % : *Amazon.com*, le site le plus célèbre de commerce en ligne, a même vu son cours passer de 91 dollars à 14 dollars ; Yahoo, le premier portail mondial d'accès à Internet, a vu son action chuter de 235 dollars à 18 dollars en quinze mois ; près de 500 sociétés « *dot-com* » ont licencié sur la Côte ouest des États-Unis plus de 40 000 de leurs salariés. « L'une des erreurs du secteur a été de croire que les entreprises de l'Internet étaient différentes et fonctionnaient selon un autre modèle », expliquait un chroniqueur à San Francisco. Les valeurs « *dot-com* » vont se redresser, tout est cyclique ; l'attente était peut-être simplement démesurée.

Il y a eu fin 2000 un décalage entre la presse, qui a beaucoup parlé d'Internet et des places de marché « qui allaient changer la fonction achats », et la réalité, très peu d'acheteurs y ayant fait un seul achat industriel.

Aux achats de même, il y a eu fin 2000 un décalage entre la presse, qui a beaucoup parlé d'Internet et des places de marché « qui allaient changer la fonction achats », et la réalité, très peu d'acheteurs y ayant fait un seul achat industriel. Il y a loin de la coupe aux lèvres. Internet est un outil incomparable d'échange d'informations dans le monde en temps réel, il peut aider à trouver de nouveaux fournisseurs à l'étranger ; et surtout, à partir d'un simple nom glané lors d'une rencontre, d'avoir quelques premières informations. Mais Internet ne devrait pas changer fondamentalement la manière de sélectionner un nouveau partenaire, ni le risque industriel associé ; un outil électronique ne pourra pas remplacer une expertise achats : le métier primera toujours sur l'outil.

« Les quelques outils apparus récemment, comme les appels d'offres et les enchères en ligne, restent décevants. »

En mai 2001, une table-ronde entre quelques directeurs des achats a permis un échange sur le sujet. « Les quelques outils apparus récemment, comme les appels d'offres et les enchères en ligne, restent décevants, notamment à cause de la réticence des fournis-

© Éditions d'Organisation

seurs à participer », constatait le groupe Legrand ; un groupe qui ne prend pas position à la légère, ayant lancé depuis un an un vaste projet d'*e-procurement* avec Oracle et PriceWaterhouseCoopers au siège de Limoges. « L'effet de mode a joué un rôle important ; les projets d'*e-procurement* sont particulièrement coûteux et longs à mettre en place ; il vaut mieux d'abord miser sur les intranets, systèmes légers et de faible coût, pour favoriser la circulation des informations et rationaliser ses process », ajoutait la PNB-Paribas. « Les gains les plus importants ne viennent pas des systèmes mais naissent des négociations avec les fournisseurs ; l'une des clés de la fonction achats réside dans la négociation d'accords-cadres avec les fournisseurs majeurs », rappelait Spie-Batignolles. « Concernant spécifiquement les achats hors production, l'*e-procurement* devrait conduire à la mutualisation et à l'externalisation des achats via des places de marché horizontales », concluait Thales.

« Le discours de départ a été trop orienté sur les prix et les réductions de coûts. »

Par ailleurs, Covisint, la plus grande place de marché sur Internet du monde, lancée par General Motors, Ford et DaimlerChrysler, puis rejointe par Renault, Nissan et PSA, a du mal à décoller. « Le discours de départ a été trop orienté sur les prix et les réductions de coûts, alors que le principal intérêt est de structurer la filière des fournisseurs et d'améliorer l'efficacité des approvisionnements », reproche le directeur des achats de PSA. Sur les 30 000 fournisseurs de GM, seuls 50 ont pour l'instant suivi leur client sur les places de marché.

Internet est d'abord un accélérateur et un fédérateur d'informations, un formidable outil d'échange d'informations en temps réel et sans papier.

Internet est d'abord un accélérateur et un fédérateur d'informations, un formidable outil d'échange d'informations en temps réel et sans papier : pour présenter sur un site web des informations sur sa société, ou son catalogue, en complément des catalogues sur papier ; aller chercher des informations sur des fournisseurs dans des annuaires tels le « Kompass », remplaçant ces annuaires qui ont existé sur papier puis sur CD-Rom ; ou mettre à disposition sur un serveur centralisé pour les différents sites d'un groupe par exemple une base commune de fournisseurs ou des tarifs communs négociés.

Au-delà, les expériences en 2001 se développent sur le marché essentiellement suivant quatre axes : l'*e-procurement*, les « enchères inversées », les « bourses de commodité » et « le développement collaboratif ».

© Éditions d'Organisation

4.2 L'*e-procurement*, process pour la gestion administrative des commandes

L'*e-procurement* est un process d'approvisionnement permettant de réduire le coût de la gestion administrative des commandes.

Début 2001, pratiquement aucun grand groupe en France n'avait vraiment démarré.

L'*e-procurement* est un process d'approvisionnement permettant de réduire le coût de la gestion administrative des commandes par Internet. Internet n'améliore pas l'achat pur, mais la *supply chain* : commande, gestion des stocks, suivi de la livraison, facturation et paiement. Techniquement, c'est de l'E.D.I. classique adapté sur le *Net*. Le système mis en place dans un groupe doit être homogène et interfaçable avec les ERP existants dans chaque établissement du groupe. La mise en place d'un tel système d'*e-procurement* coûte cher, nécessite un fort investissement d'énergie et de ressources, et n'est donc possible que dans les grands groupes industriels ; d'ailleurs début 2001, pratiquement aucun grand groupe en France n'avait vraiment démarré. Ce système de gestion des commandes via Internet devrait pourtant être l'avenir du commerce inter-entreprises, le fameux « B to B » (*Business to Business*) ; pour les fournisseurs référencés, et quand leurs catalogues seront mis « en ligne ».

4.3 Les « enchères inversées » doivent encore faire leurs preuves

Les « enchères inversées » consistent à lancer un appel d'offres « en ligne » entre des fournisseurs déjà référencés : si ceux-ci ont envie de venir se battre pour faire baisser leurs prix jusqu'au « moins disant ».

Les « enchères inversées » consistent à lancer un appel d'offres « en ligne » entre des fournisseurs déjà référencés : si ceux-ci ont envie de venir se battre derrière leur écran pendant deux heures pour faire baisser leurs prix jusqu'au « moins disant ».

La technique de ces enchères inversées électroniques est assez simple. Par courrier électronique (*e-mail*), l'acheteur indique à ses fournisseurs existants ce qu'il souhaite acheter, son cahier des charges technique, un règlement d'enchères établi par ses soins, le jour d'ouverture des enchères, la durée prévue pour soumettre les offres, et l'adresse du site Internet hébergeant l'opération avec un code d'accès. Les fournisseurs adhèrent au processus de vente en plaçant une enchère, et l'adjudicataire est le vendeur le moins-disant à l'issue du délai imposé.

General Electric a lancé des enchères inversées pour acheter cent vols Lyon-New York-Lyon.

Une grande place de marché en France a réalisé ainsi des enchères en ligne pour des achats de mobilier, informatique, impression, bureautique et voyages. Aux États-Unis, General Electric, un modèle de management avancé, a lancé fin 2000 des enchères inversées pour acheter cent vols Lyon-New York-Lyon : la consultation, lancée sur une place de marché, a permis de rapprocher et mettre face à face Air France et British Airways, pendant deux heures, pour faire baisser les prix au plus offrant.

Le second fournisseur n'avait en fait pas la capacité à livrer tous les établissements du groupe.

L'exemple suivant montre les limites des enchères inversées. La SNCF a fait un appel d'offres, pour un produit voulu non stratégique et peu technique : cent fontaines réfrigérantes à bonbonne pour ses établissements. L'acheteur de la SNCF a préparé le cahier des charges, puis l'a transmis à la place de marché choisie. Celle-ci a fait tout le *sourcing*, limité à quatre pays dans la CEE, contactant soixante fournisseurs en France et trente au Royaume-Uni ; puis a géré toute la « négociation » en ligne, par écrans interposés : l'acheteur ne gérant plus ni le *sourcing*, ni la négociation, ni le choix du fournisseur puisque le moins cher est retenu sans être connu, ces enchères inversées reviennent en fait à une externalisation de la fonction stratégique des achats. *In fine*, le prix de la fontaine d'eau a baissé de 4,57 euros (30,00 FF) à 4,04 euros (26,50 FF). Le fournisseur habituel de la SNCF est descendu au dernier moment juste en-dessous de l'offre la plus basse affichée, et a gardé son marché. Il s'est avéré par la suite que le second fournisseur n'avait en fait pas la capacité à livrer tous les établissements du groupe : le résultat brut d'une enchère en ligne doit ainsi être pris avec précaution, car il peut y avoir un décalage entre la baisse de prix annoncée à l'écran et la faisabilité réelle.

Ce mode de passation des contrats souffre d'une question de moralité, ces enchères inversées consistant en fait à présenter les prix d'un fournisseur à un autre pour faire baisser les prix ; d'une difficulté juridique et d'un accès limité.

Ce mode de passation des contrats souffre d'une question de moralité, ces enchères inversées consistant en fait à présenter les prix d'un fournisseur à un autre pour faire baisser les prix ; d'une difficulté juridique en France, du fait de l'opacité des critères de pré-sélection des fournisseurs par l'acheteur au regard du droit de la concurrence et de la législation française sur les enchères ; et d'un accès aujourd'hui limité à quelques pays de la communauté européenne.

4.4 Les développements d'Internet, et ses limites pour les achats industriels

Les « bourses de commodité » sont des places de marché qui mettent en relation des vendeurs et des acheteurs souvent sur une commodité précise et des produits standard.

Les « bourses de commodité » sont des places de marché qui mettent en relation des vendeurs et des acheteurs souvent sur une commodité précise et des produits standard : les premières bourses se sont développées dans l'énergie, la chimie ou les métaux. L'évolution pourrait être à l'établissement au fil des années de prix marché mondiaux, définis par les prix moyens des transactions de ces bourses, sans que finalement ni les acheteurs ni les fournisseurs ne soient « gagnants ».

Le « développement colla-boratif » concerne essen-tiellement les Bureaux d'Études.

Enfin, le « développement collaboratif » concerne essentiellement les Bureaux d'Études ; un donneur d'ordres pouvant par exemple solliciter plusieurs fournisseurs *on line* et en parallèle pour accélérer un développement, ou solliciter de l'aide pour résoudre un problème technique.

Les contraintes techniques, les outillages spécifiques, les délais de développe-ment, les risques qualité, les aspects logistiques ou le coût de la qualification de nouvelles sources limi-tent l'apport d'Internet.

Mais dans l'industrie, une des premières missions stratégiques des achats est le *sourcing*, recherche de nouveaux fournisseurs, notamment pour des pièces spécifiques ou des produits en *OEM*, et notamment à l'étranger pour réduire les coûts. Et là, nous sommes très loin de consultations « en ligne » parmi des fournisseurs déjà référencés, ou pour des produits standard. Internet devait « révolutionner » les manières de faire aux achats ; il n'y aura pas forcément de « révolution » dans la manière de sélectionner des fournisseurs industriels à l'étranger : les contraintes techniques, les outillages spécifiques, les délais de développement, les risques qualité, les aspects logistiques ou le coût de la qualification de nouvelles sources limitent l'apport d'Internet.

Par exemple un acheteur qui souhaite acheter de la fonte en Chine voit sa communication par Internet facilitée par des échanges en temps réel ; mais acheter par Internet à Shangaï est risqué sur le plan qualité, car il est impossible de contrôler à distance que les spécifications techniques ont bien été respectées, et l'acheteur est obligé d'envoyer sur les quais de Shangaï des inspecteurs pour vérifier la qualité des produits avant la mise en container.

4.5 L'*e-sourcing* et la veille technologique dans le dédale des sites Internet

L'*e-sourcing* consiste à rechercher de nouveaux fournisseurs via Internet, et notamment à l'étranger.

L'*e-sourcing* consiste à rechercher de nouveaux fournisseurs via Internet, et notamment à l'étranger. En France existent depuis des années des annuaires puis des CD-Rom permettant de rechercher des informations sur des fournisseurs. Au contraire des achats généraux, et hors peut-être les matières premières qui ont des définitions assez standard dans le monde, les achats industriels à l'étranger concernent : des fournisseurs non connus mais justement à « sourcer » ; des définitions techniques spécifiques à chaque besoin particulier ; un choix de fournisseur où le prix n'est

© Éditions d'Organisation

qu'un critère parmi beaucoup d'autres ; et une difficulté réelle à changer de partenaire. Des places de marché (*market places*) existent, qui mettent en relation des acheteurs et des vendeurs, avec différentes valeurs ajoutées chacune.

Le prix est le seul critère de choix proposé à l'acheteur.

PCBoard.com par exemple est une place de marché qui propose des fournisseurs étrangers de circuits imprimés. Le prix est le seul critère de choix proposé à l'acheteur, qui n'a pas le droit de connaître le nom des fournisseurs avant de donner son accord. Il doit payer pour savoir, c'est-à-dire s'engager à acheter le lot de pièces dès lors qu'il a cliqué deux fois sur « OK », avant de connaître enfin quel fournisseur étranger a fait cette offre et quelle usine dans le monde va le livrer ! En cas de problème qualité, sachant que la commande a déjà été payée en avance, est prévu un médiateur de droit anglais... Dans ces conditions, c'est encore pire que de travailler avec un intermédiaire.

La recherche d'informations sur Internet constitue un moyen de veille, en complément de la presse notamment. Internet permet de veiller sur l'évolution de fournisseurs étrangers ; et même une entreprise qui n'achète pas à l'étranger devrait observer ce qui se passe hors de son marché domestique.

Les flux massifs d'Internet charrient beaucoup de scories voire de désinformation ; surtout sur les sites du continent chinois qui se copient et se ressemblent tous.

Ce nouvel exercice a pourtant ses limites. Internet reste un outil ; il ne vaut que par la qualité des informations qui y sont injectées. L'acheteur doit avoir un objectif précis, faire une recherche ciblée. Car sinon le balayage le plus large, le plus profond et le plus exhaustif des pages *Web*, ne servira pas à grand-chose. Les flux massifs d'Internet charrient beaucoup de scories voire de désinformation ; surtout sur les sites du continent chinois qui se copient et se ressemblent tous.

Suite à une rencontre faite avec un fournisseur au Midest, ou à un *e-mail* reçu, l'acheteur peut aller regarder le site *Web* du fournisseur, pour avoir un premier aperçu de sa société. Ce n'est souvent qu'un aperçu, succinct. Pour autant, le niveau des informations existantes sur un site est déjà une information en soi, car il donne une idée de la maturité du sujet chez le fournisseur. Et ce travail préliminaire d'investigation, d'exploration et d'identification d'un fournisseur peut être intéressant ; de même que pour acheter un appartement, il peut être intéressant au préalable d'aller sur Internet voir le parc disponible, et même si rien ne remplace une visite sur place.

Les dix prochaines années de la fonction achats devraient être marquées par le développement des systèmes d'information et d'acquisition de connaissances.

Hors une recherche très ciblée, l'entreprise doit ensuite avoir les moyens de traiter ces informations. Il y a un seuil de taille, aux alentours de mille personnes, pour que l'entreprise qui a une démarche internationale dégage quelques moyens en hommes et en financement pour traiter, enregistrer, indexer, exploiter et, en définitive, capitaliser l'information obtenue par la veille sur Internet. Les dix prochaines années de la fonction achats devraient être marquées par le développement des systèmes d'information et d'acquisition de connaissances, notamment provenant du champ immense et méconnu au-delà de nos frontières.

CHAPITRE 9

LA DÉMARCHE POUR SELECTIONNER UN FOURNISSEUR ÉTRANGER

La sélection d'un fournisseur étranger passe d'abord par une évaluation de sa capacité technique et globale, au travers de questions clés à poser au téléphone en préalable ; l'acheteur peut ensuite lancer une consultation aux fournisseurs présélectionnés, éventuellement avec des prix objectifs, pour évaluer leur capacité économique ; puis l'acheteur peut envisager de visiter les usines des fournisseurs restant en lice, qui semblent donc intéressants techniquement et économiquement, pour valider leur véritable capacité industrielle. L'acheteur peut enfin signer un contrat.

1. TÉLÉPHONER POUR ÉVALUER LA CAPACITÉ TECHNIQUE ET GLOBALE

1.1   Poser au préalable les questions clés au fournisseur ...

Avant toute chose, l'acheteur peut aller regarder sur Internet le site *Web* du fournisseur, s'il existe, pour y glaner quelques premières informations, y avoir un aperçu général de la société et de ses produits.

Le premier contact téléphonique ou la première rencontre avec un fournisseur étranger est important : l'objectif est de créer une relation positive.

Le premier contact téléphonique ou la première rencontre avec un fournisseur étranger est important : l'objectif est de faire connaissance et de créer une relation positive. L'acheteur doit donner envie au fournisseur étranger de répondre à sa consultation, qui est l'étape suivante ; de travailler avec lui, en présentant son entreprise et son projet sous ses meilleurs auspices. L'interlocuteur, qui cherche à développer les ventes de son entreprise à l'étranger, parle souvent un anglais correct ; ce n'est donc pas encore un élément majeur de choix. L'acheteur peut commencer par se présenter, et présenter succinctement son entreprise.

> *Les questions clés que l'acheteur peut poser au fournisseur, premières informations pour critères d'évaluation de la capacité globale et présélection :*
> - *La société : date de création, chiffre d'affaires, nombre d'employés ; actionnaires actuels ; nombre d'usines, localisations, activités et nombre d'employés par site.*
> - *L'activité concernée : la liste du parc machines avec l'âge, la marque et la puissance de chaque machine ; la provenance des matières premières ; les certifications qualité, ISO ou NF ; le taux horaire proposé.*
> - *Les références commerciales : le pourcentage des ventes à l'export, en Europe et en France notamment ; le nom des trois premiers clients français, avec l'autorisation de les contacter.*

le nom des trois premiers clients français, avec l'autorisation de les contacter

La réponse est toujours intéressante parce que significative de la manière de faire du fournisseur.

Cette dernière question concernant les clients français permet de tester les limites et la capacité du fournisseur à travailler d'une manière ouverte. La réponse, qu'elle soit claire ou évasive, est toujours intéressante parce que significative de la manière de faire du fournisseur.

En conclusion, l'acheteur peut demander au fournisseur d'envoyer un courrier confirmant les données principales de la

© Éditions d'Organisation

société, une plaquette commerciale montrant une photo de l'usine et les produits fabriqués, ainsi que quelques échantillons divers et représentatifs de la production de l'usine.

1.1 ... pour éviter de perdre du temps et de l'énergie

L'objectif de ce premier contact téléphonique est d'évaluer la capacité globale du fournisseur, pour le présélectionner ou pas, et ainsi éviter de perdre du temps et de l'énergie par la suite.

L'objectif de ce premier contact téléphonique est d'évaluer la capacité globale du fournisseur, pour le présélectionner ou pas, et ainsi éviter de perdre du temps et de l'énergie par la suite. Car il ne sert à rien d'envoyer une consultation pour valider l'aspect économique à une société qui ne fait pas le type de pièces recherchées ou qui n'a pas la capacité industrielle ni le parc machines adapté. Sinon, un acheteur qui recherche un découpeur en Hongrie par exemple, peut partir à l'aventure et se retrouver à sillonner les routes magyares du lac Balaton à Szeged, de Berettyoujfalu à Hödmezövasarhely ; voir des usines qui attendent des devises occidentales, mais qui ne tournent plus, qui fabriquent des cuillères ou des poignées de portes, là où l'acheteur cherche des petites pièces techniques fines ; des usines où personne ne parle anglais, et où il faut attendre alors l'institutrice du village qui parle français.

2. ENVOYER UNE CONSULTATION POUR EVALUER LA CAPACITE ÉCONOMIQUE

2.1 L'analyse de la valeur d'un produit est difficile en Chine

L'acheteur doit être un acteur fort de l'analyse de la valeur des produits dans l'entreprise.

L'acheteur doit être un acteur fort de l'analyse de la valeur des produits dans l'entreprise ; il doit être capable de comprendre ce qu'il achète : les matières, le process de fabrication et dans quelle mesure une nouvelle machine ou un changement de process peut apporter un gain de productivité.

L'une des difficultés de l'acheteur est que souvent, plus il achète loin, moins il sait de quoi est constitué le prix.

L'une des difficultés de l'acheteur est que souvent, plus il achète loin, moins il sait de quoi est constitué le prix, car moins le fournisseur est enclin culturellement à donner sa décomposition des coûts. Là où un fournisseur français peut donner une page de décomposition des coûts d'une pièce, entre la matière première et la valeur ajoutée, un Polonais sera déjà plus succinct ; et un Chinois carrément opaque. Un produit chinois peut parfois être trois fois moins cher qu'un produit français, sans explication rationnelle : le prix du produit chinois ne couvrant même pas le coût des matières en France.

Quant aux matières premières, l'aspect « marché » est prépondérant.

Quant aux matières premières, l'aspect « marché » est prépondérant : le prix du pétrole par exemple a triplé en 2000, le prix des laitons a doublé, sans aucune prévision possible de cette ampleur, sans éléments vraiment rationnels, en tout cas sans que les coûts de production des producteurs aient augmenté ainsi. C'est la loi de l'offre et de la demande, fondée sur une demande plus ou moins forte, une production mondiale plus ou moins sous contrôle pour maintenir un semblant de pénurie et des prix élevés, et des informations multiples véhiculées par le marché.

2.2 Consulter avec des prix objectifs peut faire gagner du temps

Il peut être intéressant pour l'acheteur d'envoyer une consultation avec des prix objectifs (target prices), par exemple de – 30 % en Europe de l'Est, et – 50 % en Asie.

Consulter régulièrement de nouvelles sources est la base du travail de l'acheteur. Il peut être intéressant pour l'acheteur d'envoyer une consultation avec des prix objectifs (*target prices*), par exemple de – 30 % en Europe de l'Est, et – 50 % en Asie par rapport aux prix français. Dans le cas d'un nouveau produit, ce *target price* d'achat pourra être fixé à partir du prix de vente nécessaire en aval. L'acheteur ne doit pas indiquer ce pourcentage au fournisseur étranger.

Ces prix objectifs doivent prendre en compte tous les surcoûts logistiques associés qui réduisent le gain effectif. Nous avons vu que le coût du transport et des droits de douane (*Freight & Duties*) depuis la Chine peuvent représenter un surcoût de 12 % par rapport au prix d'achat *FOB*, départ du port chinois. L'acheteur doit considérer aussi le coût du stockage nécessaire en France pour travailler par programmes de commandes trimestrielles ; les coûts d'approche, tous les frais de déplacements, avions et hôtels, à l'étranger ; le temps passé par les différents services de l'entreprise, coût non mesurable mais réel, pour mettre en place ce nouveau fournisseur, lui expliquer les contraintes techniques ou logistiques.

L'acheteur recevra ainsi beaucoup moins d'offres sans intérêt, par exemple au double du prix français.

Fixer des prix objectifs peut permettre de gagner du temps, pour le fournisseur et pour l'acheteur : car le fournisseur sait très vite s'il est capable de faire des prix proches des prix objectifs ; et l'acheteur recevra ainsi beaucoup moins d'offres sans intérêt, par exemple au double du prix français, qu'il est peu utile de recevoir, de traiter ou de négocier.

Dans sa consultation, l'acheteur doit intéresser le fournisseur potentiel en lui présentant un marché annuel suffisamment attractif : 1 MUS$/an en Asie.

Enfin, dans sa consultation, l'acheteur doit intéresser le fournisseur potentiel en lui présentant un marché annuel suffisamment attractif : nous avons déjà parlé de projets d'au moins 150 000 euros/an (1 MFF) en Europe de l'Est, et de 1 MUS$/an en Asie. Si l'acheteur n'a pas un tel chiffre d'affaires minimum à proposer, il vaut mieux qu'il économise le prix du voyage.

2.3   Un exemple de lettre de consultation

From : M. Burda, Company Fela, France   To : M. Müvek, Company Gabor, Hungary
         Purchasing Manager, Tel., Fax
Date : June 12, 2001
Subject : Request for Quote for cutting metal parts

Dear Sir,
We met together in the Midest 2000 in Paris.
Fela is a group with 20 000 people and 3 billion euros turnover ; with headquarters in France, and factories worldwide; dedicated in electrical products for the automotive industry.
We are looking for a competitive partner abroad for cutting metal parts. The forecasted purchasing volume is one million euros a year. Please find hereafter the list of the items to quote, target prices, technical specifications required, drawings and samples of existing products.
For any question, please contact me.
We wait for your offer latest July 12, 2001.
Best regards,

De :   M. Burda, Société Fela, France   A : M. Müvek, Société Gabor, Hongrie
        Responsable des achats, Tel., Fax
Le : 12 juin 2001
Objet : Appel d'Offres pour des pièces découpées

Monsieur,
Nous nous sommes rencontrés au Midest 2000 à Paris.
Fela est un groupe de 20 000 personnes et 3 Ma euros de CA ; avec son siège en France, et des usines dans le monde entier ; fabriquant des produits électriques pour l'industrie automobile.
Nous recherchons un partenaire étranger compétitif pour des pièces découpées. Le volume d'achat prévu est d'un million d'euros par an. Veuillez trouver ci-après la liste des produits à quoter, les prix objectifs, les spécifications techniques, les plans et des échantillons des produits existants.
Pour toute question, veuillez me contacter.
Nous attendons votre offre au plus tard le 12 juillet 2001.
Veuillez agréer, Monsieur, l'expression de nos sentiments respectueux,

3. VALIDER LA CAPACITÉ TECHNIQUE RÉELLE

3.1 Le cas d'une mission en Asie

■ VEILLER AUX DÉTAILS PRATIQUES N'EST PAS SUPERFLU

> Check-list *des affaires à prendre quand l'acheteur part en mission à l'étranger :*
> - *billets d'avion ; carte bleue ; réservations d'hôtels ; assurance déplacement par l'entreprise et vaccins à jour.*
> - *passeport à jour, un passeport pour la Chine devant être valable six mois après la date du retour ; et visa, nécessaire pour la Chine, mais pas pour Hong-Kong ni Taïwan par exemple.*
> - *un fax ou une carte de visite de chaque fournisseur avec l'adresse dans la langue locale pour les taxis locaux, notamment en Chine où la plupart des chauffeurs de taxi ne comprennent pas l'anglais.*
> - *cartes de visite personnelles en anglais.*
> - *un adaptateur spécial pour ordinateur portable, les prises électriques étant différentes en Chine, à Hong-Kong ou à Taïwan.*

Il est conseillé de toujours partir à l'étranger avec 80 euros (500 FF) en billets sur soi ; pour dépannage si un jour la carte bleue n'est pas acceptée.

Il est conseillé de toujours partir à l'étranger avec 80 euros (500 FF) en billets sur soi ; pour dépannage si un jour la carte bleue n'est pas acceptée ou ne passe pas : après avoir pris de l'essence dans une station-service en pleine campagne en Europe de l'Est, ou après avoir mangé dans un restaurant de la Chine intérieure.

Pour essayer d'arriver en forme après vingt heures de voyage, il est conseillé de fermer les yeux pendant au moins sept heures dans l'avion, bercé à 10 000 mètres d'altitude.

Le vol seul Amsterdam-Hong-Kong dure onze heures ; mais un voyage complet de Lyon à Taïwan, en passant par Amsterdam et Hong-Kong dure environ vingt heures. Pour être capable d'avoir un rendez-vous de travail dès l'arrivée, pour essayer d'arriver en forme après vingt heures de voyage, il est conseillé de fermer les yeux pendant au moins sept heures dans l'avion, bercé à 10 000 mètres d'altitude, dans la rumeur des 300 passagers du Boeing 747. Sur le plateau-repas des vols pour Hong-Kong, pour accompagner le dessert, chacun a son « gâteau de la chance » (*Fortune cookies*), avec un petit mot à l'intérieur, par exemple : « Ce papier vous portera chance », « Le bleu vous portera chance », « Le jaune vous portera bonheur », « Acceptez la prochaine proposition sans hésitation », « Demain vous serez de bonne humeur », « Le prochain jour nuageux vous portera bonheur », « La semaine prochaine sera pleine de plaisir et d'aventure », ou « Votre travail sera récompensé » …

© Éditions d'Organisation

Le décalage horaire (*jet-flag*) promet des réunions difficiles à l'arrivée avec les Chinois, surtout en fin de journée.

Même avec un masque sur le visage pour bien garder les yeux fermés, l'acheteur ne dort jamais vraiment ; il entend d'ailleurs passer le chariot de l'hôtesse dans l'allée, et ne rate pas le petit-déjeuner avant l'arrivée. Mais cette courte nuit permet au corps de se reposer, et d'arriver dispos. Sinon, le décalage horaire (*jet-flag*) promet des réunions difficiles à l'arrivée avec les Chinois, surtout en fin de journée quand c'est la nuit en France : l'acheteur sent ses yeux papillonner, et l'effort pour essayer de les maintenir ouverts est surhumain.

Le périple de l'acheteur en Chine passe souvent par Taïwan et sa capitale Taïpei, où sont basés les sièges des sociétés taïwanaises implantées sur le continent chinois ; par Hong-Kong et les régions industrielles limitrophes de Shen-Zhen et Canton ; puis par Shangaï, en remontant par avion la côte chinoise du sud au nord.

L'AUDIT DE L'USINE A POUR OBJECTIF DE VALIDER LES INFORMATIONS

Les Chinois lisent différemment les cartes de visite : après avoir regardé le nom de la société et son prestige éventuel, vient la fonction en tant que position d'autorité dans l'échelle du pouvoir.

Une réunion en Chine commence invariablement par l'échange des cartes de visite, les cartes de l'acheteur étant en anglais. On s'échange les cartes de visite en se disant bonjour. L'acheteur peut donner sa carte de visite « à la chinoise » : en tenant sa carte à deux mains et à bout de bras, les deux bras tendus vers l'interlocuteur. Comme en occident, les cartes de visite chinoises reprennent le nom de la société, le nom de la personne puis la fonction. Mais les Chinois lisent différemment les cartes de visite : après avoir regardé le nom de la société et son prestige éventuel, vient la fonction en tant que position d'autorité dans l'échelle du pouvoir, puis vient seulement le nom de la personne. Un titre un peu « gonflé », par exemple « *Purchasing manager* » plutôt que « *Buyer* », impressionnera favorablement le fournisseur chinois, aidant ainsi l'acheteur à gagner en crédibilité, lui qui est seul à 10 000 km pour représenter son entreprise, souvent inconnue là-bas.

Ranger les cartes de ses interlocuteurs devant lui, dans l'ordre de disposition de la table, pour pouvoir mémoriser et associer ensuite plus facilement les noms et les visages chinois.

Puis l'acheteur peut s'asseoir, et ranger les cartes de ses interlocuteurs devant lui, dans l'ordre de disposition de la table, pour pouvoir mémoriser et associer ensuite plus facilement les noms et les visages chinois. La réunion précédant la visite de l'usine commence proprement dit : agenda du jour (*timing*) ; présentation de la société du fournisseur, avec notamment une description de l'organigramme, des moyens de production et des moyens de contrôle de la qualité ; présentation de la société de l'acheteur ; et point sur l'avancement du projet entre les deux sociétés.

L'audit de l'usine est un moyen de confirmer un sentiment, d'engager un choix pour un nouveau fournisseur.

L'audit de l'usine n'est pas forcément un audit complet et formel, avec des dizaines de points précis à auditer comme le ferait un responsable qualité ou un auditeur ISO. C'est un moyen de confirmer un sentiment, d'engager un choix pour un nouveau fournisseur ; pour éviter toute surprise concernant l'aptitude du fournisseur au travers de son outil de production et de ses procédures. Il laisse une large part à l'expérience industrielle et à l'impression générale (*feeling*) de l'acheteur ; qui peut regarder si les machines tournent, si l'usine « sent » le plastique, l'organisation des stocks, la propreté ou les indicateurs de production affichés aux murs. L'acheteur a déjà eu au préalable des informations sur la capacité globale du fournisseur étranger, sur sa société, l'activité industrielle et ses ventes à l'export.

Pour sélectionner un bon fournisseur, il faut qu'il ait les bons ingrédients, comme pour faire un bon plat de cuisine : de bonnes matières, un bon process, de bons outils et un bon management.

L'audit a pour objectif de vérifier les informations fournies par le fournisseur concernant l'âge du parc machines ou la provenance des matières premières ; et par ailleurs de voir les process en place et le management. Car pour sélectionner un bon fournisseur, il faut qu'il ait les bons ingrédients, comme pour faire un bon plat de cuisine : de bonnes matières, un bon process, de bons outils et un bon management.

L'acheteur peut être accompagné d'un autre décideur de son usine, un collègue du service Recherche & Développement ou du service qualité : cela peut aider l'acheteur au retour en France à convaincre l'usine d'acheter chez ce fournisseur qu'il a présélectionné. Et auditer à deux personnes permet de voir deux fois plus de choses, de partager ses points d'expertise et ses sentiments.

En Chine, il est difficile d'auditer une usine où tout est écrit en mandarin.

Le premier critère de sélection d'un fournisseur étranger est la capacité de son organisation à parler anglais.

À l'étranger, la barrière de la langue est un vrai obstacle lors de l'audit : en Chine, il est difficile d'auditer une usine où tout est écrit en mandarin, où tout le monde ne parle que mandarin. Pour cela, le premier critère de sélection d'un fournisseur étranger est la capacité de son organisation à parler anglais. L'acheteur ne peut pas en effet se contenter chez le fournisseur de deux seuls contacts commerçants parlant anglais, souvent le responsable des ventes export et son assistante sédentaire. Il doit avoir en face de lui au moins un responsable production, un responsable des approvisionnements et un responsable de la qualité, chacun parlant un anglais correct. Il doit avoir réponse à chacune de ses questions d'une manière précise ; et il est aisé de voir si chacun de ces interlocuteurs clés connaît bien les process de l'usine ou pas. Ce seront les contacts futurs de l'usine française ; et avec plusieurs interlocuteurs, le risque sera faible qu'ils soient, un jour d'urgence, tous absents en même temps. Si hors le commerçant et son assistante sédentaire, personne dans l'usine ne parle anglais, la relation au quotidien sera ingérable pour l'usine française, et cet aspect linguistique devient rédhibitoire.

Faire une première visite avec un interprète n'est pas une bonne solution ; car la relation devra ensuite de toute façon être gérée au quotidien, à 2 000 ou 10 000 km de distance, par l'acheteur et par son usine, sans interprète. L'acheteur a ainsi souvent intérêt d'éviter les interprètes, comme les intermédiaires ; et de se lancer à l'eau, avec son anglais et son discours, son courage et son ouverture d'esprit, pour essayer de comprendre, de convaincre et de construire une relation personnelle. Si l'on ne se comprend pas d'entrée, ce n'est pas la peine d'aller plus loin.

> Faire une première visite avec un interprète n'est pas une bonne solution ; si l'on ne se comprend pas d'entrée, ce n'est pas la peine d'aller plus loin.

Un certificat ISO 9000 en Chine n'a pas la même valeur qu'en Europe ; certains certificateurs chinois ont déclaré des certificats de manière complaisante. Un certificat ISO international délivré par l'Afaq ou Loyds peut être de meilleure confiance que d'autres.

> Un certificat ISO 9000 en Chine n'a pas la même valeur qu'en Europe.

L'acheteur ne peut pas tout auditer dans l'usine, mais selon une méthode statistique, il peut sortir quelques dossiers au hasard : par exemple un cahier des charges technique et le suivi des exigences du client au travers des process. Ceci permet d'évaluer le degré de confiance, et de demander un focus particulier sur des points faibles : dans une usine chinoise par exemple, quand il y a une pointe de production, les contrôles qualité peuvent se relâcher ; vérifier la qualité des process physiques, même si la méthodologie est bonne en théorie ; vérifier le niveau de l'export vers l'Europe permettra d'éviter des inerties bureaucratiques douanières.

> Dans une usine chinoise, quand il y a une pointe de production, les contrôles qualité peuvent se relâcher.

3.2   Au retour de la mission, tester des échantillons

Au retour de mission, la validation technique finale passe par le test d'échantillons ou de préséries envoyées par le fournisseur. Pour les pièces nécessitant peu d'outillages, comme les circuits imprimés, les vis ou les pièces décolletées, le fournisseur peut fournir facilement quelques préséries qui devront être une copie conforme de l'existant et de l'attendu ensuite en production de série (*mass-production*).

Pour les pièces nécessitant des outillages, comme les pièces plastique ou métalliques, c'est différent. L'acheteur peut difficilement lancer un outillage « pour voir » ; car ensuite un outillage seul, avec ses productions uniques, est ingérable à l'étranger, concernant l'approvisionnement des matières nécessaires pour fabriquer des pièces plastiques par exemple, ou concernant les coûts logistiques pour réimporter quelques pièces seulement, sans flux importants et réguliers.

3.3   Formaliser un plan qualité permet de définir ses besoins

Plan qualité en cinq points :
1. *Fournir au fournisseur étranger une liste précise de ses exigences qualité (quality requirements).*

Fournir un plan de tests à
suivre, avec des points de
mesure de la qualité

2. *Fournir un plan de tests à suivre, avec des points de mesure de la qualité ; lors d'une première visite en Chine, rien n'est plus efficace que de montrer aux ouvriers chinois comment suivre le plan de tests, étape par étape (step by step), pour qu'ils le mémorisent de visu.*
3. *Demander un rapport qualité (reporting) régulier, qui peut permettre de vérifier que le fournisseur suit bien régulièrement le plan de tests, et éventuellement de réagir s'il y a une dérive dans les relevés en demandant quelles sont les actions correctrices.*
4. *Faire des audits qualité de l'usine une ou deux fois par an, pour vérifier le fonctionnement du process et le respect du plan de tests.*
5. *Faire faire un contrôle de la qualité des produits avant chaque départ de container, de Chine notamment.*

Si l'acheteur ne bénéficie
pas d'une structure propre
locale en Chine, il peut
faire appel à un intermé-
diaire local pour le
contrôle des produits avant
chaque départ de
container.

Concernant le dernier point, nous avons vu que si l'acheteur ne bénéficie pas d'une structure propre locale en Chine, il peut faire appel à un intermédiaire local pour le contrôle des produits avant chaque départ de container : un jeune CSNE local, un ingénieur chinois, ou une société spécialisée.

Un CSNE a l'inconvénient d'être jeune face à des « cheveux blancs » chinois, il manquera d'expérience et sera moins crédible qu'un professionnel « qui a roulé sa bosse » ; que ce CSNE soit français et pas chinois n'est par contre pas gênant. La confiance dans un ingénieur chinois local peut être limitée, parce que la corruption est prononcée en Asie.

Le groupement des Apave en France propose de faire des audits en Asie, avec sa filiale au Vietnam, basée à Hanoï. L'Apave Vietnam date de 1995, compte une centaine de personnes et couvre toute l'Asie du Sud-Est, les pays de l'Asean : Singapour, Thaïlande, Malaisie, Cambodge ou Laos. Par contre Hanoï n'est pas tout prêt de la Chine : c'est à une heure et demie d'avion de Hong-Kong, et à trois heures de Shangaï.

L'important est que cet intermédiaire soit réactif, donc proche géographiquement des usines chinoises, et surtout comprenne bien les besoins qualité de l'entreprise française. L'acheteur doit également faire attention à la manière de présenter ces audits externes au fournisseur dans *son* usine ; un fournisseur taïwanais par exemple peut faire preuve de susceptibilité, et mal apprécier d'être ainsi contrôlé par un tiers dans son usine chinoise, considérant cette ingérence comme un manque de confiance.

L'important est que cet intermédiaire soit réactif, donc proche géographiquement des usines chinoises, et surtout comprenne bien les besoins qualité de l'entreprise française.

4. FINALISER LE CHOIX

4.1 Une étude de stabilité financière peut prévenir une défaillance

Un rating, accompagné de quelques commentaires spécialisés, estime le risque par exemple de 1 à 4.

Une étude de stabilité financière, auprès d'organismes spécialisés et tierce partie, permet à l'acheteur d'avoir un aperçu comptable de l'évolution de la situation du fournisseur sur les trois dernières années et d'éventuellement prévenir une trop grande fragilité financière et des risques de défaillance. Un *rating*, accompagné de quelques commentaires spécialisés, estime le risque par exemple de 1 à 4, en considérant : les fonds propres nets, le crédit possible à trente jours, le retard moyen des paiements, la surface financière, la part des investissements productifs, la part des ventes export ou le poids relatif des trois premiers clients. Les données concernant les fournisseurs chinois ne sont pas toujours existantes ou exploitables.

Les sociétés française ORT et américaine Dun & Bradstreet sont entre autres spécialisées dans ce type de renseignement financier sur les sociétés dans le monde.

© Éditions d'Organisation

4.2   Un contrat écrit permet d'éviter les malentendus

« Un contrat ne sert à rien » ; un contrat sert effectivement rarement pour son aspect légal, mais plutôt à formaliser les attentes des deux parties.

Au salon Eurexpo à Lyon, le directeur des achats d'une division de Hewlett-Packard avait fait une présentation remarquée, en disant qu' « un contrat ne sert à rien » ; un contrat sert effectivement rarement pour son aspect légal et pour aller devant les tribunaux, mais plutôt à formaliser les attentes des deux parties. Quel que que soit le problème, des ruptures de livraisons qui ont un lourd impact financier ou des problèmes qualité importants, l'acheteur a toujours intérêt d'essayer de trouver une solution avec le fournisseur qu'il a choisi ; de se mettre autour d'une table, de laisser le contrat dans son dossier et de négocier pour chercher un compromis.

Un contrat n'a pas la même signification en Chine qu'en France.

En France, on peut par exemple inclure dans un contrat des clauses de pénalité pour un retard de livraison, en Europe de l'Est c'est difficile, et en Chine c'est impensable. Un contrat n'a pas la même signification en Chine qu'en France : en cas de rupture par exemple, les outillages, même propriété de l'entreprise donneuse d'ordres, sont souvent irrécupérables.

Il est préférable pour l'acheteur de proposer *son* contrat, préparé et visé par son service légal, avec ses attentes maximales.

Il est préférable pour l'acheteur de proposer *son* contrat, préparé et visé par son service légal, avec ses attentes maximales, dont certaines seront revues à la baisse ; plutôt que de devoir partir du contrat standard proposé par le fournisseur, *a priori* plus défavorable à l'acheteur et à partir duquel il devra alors rediscuter chaque point pour « remonter la pente ».

Ce contrat d'achat (*purchasing agreement*) doit couvrir par exemple : l'objet du contrat c'est-à-dire la liste des produits concernés et les prix de ces produits, souvent en annexe n° 1 ; les conditions d'achat, prix *FOB* ou *CIF*, en euros ou en US\$, emballage inclus ou pas ; une clause de confidentialité sur le projet ; un plan qualité pouvant inclure un plan de tests avec des points de mesure, et un rapport qualité mensuel ; la garantie et les aspects d'après-vente éventuels. Dans le même esprit qu'une loi d'il y a 4 000 ans à Babylone, qui disait déjà : « Si un maçon construit une maison et ne fait pas son travail comme convenu, ledit maçon doit la remettre en état à ses frais ».

Concernant l'achat d'une prestation de sous-traitance d'assemblage, l'acheteur doit faire attention d'éviter le délit de prêt de main-d'œuvre.

Concernant l'achat d'une prestation de sous-traitance d'assemblage, au Maghreb ou en Europe de l'Est par exemple, l'acheteur doit faire attention d'éviter le délit de marchandage, ou délit de prêt de main-d'œuvre. Ce délit est caractérisé quand une personne qui ne fait pas partie de la société donneuse d'ordres, accomplit une tâche exactement comme si elle travaillait chez ce donneur d'ordres, suivant ses instructions directes ou utilisant du matériel standard fourni. Le contrat doit démontrer que la tâche sous-traitée est un travail défini, exécuté de façon indépendante, sans immixtion du donneur d'ordres, lequel ne doit fournir que les outillages *spécifiques* à ses produits et donc introuvables par ailleurs. Surtout l'acheteur doit fixer dans le contrat un prix pour un résultat demandé, pour un produit assemblé ; mais surtout pas pour un temps effectué, multiplié par un taux horaire.

4.3   La revue fournisseur permet de faire un bilan annuel

La revue fournisseur (*supplier review*) permet de faire le point, d'une manière formelle avec le fournisseur, sur les résultats de l'année écoulée, la tenue des engagements, et les objectifs de l'année à venir.

La « TQRDC Review » est une revue annuelle d'évaluation d'un fournis-seur, fondée sur cinq axes.

La « TQRDC Review » est une revue annuelle d'évaluation d'un four-nisseur, fondée sur cinq axes ; une note sur ces cinq critères majeurs et un score global moyen permettent de suivre l'évolution de la perfor-mance de chaque fournisseur dans le temps, et de le comparer à la moyenne des fournisseurs de l'entreprise :

- Technology : *capacité à développer des produits et à proposer de nouvelles technologies.*
- Quality : *qualité des pièces produites et de l'organisation du fournis-seur.*
- Responsivness : *réactivité, flexibilité face au changement des demandes de l'usine de l'acheteur.*
- Delivery : *respect des délais de livraison, pourcentage des com-mandes livrées à temps* (on time delivery).
- Costs : *compétitivité sur le marché, capacité à proposer des plans de réduction des coûts.*

CHAPITRE 10

LES QUALITÉS DE L'ACHETEUR
DE DIMENSION INTERNATIONALE

Au-delà de ses connaissances géopolitiques, d'une stratégie d'achat claire et de méthode dans sa recherche de fournisseurs, l'acheteur doit faire preuve de véritables qualités humaines pour réussir à l'étranger : être soucieux d'une certaine éthique ; être rigoureux dans sa communication et dans la hiérarchie des points à aborder en réunion ; être capable de négocier en anglais ; être à l'aise au sein d'autres cultures, en sachant appréhender les différences culturelles et les réactions de chacun ; être à l'écoute et ouvert d'esprit, car comme le dit un adage chinois, « les affaires sont comme un fleuve, elles doivent beaucoup aux petits affluents ».

1. ÊTRE SOUCIEUX DE MORALITÉ ET D'ÉTHIQUE

1.1 Le partenariat, notion parfois galvaudée à notre époque mouvante

Chaque entreprise a besoin de partenaires forts sur lesquels elle peut compter ; pour autant, la notion de « partenariat » est parfois galvaudée.

En France, chaque entreprise a besoin de partenaires forts sur lesquels elle peut compter et avec lesquels elle peut développer une relation pendant plusieurs années ; pour autant, la notion de « partenariat » ou de « gagnant-gagnant » est parfois galvaudée. Plus la pression du marché est forte sur les prix, plus les partenariats sont susceptibles d'être remis en cause. Chaque entreprise cherche d'abord à améliorer son résultat comptable. Un acheteur qui peut réduire de 25 % le prix de pièces à l'étranger, même s'il travaille depuis vingt ans avec un fournisseur français, pourra difficilement ne pas délocaliser son outillage, sous peine de pénaliser son entreprise. Un fournisseur qui a réalisé un gain de productivité en interne, en améliorant son process ou en créant un nouvel outil, ne proposera pas toujours spontanément à son donneur d'ordres de partager avec lui la marge ainsi dégagée.

À l'étranger plus encore, un projet d'achat industriel ne se conçoit pas sans une relation partenariale forte, qui repose sur une certaine éthique : pas par supplément d'âme, mais par nécessité.

À l'étranger plus encore, un projet d'achat industriel ne se conçoit pas sans une relation partenariale forte, qui repose sur la durée, la confiance et une certaine éthique : pas par supplément d'âme, mais par nécessité. Parce qu'à l'étranger, une relation industrielle est difficile à trouver, longue à construire, et reste fragile de par la distance et les aléas. L'acheteur, dans sa relation à distance et au cours des rencontres, doit tout faire pour consolider, sécuriser et pérenniser ce partenariat industriel pour son entreprise.

Cette notion de partenariat est particulièrement forte pour les achats de produits en OEM, véritables projets industriels où l'entreprise française sous-traite la fabrication de ses produits.

Cette notion de partenariat est particulièrement forte pour les achats de produits en *OEM*, *Original Equipment Manufacturer*, véritables projets industriels où l'entreprise française sous-traite la fabrication de *ses* produits dans un pays étranger, à partir de son design, ses plans et ses outillages transférés ou dupliqués dont elle reste propriétaire ; contrairement à l'achat de produits en *brand label*, l'acheteur achetant un produit existant du marché et demandant simplement au fournisseur d'apposer dessus une étiquette avec sa marque ; ou de produits de négoce pour simple achat et revente en complément de catalogue, sans valeur ajoutée industrielle.

1.2 Un comportement vertueux peut permettre de réussir à l'international

Une confiance érodée par une erreur de discours ou de comportement se rattrape beaucoup plus difficilement à l'étranger qu'en France.

L'acheteur par essence peut être exigeant, pour évaluer les limites du fournisseur, puis souple, pour ne pas casser la corde ; il aime chercher les limites du fournisseur, mais a le sens des limites à ne pas dépasser. Ce sens des limites est essentiel à l'étranger, parce qu'une confiance érodée par une erreur de discours ou de comportement se rattrape beaucoup plus difficilement à l'étranger qu'en France. La perception du fournisseur peut être très différente selon les pays et les cultures.

L'acheteur doit toujours faire preuve de ténacité, tenir dans les bourrasques et naviguer par grande houle, en gardant la tête froide et un discours mesuré avec les fournisseurs.

Même lorsque la pression sur les coûts est forte, ou que des problèmes importants surviennent concernant la qualité ou les délais, l'acheteur doit toujours faire preuve de ténacité, tenir dans les bourrasques et naviguer par grande houle, en gardant la tête froide et un discours mesuré avec les fournisseurs. Il est difficile d'imaginer envoyer un ultimatum par courrier à un fournisseur chinois, comme cela se fait en France par exemple pour des retards importants de livraison ; à 10 000 kilomètres de distance, les moyens de pression sont nuls, seuls existent l'envie et l'intérêt économique.

Les vertus de l'acheteur :
- *Respect : respecter ses fournisseurs et les pays visités ; faire preuve de la même considération pour chacun, quelle que soit son importance ; pratiquer une démarche d'achat acceptable.*
- *Honnêteté : ne s'engager qu'à ce que l'on peut tenir, et tenir effectivement ses engagements ; ne pas donner à un fournisseur un cahier des charges comportant des contraintes masquées ; rester impartial dans ses relations avec les fournisseurs, pour une concurrence loyale ; prendre des décisions en interne dans la bonne foi et la transparence ; refuser tout cadeau d'une valeur supérieure à 15 euros (100 FF).*
- *Tempérance : maîtriser ses impulsions et son affectivité ; savoir construire dans la durée.*
- *Courage : conserver son indépendance d'esprit et avoir le courage d'affirmer ses convictions quand il y a contradiction entre l'éthique personnelle de l'acheteur et la politique de l'entreprise.*

Respecter ses fournisseurs ; faire preuve de la même considération pour chacun, quelle que soit son importance

Enfin, l'acheteur peut être amené à travailler seul dans des pays où existe la corruption, que l'on retrouve dans beaucoup de pays où les salaires sont bas : en Europe de l'Est, en Afrique, en Amérique latine ou en Chine. Les usines françaises délocalisées dans ces régions du monde peuvent être parfois sollicitées par l'administration ou les douanes locales.

2. ÊTRE RIGOUREUX

À l'étranger, les Français pâtissent encore parfois d'un préjugé défavorable, lié à une image peu industrielle de la France.

Longtemps, les étrangers ont considéré l'Allemagne comme le pays phare de l'industrie européenne, et la France en retrait. Les choses changent depuis quelques années. Mais à l'étranger, les Français pâtissent encore parfois d'un préjugé défavorable, lié à une image peu industrielle de la France et peu rigoureuse des acheteurs français. Pour beaucoup d'étrangers, la France est encore le pays « du parfum, de la haute couture, du bon vin, de la gastronomie et des grèves de transport ». L'acheteur français, à cause de cela, doit être encore plus rigoureux que d'autres pour être crédible.

Les objectifs doivent rester clairs et cohérents dans la recherche de fournisseurs étrangers.

Les objectifs doivent rester clairs et cohérents dans la recherche de fournisseurs étrangers et les axes de développement possibles, sans trop de revirements ni flottements vis-à-vis des équipes internes et des fournisseurs ; sinon l'acheteur perdra en crédibilité, du temps et des ressources en interne.

Lors d'une consultation, l'acheteur doit avoir la rigueur d'appeler les fournisseurs étrangers qu'il ne connaît pas *avant* l'envoi de l'appel d'offres pour en présenter le contexte, d'envoyer un courrier clair et en anglais ; puis de rappeler les sociétés consultées pour les informer *in fine* du résultat. Sinon, il n'exprime pas un intérêt important quant au résultat de sa consultation ; et surtout il ne prépare pas le terrain pour une éventuelle consultation future. Tout ceci demande du temps, un temps dont nous manquons tous. D'où l'importance de cibler ses objectifs et ses consultations, d'en limiter ainsi le nombre, mais de les gérer avec rigueur.

Seul l'envoi d'un *e-mail* résumant la conversation permet d'être sûr d'avoir été bien compris en anglais.

Enfin, une conversation téléphonique avec un fournisseur étranger, plutôt qu'un échange d'*e-mails*, permet d'éviter beaucoup de malentendus, de gagner du temps et de consolider régulièrement la relation personnelle ; mais seul l'envoi d'un *e-mail* résumant ensuite la conversation permet d'être sûr d'avoir été bien compris en anglais et que les attentes sont claires ; et seul recevoir un *e-mail* du fournisseur permet de confirmer qu'il est d'accord.

L'acheteur doit appliquer une règle de base de la négociation : avoir un agenda structuré, avec des points clairement listés et hiérachisés.

À l'étranger encore plus qu'en France, l'acheteur doit appliquer une règle de base de la négociation : avoir un agenda structuré, avec des points (*items*) clairement listés et hiérachisés ; passer de l'un à l'autre d'une manière structurée, quand chaque point est complètement couvert, pour ne pas devoir y revenir par la suite ; et ne jamais modifier l'ordre de l'agenda intialement prévu, en

© Éditions d'Organisation

cours de réunion, sous peine de perturber le fournisseur étranger. L'acheteur peut présenter cet agenda, et l'ordre des points qu'il souhaite couvrir, en préambule au tableau.

3. ÊTRE CAPABLE DE NÉGOCIER EN ANGLAIS

L'acheteur international doit être capable de négocier en anglais, la langue des affaires internationale, nous l'avons déjà dit. Cela paraît évident, mais c'est souvent la première difficulté pour un acheteur qui n'a pas encore acheté directement à l'étranger. Les jeunes diplômés démontrent souvent une certaine aisance en anglais, quand les acheteurs en poste au sein des sociétés en ont une maîtrise trop faible pour pouvoir conduire une négociation.

L'essentiel pour parler une langue étrangère est d'oser, oser parler, même en faisant des fautes grammaticales ou avec un mauvais accent.

L'essentiel pour parler une langue étrangère est d'oser, oser parler, même en faisant des fautes grammaticales ou avec un mauvais accent ; pour commencer à échanger, être corrigé, et progresser. Le système scolaire français nous a mal préparé à parler une langue étrangère, et est au contraire inhibant. L'école apprend à faire sans fautes, ou à ne pas faire ; pas à oser, oser se jeter à l'eau sans être sûr.

L'acheteur peut améliorer ou entretenir son anglais le soir chez lui, en regardant un bon film américain en V.O., sur Arte : des films de Woody Allen, Lubitsch ou Scorsese par exemple.

Une langue étrangère doit toujours être travaillée, entretenue. Elle n'est jamais acquise à vie, et risque sinon de s'étioler. L'apprentissage ou l'entretien de l'anglais peut être ludique pour l'acheteur. Un bon modèle sont les pays d'Europe de l'Est, où les gens ont souvent soit-disant des facilités pour les langues étrangères ; en fait depuis leur enfance ils voient beaucoup de films à la télévision en langues étrangères, sous-titrés faute de moyens. Ainsi, l'acheteur peut améliorer ou entretenir son anglais, former ou habituer son « oreille », le soir chez lui, en regardant de temps en temps un bon film américain en V.O., sur Arte : des films de Woody Allen, Lubitsch ou Scorsese par exemple.

4. ÊTRE À L'AISE AU SEIN D'AUTRES CULTURES

Chacun est conditionné par sa culture : l'acheteur a en face de lui un fournisseur qui est dans un autre schéma de pensée et réagit différemment de lui.

Chacun est conditionné par sa culture et réagit spontanément en fonction de sa culture : l'acheteur à l'étranger a en face de lui un fournisseur qui est dans un autre schéma de pensée et réagit différemment de lui. Et les us et coutumes locaux, décrits dans certains livres sociologiques, ont peu à voir avec les difficultés rencontrées et les aspects comportementaux lors d'une négociation d'affaires. Aucun modèle ne s'applique, mais certaines règles existent.

4.1   Respecter la culture du fournisseur étranger

La première règle est de respecter les fournisseurs.

La première règle à l'étranger est de respecter les fournisseurs, s'interdire toute suffisance dans des pays où les gens peuvent gagner beaucoup moins d'argent qu'en Occident ou n'ont que de vieilles machines. Un respect que n'ont d'ailleurs pas toujours les entreprises déjà avec leurs fournisseurs français.

Le Français a la réputation d'être peu respectueux des règles en France ; à l'étranger, il doit se plier aux coutumes et habitudes locales. L'acheteur vient d'abord à la rencontre de personnes différentes, qui ont leur histoire, leur culture et un cadre économique où ils font au mieux. En Asie du Sud-Est ou en Amérique latine notamment, malgré l'injustice et la pauvreté, les gens sourient à la vie parfois plus souvent qu'en Occident. Nous avons à apprendre d'eux.

Les étrangers sont souvent flattés quand ils s'apercoivent que l'acheteur ne vient pas seulement « faire du business », mais s'intéresse aussi et connaît un peu l'histoire et la culture de leur pays.

Les étrangers sont souvent flattés, et dans de bonnes dispositions, quand ils s'apercoivent que l'acheteur ne vient pas seulement « faire du business », gagner de l'argent, mais s'intéresse aussi et connaît un peu l'histoire et la culture de leur pays ; même si on a l'impression que plus on en apprend, moins on en connaît. Non seulement cette connaissance aide beaucoup l'acheteur pour essayer de faire les bons choix pour son entreprise dans un pays étranger, mais elle permet aussi d'entrouvrir les portes et d'amorcer des relations personnelles.

À l'étranger, l'acheteur est souvent seul : seul pour voyager, représenter son entreprise, la présenter en anglais, négocier, auditer des usines.

À l'étranger, l'acheteur est souvent seul : seul face au champ des possibles, une multitude de pays qu'il ne connaît pas ; seul pour imaginer de nouvelles stratégies d'achat ; seul pour voyager, représenter son entreprise, la présenter en anglais, négocier, auditer des usines où tout peut être écrit en roumain ou en mandarin, et prendre les bonnes décisions pour un projet où

© Éditions d'Organisation

l'entreprise attend des résultats ; seul pour construire de nouveaux partenariats, puis construire des relations personnelles. Il doit pouvoir se sentir à l'aise et être autonome dans toutes ces situations, et tous les pays. Il doit pour cela développer une culture géopolitique mondiale, en lisant des journaux notamment, et un intérêt, une sensibilité aux différences culturelles.

4.2 Quelques différences culturelles typiques

En Europe de l'Est, certains pays sont plus proches culturellement des Allemands, d'autres des Français.

Les Tchèques et les Hongrois sont germanophones, un tiers parlant l'allemand, et sont plus proches culturellement des Allemands.

Les Tchèques et les Hongrois sont germanophones, un tiers parlant l'allemand, et sont plus proches culturellement des Allemands. En effet, la Hongrie a fait partie de l'Autriche-Hongrie dès 1740 ; puis les Tchèques ont rejoint l'Empire austro-hongrois en 1870. La langue hongroise en elle-même est proche du finlandais, avec une origine commune qui vient de Mongolie et de l'Oural.

Les Polonais ont conservé un sentiment national farouche, et prennent facilement une remarque sur leur pays pour une critique.

Les Polonais sont un peu moins proches des Allemands ; et un peu plus proches des Français, dont ils ont une bonne image, avec lesquels ils ont histoire commune, et des travailleurs expatriés en France qui reviennent ensuite au pays. La Pologne est un pays qui, dans son histoire, a souvent été envahi, par la Prusse, l'Allemagne, la Russie et la Suède ; les Polonais en ont conservé un sentiment national farouche, et prennent facilement une remarque sur leur pays pour une critique.

Les Roumains sont francophones, un tiers comprenant le français.

Les Roumains sont eux francophones, un tiers comprenant le français, sauf en Transylvanie, région des Carpates qui fut rattachée à l'Empire austro-hongrois. Le roumain est une langue latine, à l'origine de la langue romane.

Les Slovaques par exemple sont plus durs en négociation que les Tchèques, moins à l'écoute des demandes de l'acheteur concernant par exemple un effort à faire sur un prix pour pouvoir démarrer une affaire. Parce qu'au temps du communisme monopolistique, un fournisseur slovaque était le seul à avoir un produit, faisait son prix et n'avait pas besoin d'en changer. Un Tchèque, au contraire, est plus occidental dans sa manière de traiter une affaire, plus souple, plus tourné vers le client.

© Éditions d'Organisation

Un point commun concernant les jeunes Français rencontrés en Europe de l'Est, expatriés pour quelques années, qui ont souvent des responsabilités industrielles bien supérieures à ce qu'ils auraient eu en France, souvent mariés ou ayant pour compagne une femme slave, est de regretter la cuisine française, les fruits et les légumes frais.

Au Maroc, l'acheteur doit respecter l'Islam, très présent.

Les Arabes sont souvent fidèles dans leur vie quotidienne à leur religion. Au Maroc, l'acheteur doit respecter l'Islam, très présent : ne pas serrer par exemple la main d'une femme voilée ; accepter les horaires du ramadan, ou les heures variables des repas en fonction du lever et du coucher du soleil.

Dans le sud du Mexique, une parole donnée est toute relative et une négociation plus difficile ; au nord, les Mexicains sont plus fiables.

Les Mexicains ont des comportements quelque peu différents selon qu'ils sont du sud ou du nord du pays. Dans le sud du Mexique, vers Mexico ou Puebla, une parole donnée est toute relative et une négociation plus difficile. Les Mexicains sont indolents et fluctuants : la culture est difficile à saisir, il faut un petit apprentissage ; les promesses sont merveilleuses mais peu de choses avancent ; un Mexicain ne dit jamais « non », comme en Chine, mais il faut suivre son affaire et rappeler les gens. Au nord, vers la frontière américaine, les Mexicains se comportent comme des Texans ou des Californiens, pragmatiques et orientés vers les affaires : ils sont plus fiables, savent dire « non » et tiennent leur parole ; les négociations sont plus claires.

Les Mexicains aiment bien les Français, qu'ils estiment fiers de leur culture nationale de la même manière.

Les Mexicains sont nationalistes, et fiers de leur pays : l'acheteur doit éviter de sourire par exemple devant le slogan nationaliste *orgusallemente hecho Mexico*, affiché partout, sur le pain ou les chaussures. Les Mexicains aiment bien les Français, qu'ils estiment fiers de leur culture nationale de la même manière. L'acheteur doit aussi faire attention à ne jamais hausser le ton, être diplomatique et attentif, car les Mexicains se sentent facilement heurtés : si c'est le cas, ils baissent la tête, et l'affaire est perdue.

Les Chinois sont des négociateurs courtois et impénétrables ; ils négocient comme nage le canard, en palmant intensément mais sous la surface.

Les Chinois sont des négociateurs courtois et impénétrables, c'est une force en affaires dont nous pourrions nous inspirer ; ils négocient comme nage le canard, en palmant intensément mais sous la surface, suivant le précepte qu' « agir, c'est accompagner le mouvement, s'y glisser, en profiter. » Un acheteur occidental ne sait jamais ce que pense un fournisseur chinois, parce qu'il a face à lui en permanence un visage impassible, n'exprimant ni contentement, ni agacement. Cela peut être une faiblesse pour un acheteur que d'être trop expressif. Les Chinois ne s'énervent jamais ;

de même l'acheteur doit toujours rester calme, s'il veut rester en phase et crédible.

L'acheteur ne doit jamais faire perdre la face à un interlocuteur, par exemple en lui faisant des reproches devant ses collègues ; sinon la relation prendrait fin. Il est bienvenue en Chine de ne pas entrer immédiatement dans le vif du sujet, mais en préambule d'une réunion, de partager quelques mots sur des sujets personnels : les Chinois aiment bien savoir par exemple l'âge de l'acheteur et s'il a des enfants, l'objet étant de mieux connaître l'autre.

Si l'acheteur reçoit un petit cadeau de bienvenue, il doit le prendre à deux mains et ne pas l'ouvrir tout de suite mais attendre plus tard.

Au Japon, le signe de bienvenue consiste, non pas à serrer la main, mais à se pencher en avant, les bras le long du corps. Et si l'acheteur reçoit un petit cadeau de bienvenue, il doit le prendre à deux mains et ne pas l'ouvrir tout de suite mais attendre plus tard, lorsque les invités sont partis ; ceci pour ne pas risquer de déplaire au cas où le cadeau ne plairait pas.

L'Occident s'ouvre depuis quelques années à la culture chinoise, au cinéma et en littérature.

L'Occident s'ouvre depuis quelques années à la culture chinoise, au cinéma et en littérature.

En 1992, sorti *Épouses et concubines* du Chinois Zhang Yimou, dans une salle parisienne, la Pagode, au décor approprié : ce film venait d'obtenir le lion d'argent à Venise, mais était connu des seuls spécialistes et, les premiers jours, seule une poignée de curieux poussèrent la porte du temple. Puis la beauté de Gong Li et la dureté du destin raconté firent de ce film un premier succès. Deux ans après Tiananmen, les jeunes cinéastes chinois commençaient à filmer des destins individuels et l'oppression que l'Histoire leur a fait supporter. Puis Zhang Yimou obtint le lion d'or à Venise pour *Qui Ju, une femme chinoise.*

La Chine a fait de grands progrès économiques, plus grand monde ici ne croit au communisme, les Chinois sont maintenant fous de l'argent.

En 1993, Chen Kaige, bête noire des autorités de Pékin, a été le premier cinéaste chinois à décrocher la palme d'or à Cannes avec *Adieu ma concubine*. Il fit ce film, emporté par le tourbillon de la Révolution culturelle et qui culmine avec une scène de dénonciation publique, comme un *mea-culpa*. Au début de la Révolution culturelle, il s'est en effet vu forcé à l'âge de quatorze ans d'accuser son père, cinéaste déjà, comme anti-révolutionnaire devant les gardes rouges. Toutes les écoles chinoises furent fermées pour dix ans, et Chen Kaige quitta le lycée, comme la plupart de ses camarades, en rééducation à la campagne et devint bûcheron. Ses films racontent la trahison irrémédiable, le chaos de l'Histoire, le drame de la toute-puissance, les leçons du passé pour le présent, et aussi l'empire du désir. Il considère que « sa génération fut sciemment sacrifiée ; mais la Chine a fait de grands progrès économiques, plus grand monde ici ne croit au communisme, la Chine est devenue un pays capitaliste dirigé par un gouvernement communiste, les Chinois sont maintenant fous de l'argent ». Suivront notamment *Vivre* de Zhang Yimou en 1994 ; puis *Raison et sentiments* d'Ang Lee en 1996.

Fin 2000, ont été plébiscités en France trois films chinois : *Yi-Yi* d'Edward Yang, cinéaste taïwanais né à Shanghai en 1947, qui raconte une chronique familiale à Taïpei ; *Tigre et dragon* d'Ang Lee, cinéaste né à Taïwan en 1954, un film où il n'y a ni tigre ni dragon, mais une épée enchantée, des poursuites sur les toits, une sorcière et un héros à natte, des déserts infinis, des forêts de bambous et des cieux inquiétants ; et surtout *In the mood for love* de Wong Kar-Wai, une magnifique rencontre amoureuse à Hong-Kong en 1962, faite de lenteur et de silences, d'un rapport au temps différent, plus serein, de solitudes et de mystères, toute l'ivresse et la tristesse de l'état amoureux au fil d'une chanson enivrante.

La montée en puissance de la Chine à l'échelle mondiale est tout à la fois artistique, économique et politique.

Et parallèlement, nous avons vu que le prix Nobel de littérature 2000 fut attribué à un Chinois, Gao Xingjian. Pékin, écarté des Jeux olympiques en 2000 par Sydney après avoir été en tête aux trois premiers tours du vote, est un sérieux candidat pour l'organisation des Jeux de 2008 ; Les Jeux olympiques, comme à Moscou en 1980 ou en Corée du Sud en 1988, participent à la démocratisation des pays. La montée en puissance de la Chine à l'échelle mondiale est tout à la fois artistique, économique et politique.

Certains français se sont tellement sentis à l'aise avec d'autres cultures, qu'ils s'y sont attachés, et sont restés vivre à l'étranger ; succombant notamment à la beauté des femmes slaves en République tchèque ou au charme des chinoises métissées de Hong-Kong.

4.3   La multi-culturalité au sein de son entreprise aide l'acheteur

La multi-culturalité dans un groupe industriel, au travers d'usines dans des pays différents, peut aider les acheteurs de chaque pays à mieux comprendre les différences de marchés et de cultures.

La multi-culturalité dans un groupe industriel, au travers d'usines dans des pays différents, peut aider les acheteurs de chaque pays à s'ouvrir au monde, à mieux appréhender et comprendre les différences de marchés et de cultures. Ces implantations internationales sont souvent le fait d'acquisition de sociétés à l'étranger. En 2000, 8 000 fusions-acquisitions ont eu lieu dans le monde ; notamment effectuées par des Européens aux États-Unis. Ces rapprochements sont nécessaires pour survivre ou conquérir de nouveaux marchés, désormais plus vastes et plus difficiles à atteindre. Le succès passe par le respect de la culture du partenaire et un échange d'informations soutenu pour partager une vision commune. Il est d'ailleurs intéressant de regarder pourquoi certaines fusions-acquisitions internationales, ou nouvelles implantations à l'étranger, marchent ou pas, et l'impact des aspects culturels sur le résultat.

Une équipe d'acheteurs multi-culturelle est intéressante dans l'environnement actuel d'internationalisation des achats, de mondialisation des activités, des marchés, et du sourcing.

Les acheteurs des différentes sociétés doivent utiliser les différences culturelles de chaque pays, plutôt que tenter de les oublier ; les spécificités de chacun doivent être intégrées à la réflexion et à la stratégie de l'équipe. Une équipe d'acheteurs multi-culturelle est intéressante dans l'environnement actuel d'internationalisation des achats, de mondialisation des activités, des marchés, et du *sourcing*. C'est un atout, elle améliore la performance globale, par une vision plus large et une meilleure compréhension des marchés mondiaux, une plus grande variété d'idées, un *benchmark* des approches. Chaque acheteur doit alors parler anglais, la langue commune d'échange lorsque plusieurs nationalités se rencontrent, Français, Allemands, Italiens ou Espagnols ; et faire l'effort d'essayer de comprendre et d'accepter les différences culturelles, de valeurs et de comportements.

Un acheteur américain préfère travailler avec un bureau de vente aux États-Unis plutôt que directement avec une usine asiatique.

Un Américain a tendance à globaliser l'Europe, à effacer les différences existantes entre les pays et à vouloir y appliquer ses méthodes. Un acheteur américain préfère travailler avec un bureau de vente aux États-Unis plutôt que directement avec une usine asiatique, privilégiant la facilité d'un service local par rapport à une relation industrielle.

Un Allemand a, lui, une conception du temps continue : il aime terminer un projet avant d'en démarrer un autre, ce qui est source d'efficacité, mais freine la créativité ; il n'aime pas ainsi qu'on le dérange dans une tâche, ou qu'on change l'ordre du jour pendant une réunion. Un acheteur allemand peut mettre longtemps avant de se décider à quitter un fournisseur germanique, pour passer des commandes chez un fournisseur étranger, par culture et habitude d'une certaine fidélité industrielle.

Pour dépasser les incompréhensions linguistiques et culturelles, la recette est toujours la même : parler simplement, beaucoup répéter, et être rigoureux.

Les rencontres entre des acheteurs de cultures différentes sont nécessaires. Le multilinguisme peut poser des problèmes de communication dans une équipe achats. Pour dépasser les incompréhensions linguistiques et culturelles, la recette est toujours la même : parler simplement, beaucoup répéter, et être rigoureux.

5. ÊTRE À L'ÉCOUTE ET OUVERT D'ESPRIT

Ces brusques variations de température sur la scène mondiale ont mis à mal les nerfs des acheteurs, qui doivent être à l'écoute et gérer une économie du risque liée aux incertitudes.

Le marché mondial est d'une extrême volatilité, les comportements sont irrationnels concernant les économies émergentes, le cours de l'euro ou des matières premières. Nous avons vu que l'euro a plongé depuis plus de deux ans, accentuant le discrédit qui le frappait depuis sa naissance en janvier 1999, malgré un sursaut début 2001. Le pétrole, parti de 10 dollars le baril en janvier 2000, grimpait jusqu'à 35 dollars en neuf mois, avant de chuter brutalement en trois mois. Ces brusques variations de température sur la scène mondiale ont mis à mal les nerfs des acheteurs, qui doivent être à l'écoute, rester l'esprit ouvert et gérer une économie du risque liée aux incertitudes.

L'acheteur international est un explorateur qui ne sait jamais ce qu'il va trouver à l'étranger ; comme Christophe Colomb, parti sur ses Caravelles.

L'acheteur international est un explorateur qui ne sait jamais ce qu'il va trouver à l'étranger ; comme Christophe Colomb, parti sur ses Caravelles pour chercher les Indes et qui a finalement trouvé l'Amérique. De même, avec des acheteurs innovants et tenaces, une entreprise pourra quitter son port d'attache hexagonal, partir sur ses Caravelles et s'élancer sur les mers du *sourcing* international.

À l'étranger, l'acheteur est l'étranger.

À l'étranger, l'acheteur international arrive souvent seul dans des pays où personne ne parle sa langue : à l'étranger, il est l'étranger. Il découvre et apprend beaucoup, s'il écoute. L'acheteur doit préférer les questions ouvertes, pour laisser parler son interlocuteur et essayer de le comprendre. Il doit ainsi éviter les questions fermées, à partir d'idées préconçues, sensées amener un « oui », jamais convaincant de la part d'un Chinois ; ou un « non », qu'un Chinois hésitera toujours à formuler. Il ne faut pas hésiter à demander que soit reformulée une phrase dont il n'est pas certain du sens.

L'acheteur doit parler lentement, avec un vocabulaire en anglais simple, quelques idées clés, et en reformulant les points importants.

Quand il parle à son tour, l'acheteur doit parler lentement, avec un vocabulaire en anglais simple, quelques idées clés, et en reformulant les points importants ; points qu'il pourra confirmer par écrit à son retour. Pour rester cohérent et crédible, il ne doit jamais changer de discours : si un chiffre a été initialement surévalué ou sous-évalué, sans que l'impact soit majeur, il vaut mieux ne pas y revenir. Sinon, le fournisseur est perturbé, il a l'impression que l'acheteur maîtrise mal son dossier, ou ne sait pas ce qu'il veut, ce qui n'est pas mieux. Le doute ne le quittera plus pour les autres chiffres, et on ne s'en sort pas.

© Éditions d'Organisation

À l'étranger, toute l'attitude de l'acheteur doit être orientée vers une réception maximale : par le silence et le calme. Le silence par exemple n'a pas la même signification dans tous les pays : en Europe un silence peut passer pour une dénégation ou un refus, alors qu'en Asie cela peut au contraire signifier l'entendement et un accord.

> À l'étranger, toute l'attitude de l'acheteur doit être orientée vers une réception maximale : par le silence et le calme.

L'acheteur doit rester toujours calme et maître de soi. Même quand l'agenda est lourd jour après jour, qu'une réunion s'éternise, que les problèmes ne se règlent pas, et que le circuit de décision reste flou. L'acheteur ne doit jamais s'énerver, l'effet serait désatreux : les Chinois ou les Japonais ne comprennent pas cette attitude, et ne porteront plus de crédit à une personne qui « perd la face ». Il faut respecter les individus et leurs manières de faire. Lors d'une réunion autour d'une grande table, il faut s'adresser à chacun. Court-circuiter un intermédiaire désigné, pour choisir de s'adresser directement au présumé décideur, peut sembler plus rapide, mais n'est pas plus efficace, au contraire.

> L'acheteur ne doit jamais s'énerver, l'effet serait désatreux : les Chinois ne porteront plus de crédit à une personne qui « perd la face ».

Un acheteur doit rester humble, parce qu'il ne sait jamais s'il achète bien, c'est-à-dire mieux que ses concurrents, et qu'il n'a aucun moyen de le savoir. Cette humilité est encore plus nécessaire à l'international.

> Un acheteur doit rester humble, parce qu'il ne sait jamais s'il achète bien.

6. LA RELATION PERSONNELLE EST LA CLÉ DE LA RÉUSSITE À L'ÉTRANGER

Dans un tel environnement nouveau et mouvant, la relation personnelle et la confiance sont essentielles entre l'acheteur et le fournisseur étranger. La qualité de cette relation individuelle, et la confiance associée, sont le résultat d'un travail, d'une manière d'être rigoureuse et franche, qui se construit au fil des mois, au fil des conversations téléphoniques et des rencontres, des difficultés et des avancées ; au-delà de la distance géographique et du fossé culturel.

> La relation personnelle est un préalable souvent nécessaire à la réalisation des véritables objectifs.

La relation personnelle est un préalable souvent nécessaire à la réalisation des véritables objectifs ; c'est la clé de la réussite d'un projet d'achat à l'étranger. Car personne ne souhaite prendre des risques avec quelqu'un dont il se méfie.

© Éditions d'Organisation

La réputation de notre entreprise, si bonne soit-elle, nous a rarement précédé ; lors du premier contact, c'est l'homme qui est jugé, pas sa société.

Pour avoir confiance, il faut donner confiance. L'acheteur doit être suffisamment honnête et franc pour que le fournisseur puisse se sentir en confiance dès la première entrevue. La réputation de notre entreprise, si bonne soit-elle, nous a rarement précédé ; lors du premier contact, c'est l'homme qui est jugé, pas sa société. La relation personnelle se consolide le soir. Etre professionnel et exigeant en réunion toute la journée n'empêche pas d'être décontracté le soir, autour d'une table. Au contraire, si les choses se passent bien, et justement parce que l'aspect humain est l'élément clé de la réussite du projet. Quand le plaisir rejoint la nécessité.

D'une contrainte économique, l'acheteur international peut faire un enrichissement intellectuel personnel.

D'une contrainte économique, l'acheteur international peut faire un enrichissement intellectuel personnel. L'industrie n'étouffe pas l'âme ni les passions de ceux qui la servent ; tout juste ceux-ci manquent-ils de temps. En beaucoup d'ingénieurs sommeillent des envies de découvertes et d'humanité. L'acheteur international peut ainsi découvrir le monde à force d'en faire le tour en avion ; rencontrer des gens, des cultures et des manières de penser différentes. Il peut se réveiller un matin dans un hôtel à l'autre bout du monde, tout bourdonnant d'une rumeur de voyage, sur les terres ensommeillées de ses souvenirs, de ses lectures ou de ses rêves.

CONCLUSION

La Chine a toujours fasciné. En 1907, eut lieu la première course automobile transcontinentale Pékin-Paris. Cinq équipages répondirent au défi lancé par le journal parisien *Le Matin*. Les voitures étaient libérées des fondrières chinoises et indiennes par des coolies, travailleurs asiatiques, et des chevaux mongols. Sur des pistes improbables, ils longèrent la Muraille de Chine, croisèrent les caravanes dans le désert de Gobi puis, à partir de Moscou, suivirent l'itinéraire de la Grande Armée napoléonienne. Scipion Borghse pénétra dans Paris le premier, sur sa 24 CV Itala, après un périple de 16 000 km et quarante jours.

Puis en 1931, la croisière jaune s'élançait pour dix mois, sur des chenillettes Citroën P17. De Beyrouth à Pékin, en passant par les pires régions du Pamir et de l'Asie centrale ; venant à bout du scepticisme des hommes et de la majesté des hauteurs himalayennes.

Aujourd'hui, il ne faut que onze heures de vol à l'acheteur pour aller de Paris à Hong-Kong, et dix heures pour revenir, l'avion étant poussé par les vents arrière. Mais la Chine reste toujours aussi mystérieuse et fascinante. De nombreux acheteurs ne sont pas encore allés par ailleurs en Europe de l'Est, au Maghreb ou au Mexique.

Pour beaucoup d'acheteurs, une nouvelle ère s'ouvre ; ils seront les nouveaux explorateurs de l'entreprise, sur les traces de leurs collègues exportateurs.

Pour beaucoup d'acheteurs, une nouvelle ère s'ouvre. Ils seront les nouveaux explorateurs de l'entreprise, sur les traces de leurs collègues exportateurs ; emportés par la nécessité de leur métier, les défis de leur société. Après avoir défendu leurs idées, affronté leurs doutes et dépassé les difficultés, les acheteurs pourront un jour se rendre compte qu'ils ont participé à l'aventure industrielle de leur entreprise, et découvert des pays inconnus et des cultures différentes dans le monde.

> *Les 8 règles d'or de l'acheteur international, 8 étant le chiffre porte-bonheur des Chinois :*
>
> 1. *Travailler directement avec des usines, et éviter les intermédiaires si possible.*
> 2. *Consulter avec des prix objectifs de – 30 % en Europe de l'Est et de – 50 % en Chine peut être efficace.*
> 3. *En Europe de l'Est, préférer les usines mixtes avec capitaux étrangers, ou exportant déjà fortement.*
> 4. *En Chine, préférer les usines taïwanaises, qui offrent un bon mixte : bas salaires chinois et risque limité.*
> 5. *Être rigoureux : dans sa stratégie, ses méthodes et sa communication.*
> 6. *Être capable de négocier en anglais ; reformuler oralement puis confirmer par écrit pour éviter les malentendus.*
> 7. *Être à l'écoute et ouvert d'esprit : à l'étranger, l'acheteur ne sait jamais ce qu'il va découvrir.*
> 8. *La relation personnelle est la clé de la réussite des achats à l'étranger.*

Annexes

LES ACHATS INDUSTRIELS À L'ÉTRANGER

© Éditions d'Organisation

Tableau des pays d'achat cités : capitale, distance de Paris, population, monnaie, et PNB

	Capitale	Distance de Paris en km	Population millions hab.	MONNAIE en euros (FF)[1]	PNB par habitant
POLOGNE	Varsovie	1 690	39	1 zloty = 0,27 euro (1,76 FF)	4 000 $
HONGRIE	Budapest	1 560	10	100 forints = 0,37 euro (2,46 FF)	4 600 $
République TCHÈQUE	Prague	1 070	10	100 couronnes = 2,88 euros (18,90 FF)	5 000 $
SLOVAQUIE	Bratislava	1 100	5	100 couronnes = 2,28 euros (15,00 FF)	3 600 $
SLOVÉNIE	Ljubljana	970	2	100 tolars = 0,46 euro (3,04 FF)	10 000 $
ROUMANIE	Bucarest	2 450	22	100 leus = 0,004 euro (0,03 FF)	1 500 $
CHINE	Pékin	8 190	1.260	1 yuan = 0,13 euro (0,85 FF)	780 $
TAÏWAN	Taipei	10 400	22	1 nouveau dollar = 0,033 euro (0,22 FF)	—
SINGAPOUR	Singapour	10 700	4	1 dollar = 0,62 euro (4,07 FF)	29 000 $
MALAISIE	Kuala Lumpur	10 430	23	1 ringgit = 0,28 euro (1,86 FF)	3 400 $
THAÏLANDE	Bangkok	9 430	62	1 baht = 0,024 euro (0,16 FF)	2 000 $
VIETNAM	Hanoï	9 200	79	100 dongs = 0,007 euro (0,05 FF)	370 $
MAROC	Rabat	1 820	29	1 dirham = 0,10 euro (0,66 FF)	1 200 $
TUNISIE	Tunis	1 480	10	1 dinar = 0,78 euro (5,11 FF)	2 100 $
TURQUIE	Ankara	2 590	65	100.000 livres = 0,15 euro (1,00 FF)	2 900 $
MEXIQUE	Mexico	9 200	100	1 peso = 0,11 euro (0,73 FF)	4 400 $
BRÉSIL	Brasilia	10 510	170	1 real = 0,53 euro (3,46 FF)	4 400 $

1. (Cours : mars 2001)

© Éditions d'Organisation

Carte de l'Europe de l'Est

Carte de l'Asie

L'Europe de l'Est

ESTONIE

LETTONIE

LITUANIE

RUSSIE

BIELORUSSIE

POLOGNE

ALLEMAGNE

RÉP. TCHÈQUE

SLOVAQUIE

UKRAINE

AUTRICHE

HONGRIE

MOLDAVIE

SLOVÉNIE

CROATIE

ROUMANIE

BOSNIE-HERZ.

ITALIE

YOUGOSLAVIE

BULGARIE

MACÉDOINE

ALBANIE

GRÈCE

TURQUIE

Les pays du PECO : la Pologne, la République tchèque, la Slovaquie, la Hongrie, la Slovénie, la Roumanie, la Bulgarie

L'Asie

RUSSIE

MONGOLIE

MANDCHOURIE

CORÉE
du NORD

JAPON

DÉSERT
DE
GOBI

Pékin
(Beijing)

CORÉE
du SUD

La Grande Muraille

CHINE

Nanjing

Shangaï

Ningbo

TIBET

Xiamen

TAÏWAN
(FORMOSE)

Canton   Shen-Zhen
Macao   Hong-Kong

VIETNAM

BIRMANIE

LAOS

HAINAN

PHILIPPINES

THAÏLANDE
(SIAM)

CAMBODGE

MALAISIE
SINGAPOUR

BORNÉO

Les « dragons » :
la Corée du Sud, Taïwan, Hong-Kong, Singapour